ullstein

Ivan Krastev und Stephen Holmes deuten die Ära nach 1989 neu – und liefern wichtige Erkenntnisse über die Ursachen der weltweiten antiliberalen Revolte.

Nach dem Ende des Kalten Krieges wurde das liberal-demokratische Modell westlicher Prägung alternativlos. Heute zerbrechen weltweit Demokratien vor unseren Augen, zersetzt von Populismus, Nationalismus und der Abkehr von freiheitlichen Werten – gerade auch in Osteuropa. Warum hat der Westen seine Strahlkraft verloren? In ihrer brillanten Analyse zeigen Ivan Krastev und Stephen Holmes, dass das seinerzeit ausgerufene »Ende der Geschichte« in Wahrheit ein Zeitalter der Nachahmung einläutete. Drei Jahrzehnte lang sah sich der Osten gezwungen, den Westen zu imitieren, und versank in Gefühlen der Unzulänglichkeit, Abhängigkeit und des Identitätsverlusts. Inzwischen hat das Vorbild seine moralische Glaubwürdigkeit verloren – und ein gefährliches Wertevakuum geschaffen.

IVAN KRASTEV,* 1965 in Bulgarien, ist Vorsitzender des Centre for Liberal Strategies in Sofia und Permanent Fellow am Institut für die Wissenschaften vom Menschen in Wien, wo er den Schwerpunkt Die Zukunft der Demokratie leitet. Er schreibt für die internationale Ausgabe der *New York Times*. 2017 erschien sein Essay *Europadämmerung*.

STEPHEN HOLMES,* 1948, ist Autor mehrerer Bücher und Professor der Rechtswissenschaften an der NYU School of Law. Zuvor lehrte er u.a. in Harvard. Seine Forschungsschwerpunkte sind die Geschichte des Liberalismus und die Enttäuschungen infolge der Demokratisierung kommunistischer Regime. Er erhielt das renommierte Guggenheim-Stipendium.

Von Ivan Krastev ist in unserem Hause bereits erschienen:
Ist heute schon morgen?

Ivan Krastev und Stephen Holmes

Das Licht, das erlosch

Eine Abrechnung

Aus dem Englischen
von Karin Schuler

Ullstein

Besuchen Sie uns im Internet:
www.ullstein.de

Wir verpflichten uns zu Nachhaltigkeit

- Klimaneutrales Produkt
- Papiere aus nachhaltiger Waldwirtschaft und anderen kontrollierten Quellen
- ullstein.de/nachhaltigkeit

MIX
Papier
FSC FSC® C083411

Ungekürzte Ausgabe im Ullstein Taschenbuch
1. Auflage März 2021
3. Auflage 2023

Die englische Originalausgabe erschien 2019 unter dem Titel
The Light that Failed (Allen Lane, Penguin, London)
Umschlaggestaltung: zero-media.net, München, nach einer Vorlage
von Brian Barth (nach einer Vorlage von Allen Lane, Penguin)
Satz: L42 AG, Berlin
Gesetzt aus der Minion Pro
Druck und Bindearbeiten: CPI book GmbH, Leck
ISBN 978-3-548-06461-1

Inhalt

Das Unbehagen an der Nachahmung

Wir sind alle als Originale geboren – wie kommt es, dass so viele von uns als Kopien sterben?

EDWARD YOUNG

Gestern war die Zukunft besser. Wir glaubten, das Jahr 1989 habe »die Vergangenheit fast so klar von der Zukunft geschieden wie die Berliner Mauer den Osten vom Westen«,[1] und wir konnten uns »nur schwer eine Welt vorstellen, die von Grund auf besser ist als die, in der wir leben, oder uns eine Zukunft ausmalen, die nicht demokratisch und kapitalistisch geprägt ist«.[2] Heute denken wir anders. Die meisten von uns haben jetzt sogar Schwierigkeiten, sich im Westen eine Zukunft vorzustellen, die stabil demokratisch und liberal bleibt.

Nach dem Ende des Kalten Krieges war die Hoffnung groß, dass die liberale kapitalistische Demokratie weltweit Verbreitung finden werde.[3] Die geopolitische Bühne schien für ein optimistisches Lehrstück wie George Bernard Shaws *Pygmalion* bereitet, in dem ein Professor für Sprachwissenschaften einem armen Blumenmädchen innerhalb kurzer Zeit beibringt, wie die Queen zu sprechen und sich in vornehmer Gesellschaft wie zu Hause zu fühlen.

Nachdem sie voreilig die Integration des Ostens in den Westen gefeiert hatten, erkannten interessierte Beobachter irgendwann, dass das Spektakel, dem sie gerade beiwohnten, ganz und gar nicht so ablief wie geplant.[4] Statt einer Vorstellung von *Pygmalion* bekam die Welt eine Bühnenfassung von Mary Shelleys Roman *Frankenstein* zu sehen, einem pessimistischen Lehrstück über einen Mann, der beschließt, Gott zu spielen, indem er nachgebaute Körperteile zu einem menschenähnlichen Geschöpf zusammensetzt. Das entstellte Ungeheuer, das sich zu Einsamkeit, Unsichtbarkeit und Ablehnung verurteilt sieht, ist neidisch auf das unerreichbare Glück seines Schöpfers. Es wendet sich gewalttätig gegen dessen Freunde und Familienangehörige, legt ihre Welt in Schutt und Asche und hinterlässt als Vermächtnis eines fehlgeleiteten Experiments zur menschlichen Selbstreproduktion nichts als Reue und tiefen Kummer.

Dieses Buch zeigt auf, wie der Liberalismus zum Opfer seines im Kalten Krieg vorausgesagten Erfolgs wurde. Oberflächlich kann man eine Reihe politischer Ereignisse dafür verantwortlich machen, die die Welt in ihren Grundfesten erschütterten: der Angriff vom 11. September 2001 auf das World Trade Center in New York; der zweite Irakkrieg; die Finanzkrise von 2008; Russlands Annexion der Krim und der Einmarsch in die Ostukraine; die Ohnmacht des Westens, als Syrien einen humanitären Albtraum erlebte; die Flüchtlingskrise 2015 in Europa; das Brexit-Referendum und die Wahl von Donald Trump. Das leuchtende Abendrot der liberalen Demokratie wurde nach dem Kalten Krieg auch vom chinesischen Wirtschaftswunder entzaubert, das einer politischen Führung zu verdanken ist, die sich ganz unmissverständlich weder liberal noch demokratisch gibt. Versuche, den guten Namen der liberalen Demokratie zu retten, indem man sie positiv von der nicht westlichen Autokratie abhebt, untergrub der Westen, indem er sinnlos liberale Normen verletzte, also etwa Gefangene folterte oder zuließ, dass seine demokratischen Institutionen ganz augenfällig versagten. Bezeichnenderweise schlagen sich liberale Wissenschaftler heute vor allem mit der Frage herum, wie Demokratien verkümmern und sterben.[5]

Selbst das Ideal einer »offenen Gesellschaft« hat seinen einst bejubelten Glanz verloren.[6] Bei vielen desillusionierten Bürgern weckt das Stichwort Weltoffenheit heute eher Angst als Hoffnung. Als die Berliner Mauer fiel, gab es nur sechzehn Grenzzäune weltweit. Heute sind fünfundsechzig befestigte Grenzen fertiggestellt oder im Bau. Den Forschungen von Élisabeth Vallet (Quebec University) zufolge errichtet gerade fast ein Drittel aller Länder der Welt Absperrungen entlang ihrer Grenzen.[7] Die drei Jahrzehnte nach 1989 erweisen sich im Nachhinein als ein Zwischenspiel, ein kurzes barrierefreies Intervall zwischen dem dramatischen Berliner Mauerfall, aufregenden utopischen Fantasien von einer Welt ohne Grenzen und einem globalen Mauerbau-Fieber, bei dem die Barrieren aus Beton und Stacheldraht existenzielle (wenn auch manchmal nur eingebildete) Ängste verkörpern.

Zudem gehen die meisten Europäer und Amerikaner heute davon aus, dass das Leben ihrer Kinder weniger gedeihlich und erfüllt sein wird als ihr eigenes.[8] Das Vertrauen der Öffentlichkeit in die Demokratie sinkt drastisch, etablierte Parteien brechen auseinander oder werden von amorphen politischen Bewegungen und populistischen Machthabern verdrängt, die die organisierten politischen Kräfte und ihre Bereitschaft, in Krisenzeiten für das Überleben der Demokratie zu kämpfen, infrage stellen.[9] Vom Gespenst umfangreicher Migrationsbewegungen verschreckt, fühlt sich die Wählerschaft in Teilen Europas und Amerikas immer stärker zu fremdenfeindlicher Rhetorik, autoritären Führern und militärisch aufgerüsteten Grenzen hingezogen. Die Menschen glauben nicht mehr an eine bessere Zukunft durch die vom Westen ausgehenden liberalen Ideen; sie fürchten vielmehr, dass die Millionen Menschen, die in den Westen strömen, die

Geschichte des 21. Jahrhunderts belasten werden.[10] Den einst als ein Bollwerk gegen die Tyrannei gepriesenen Menschenrechten wirft man heute in schöner Regelmäßigkeit vor, sie beschränkten die Demokratie in ihren Möglichkeiten, den Terrorismus zu bekämpfen. Die Sorge um das Überleben des Liberalismus ist so akut, dass für politische Kommentatoren im Jahr 2016 der Verweis auf William Butler Yeats' Gedicht »Die Wiederkunft«, geschrieben 1919 nach einem der entsetzlichsten Konflikte der Menschheitsgeschichte, zu einem geradezu obligatorischen Refrain wurde.[11] Ein Jahrhundert nachdem Yeats sie schrieb, sind diese Worte weltweit das Mantra besorgter Verteidiger der liberalen Demokratie geworden: »Zerfall ringsum, das Zentrum hält nicht stand / Die Anarchie ist losgelassen in die Welt.«

Barack Obamas engster Berater und persönlicher Freund Ben Rhodes bekennt in seinen Memoiren mit dem Titel *Im Weißen Haus*, Obama habe, als er das Weiße Haus verließ, vor allem eines beschäftigt: »Was, wenn wir uns geirrt haben?«[12] Er dachte nicht: »Was ist schiefgegangen?«, oder: »Wer hat etwas falsch gemacht?« Auch Hillary Clintons *What Happened* war nicht das drängendste Rätsel, das er lösen wollte. Viel beunruhigender war für Obama die Frage: »Was, wenn wir uns geirrt haben?«, sprich: Was, wenn die Liberalen diese Ära, nachdem der Kalte Krieg zu Ende gegangen war, grundsätzlich falsch gedeutet hatten? »Was, wenn wir uns geirrt haben?« ist die richtige Frage, und in diesem Buch suchen wir nach Antworten darauf.

Für uns beide ist diese Frage auch eine zutiefst persönliche. Der Ältere von uns, Amerikaner, kam ein Jahr nach Beginn des Kalten Krieges zur Welt und lernte in der Schule, dass die gerade errichtete Berliner Mauer der Inbegriff von Intoleranz und Tyrannei sei. Der Jüngere, Bulgare, wurde etwa vier Jahre nach dem Mauerbau auf der anderen Seite des Eisernen Vorhangs geboren und wuchs in dem Glauben auf, dass das Niederreißen von Mauern ein Weg zu politischer und individueller Freiheit sei.

Auch wenn unsere Hintergründe so verschieden sind, lebten wir doch beide jahrelang im Schatten der Mauer, deren im Fernsehen in seiner ganzen Dramatik gezeigter Fall sich als der entscheidende Moment unseres politischen und intellektuellen Lebens entpuppte, das eben erst von der Berliner Mauer und später von ihrer Abwesenheit tief geprägt war. Auch wir teilten die Illusion, dass mit dem Ende des Kalten Krieges das Zeitalter des Liberalismus und der Demokratie beginnen werde.

Mit diesem Buch wollen wir nicht nur verstehen lernen, warum wir uns diese Illusion damals so gern zu eigen gemacht haben. Wir wollen auch über eine Welt nachdenken, über die jetzt so unheilvoll eine Flutwelle illiberaler und antidemokratischer »Anarchie« hinwegschwappt.

Vom Ende einer Geschichte

Vor drei Jahrzehnten, im Jahr 1989, fasste ein Beamter des US-Außenministeriums den Zeitgeist in eine prägnante Formulierung: Ein paar Monate bevor die Deutschen fröhlich auf den zertrümmerten Resten der Berliner Mauer tanzten, erklärte er den Kalten Krieg für faktisch beendet. Ein Jahrzehnt wirtschaftlicher und politischer Reformen, in China angestoßen von Deng Xiaoping und in der Sowjetunion von Michail Gorbatschow, hätten den umfassenden Sieg des Liberalismus über den Kommunismus besiegelt. Die Eliminierung der »marxistisch-leninistischen Alternative zur liberalen Demokratie«, so Francis Fukuyama, signalisiere »die totale Erschöpfung gangbarer systemischer Alternativen zum westlichen Liberalismus«. Der Kommunismus, von den Marxisten zum Höhepunkt der »Geschichte« im hegelschen Sinn gekrönt, wurde plötzlich zur Belanglosigkeit degradiert, zu »Geschichte« im amerikanischen Sinn. Die »westliche liberale Demokratie« galt unter diesen Prämissen als »der Endpunkt der ideologischen Entwicklung der Menschheit«. Nach dem Sturz der »faschistischen und kommunistischen Diktaturen dieses Jahrhunderts«, fuhr Fukuyama fort, »behauptet sich am Ende des zwanzigsten Jahrhunderts allein die liberale Demokratie«. Weil »die Grundprinzipien des liberal-demokratischen Staates absolut« seien »und nicht weiter verbessert werden konnten«, bleibe liberalen Reformern nur mehr die Aufgabe, »diese Prinzipien räumlich auszubreiten, so dass die verschiedenen Bereiche menschlicher Kultur auf das Niveau ihrer am weitesten fortgeschrittenen Vorposten gehoben wurden«. Fukuyama behauptete, der Liberalismus werde »seinen Siegeszug durch die ganze Welt antreten«. Aber eigentlich ging es ihm darum, dass danach keine »Ideologien« mehr aufkommen könnten, »die von sich behaupteten, höher entwickelt zu sein als der Liberalismus«.[13]

Und in der Praxis? Was bedeutete es, die kapitalistische Demokratie als Endstufe der politischen Entwicklung der Menschheit zu feiern? Fukuyama wich dieser Frage aus, doch aus seiner Argumentation ergab sich zweifelsfrei, dass die liberale Demokratie westlichen Stils das einzige lebensfähige Ideal sei, das Reformer in aller Welt anstreben sollten. Wenn er schrieb, das letzte »Leuchtfeuer für illiberale Kräfte« sei von chinesischen und sowjetischen Reformern ausgelöscht worden, meinte er, dass allein Amerikas liberales Leuchtfeuer der Menschheit den Weg in die Zukunft weise.[14]

Dieser klare Ausschluss einer weltweit attraktiven Alternative zum westlichen Modell erklärt, warum Fukuyamas These damals nicht nur selbstverliebten Amerikanern, sondern selbst Dissidenten und Reformern auf der anderen Seite des Eisernen Vorhangs nur allzu überzeugend erschien.[15] Nicht einmal ein Jahr zuvor, 1988, hatten einige der glühendsten Verfechter des demokratischen Pluralismus in der Sowjetunion eine Aufsatzsammlung unter dem Titel *Inogo ne dano* herausgebracht,[16] was man etwa mit »Es gibt keinen anderen Weg« übersetzen kann. Auch diese Bibel des sowjetischen Reformismus ging davon aus, dass es keine existenzfähigen Alternativen zur westlichen kapitalistischen Demokratie gebe.

In unsere Begrifflichkeit übersetzt, läutete 1989 ein dreißigjähriges Zeitalter der Nachahmung ein. Die vom Westen dominierte unipolare Ordnung ließ den Liberalismus im Reich der moralischen Ideale unangreifbar wirken. Nachdem die anfänglich großen Hoffnungen beim Import des westlichen Politik- und Wirtschaftsmodells verblassten, verbreitete sich allerdings ein Widerwille gegen die Nachahmungspolitik. Ein antiliberaler Gegenschlag war wohl eine unausweichliche Reaktion auf eine Welt, der es an politischen und ideologischen Alternativen gefehlt hatte. Das antiwestliche Ethos, das heute in den postkommunistischen Gesellschaften herrscht, kann man unserer Meinung nach viel besser mit diesem Mangel an Alternativen erklären als etwa mit der Anziehungskraft einer autoritären Vergangenheit oder einer historisch verwurzelten Abneigung gegen den Liberalismus.[17] Schon die arrogante Feststellung, dass »es keinen anderen Weg gibt«, lieferte der Welle aus populistischer Fremdenfeindlichkeit und reaktionärem Nativismus, die sich in Mittel- und Osteuropa aufschaukelte, ein eigenständiges Motiv. Dass eine plausible Alternative zur liberalen Demokratie fehlte, stimulierte eine Revolte, denn »Menschen brauchen Wahlmöglichkeiten oder zumindest die Illusion, eine Wahl zu haben«.[18]

Populisten rebellieren nicht nur gegen einen bestimmten (liberalen) Politiktyp, sondern auch dagegen, dass die kommunistische durch die liberale Rechtgläubigkeit ausgetauscht wird. Linke wie rechte Aufstandsbewegungen vermitteln die Botschaft, dass die »Friss oder stirb«-Mentalität des Establishments falsch sei und dass die Dinge anders sein könnten, vertrauter und authentischer.

Natürlich kann ein einzelner Faktor nicht erklären, warum in so vielen, ganz unterschiedlich situierten Ländern im zweiten Jahrzehnt des 21. Jahrhunderts gleichzeitig ein autoritärer Antiliberalismus auftritt. Dennoch hat unserer Ansicht nach die Tatsache, dass die Menschen den kanonischen Status der liberalen Demokratie und der Nachahmungspolitik nicht mehr anerkannten, ganz allgemein eine entscheidende Rolle gespielt, nicht nur in Mitteleuropa, sondern auch in Russland und den Vereinigten Staaten. Um dies zu begründen, wollen wir zunächst einmal zwei der schärfsten Kritiker des Liberalismus in Mitteleuropa in den Zeugenstand rufen. Ryszard Legutko, polnischer Philosoph und konservatives Mitglied des Europaparlaments, zürnt, dass »wir immer stärker einer demokratisch-liberalen Allgegenwart ausgesetzt sind«, dass sie »der einzige anerkannte Weg und die einzige Methode der Organisation des gemeinschaftlichen Lebens schlechthin« geworden sei und dass »es Liberalen und liberalen Demokraten gelungen (ist), fast alle alternativen politischen Vorstellungen und nichtliberalen Ideen zu marginalisieren und ihre Vertreter mundtot zu machen«.[19]

Eine einflussreiche ungarische Historikerin stimmt dem zu: »Wir wollen nicht kopieren, was die Deutschen oder die Franzosen machen«, verkündete Mária Schmidt, Viktor Orbáns Vordenkerin. »Wir wollen unsere eigene Lebensart fortführen.«[20] Beide Aussagen lassen vermuten, dass ein hartnäckiger Widerwille, Fukuyamas »totale Erschöpfung gangbarer systemischer Alternativen zum westlichen Liberalismus« anzuerkennen, mit dafür verantwortlich ist, dass sich die weiche

Macht des Westens, zur Nachahmung anzuregen, in Schwäche und Angreifbarkeit statt in Stärke und Autorität verwandelte.

Die Weigerung, vor dem liberalen Westen die Knie zu beugen, ist zum Markenzeichen der illiberalen Konterrevolution überall in der kommunistischen Welt und darüber hinaus geworden. Eine solche Reaktion kann man nicht einfach mit der banalen Feststellung vom Tisch wischen, dass es für nicht westliche Staatenlenker ein Leichtes sei, dem Westen die Schuld in die Schuhe zu schieben, um nicht die Verantwortung für die eigene gescheiterte Politik übernehmen zu müssen. Die Sache ist sehr viel komplizierter und interessanter. Es geht – unter anderem – darum, wie der Liberalismus zugunsten einer Hegemonie den Pluralismus aufgegeben hat.

Name und Notwendigkeit

Im Kalten Krieg trennte das weltweit folgenreichste politische Schisma Kommunisten von Demokraten. Der Globus war aufgeteilt zwischen dem totalitären Osten und der freien Welt des Westens, und die Gesellschaften an der Peripherie des Hauptkonflikts hatten das Recht und die Entscheidungsmacht, eine Seite zu wählen – oder glaubten dies zumindest. Nach dem Fall der Mauer veränderte sich diese Konstellation. Von da an wiederum trennte der folgenreichste Riss am geopolitischen Firmament Nachahmer von Nachgeahmten, etablierte Demokratien von Ländern, die sich bemühten, den Übergang zur Demokratie zu schaffen. Die Ost-West-Beziehungen verwandelten sich von einer Pattsituation zwischen zwei feindlichen Systemen im Kalten Krieg zu einer belasteten Beziehung zwischen Vorbildern und Nachahmern innerhalb eines einzigen, unipolaren Systems.

Das Bemühen ehemals kommunistischer Länder, nach 1989 dem Westen nachzueifern, ist mit den verschiedensten Bezeichnungen belegt worden – Amerikanisierung, Europäisierung, Demokratisierung, Liberalisierung, Erweiterung, Integration, Harmonisierung, Globalisierung und so weiter –, doch es ging im Kern immer um Modernisierung durch Nachahmung und um Integration durch Assimilierung. Der oben zitierte polnische Philosoph hat, die Einstellung vieler seiner Landsleute nach 1989 verhöhnend, auch geschrieben:

> In Wahrheit sollte kopiert und adaptiert werden. Je mehr wir kopiert und adaptiert hatten, umso selbstzufriedener wurden wir. Institutionen, Bildung, Recht, Medien, Sprache und Sitten, fast alle Bereiche wurden zu unvollkommenen Kopien des Originals, das auf dem Weg des Fortschritts weit vor uns war.[21]

Diese nervenaufreibende Asymmetrie zwischen jenen, die moralisch fortgeschritten waren, und jenen, die moralisch hinterherhinkten, wurde nach 1989 zu einem ebenso prägenden wie neuralgischen Kennzeichen der Ost-West-Beziehungen.

Nach dem Fall der Mauer galt eine pauschale Nachahmung des Westens weithin als der effektivste Weg, zuvor nicht demokratische Gesellschaften zu demokratisieren. Auch wegen der implizierten moralischen Asymmetrie ist diese arrogante Haltung inzwischen zu einer vorrangigen Zielscheibe populistischer Wut geworden.

Nachahmungsdruck

Nachahmung ist im sozialen Miteinander allgegenwärtig. Gabriel de Tarde, ein bekannter französischer Sozialtheoretiker und Kriminologe des 19. Jahrhunderts, verkündete sogar: »Gesellschaft ist Nachahmung«.[22] Er sprach auch von »ansteckender Nachahmung« als einer Art »Somnambulismus«, womit er meinte, dass Menschen, ohne dazu gezwungen zu werden, einander spontan imitieren und dabei anders als bei kriminellen Nachahmungstaten keinen strategischen Plan verfolgen.[23]

Wenn die Populisten Mitteleuropas gegen einen vermeintlichen Nachahmungsimperativ als das unerträglichste Merkmal der Hegemonie des Liberalismus nach 1989 wettern, meinen sie ganz offensichtlich etwas weniger Allgegenwärtiges und politisch Provokanteres. Die hier zur Debatte stehende Form der groß angelegten institutionellen Nachahmung umfasst erstens eine anerkannte moralische Überlegenheit des Nachgeahmten gegenüber seinen Nachahmern, zweitens ein politisches Modell, das behauptet, alle existenzfähigen Alternativen beseitigt zu haben, drittens eine Erwartung, dass die Nachahmung bedingungslos und nicht an lokale Traditionen angepasst sein wird, und viertens den anmaßenden Anspruch der Vertreter der zu imitierenden Länder, den Fortschritt der nachahmenden Länder dauerhaft beobachten, überwachen und bewerten zu dürfen. Ohne die Analogie zu weit treiben zu wollen, ist doch die Beobachtung interessant, dass der Stil der Regime-Nachahmung, der nach 1989 Einzug hielt, eine schaurige Ähnlichkeit mit den Wahlen der Sowjetzeit aufweist, bei denen die Wähler, von Parteifunktionären beaufsichtigt, so taten, als würden sie den einzigen Kandidaten »wählen«, der sich um ein Amt bewarb.

Um besser zu beschreiben, was auf dem Spiel steht, müssen wir im Vorfeld ein paar Abgrenzungen vornehmen. So müssen wir etwa unterscheiden zwischen der vollumfänglichen (aber nicht aufgezwungenen) Nachahmung eines einzelnen orthodoxen Modells, kontrolliert von voreingenommenen Ausländern, und dem normalen Lernen, durch das Staaten indirekt von den Erfahrungen der anderen profitieren.[24] Nur Ersteres erzeugt Widerwillen, Letzteres, gewöhnlich der Demonstrationswirkung von vermeintlichen Erfolgen und Misserfolgen zugerechnet, nicht.

Zweitens und noch wichtiger sollten wir die Nachahmung der Mittel von der Nachahmung der Ziele trennen. Ersteres nennen wir eher *entleihen* als nachahmen. Eine klassische Formulierung dieser Unterscheidung stammt von Thorstein Veblen, der zu Beginn des 20. Jahrhunderts schrieb, die Japaner hätten »die industriellen Fertigkeiten« des Westens entliehen, nicht aber dessen »geistige Anschauung« oder seine »Verhaltensprinzipien und ethischen Werte«.[25] Die Entleihung technischer Mittel wirkt sich nicht auf die Identität aus, zumindest nicht kurzfristig, während das Kopieren moralischer Ziele tiefer geht und einen sehr viel radikaleren Transformationsprozess anstoßen kann, der einer »Bekehrungserfahrung« nahekommt. Beim Umbau ihrer Gesellschaften nach 1989 strebten die Mitteleuropäer danach, die Lebensweisen und moralischen Haltungen zu kopieren, die sie im Westen beobachteten. Die Chinesen dagegen schlugen einen Weg ein, der dem von Veblen beschriebenen ähnelt: Sie übernahmen westliche Technologien, um das Wirtschaftswachstum anzukurbeln und das Ansehen der Kommunistischen Partei zu steigern – ausdrücklich mit dem Ziel, dem Sirenengesang des Westens zu *widerstehen*.

Das Nachahmen moralischer Ideale hat, anders als das Entleihen von Technologien, zur Folge, dass man demjenigen, den man bewundert, ähnlich wird. Gleichzeitig führt es aber auch dazu, dass man sich selbst unähnlicher wird, und das zu einem Zeitpunkt, an dem die persönliche Einzigartigkeit und die Loyalität zur eigenen Gruppe im Zentrum des Bemühens um Würde und Anerkennung stehen. Der vorherrschende Kult der Innovation, Kreativität und Originalität – Kernbestandteile liberaler Modernität – bedeutet, dass selbst Einwohner wirtschaftlich erfolgreicher Länder wie Polen das Projekt, unter westlicher Aufsicht ein westliches Modell zu adaptieren, als eine Art Eingeständnis ihres Versagens empfinden: Sie haben es nicht geschafft, der historischen Unterordnung Mitteleuropas unter ausländische Lehrer und Inquisitoren zu entkommen.

Diese sich selbst widersprechende Anforderung, gleichzeitig Original und Kopie zu sein, musste psychischen Stress auslösen. Das Gefühl, respektlos behandelt zu werden, wurde noch verstärkt durch etwas, das man durchaus als die zentrale Ironie der postkommunistischen Demokratieförderung im Kontext der europäischen Integration sehen kann: Um die Bedingungen für eine EU-Mitgliedschaft zu erfüllen, wurden die mittel- und osteuropäischen Länder im Zuge des angeblichen Demokratisierungsprozesses dazu gedrängt, politische Strategien umzusetzen, die nicht gewählte Bürokraten aus Brüssel oder internationale Kreditanstalten gestaltet hatten.[26] Die Polen und Ungarn bekamen gesagt, welche Gesetze sie erlassen und welche Politik sie machen sollten, während sie gleichzeitig so tun sollten, als würden sie sich selbst regieren. Wahlen ähnelten immer stärker »Fallen für Narren«, wie Rudyard Kipling gesagt hätte. Die Wähler tauschten die Amtsinhaber zwar regelmäßig aus, doch die – von Brüssel vorgegebene – Politik änderte sich nicht substanziell. Es war schon schlimm genug, dass sie so tun mussten, als regierten sie sich selbst, während sie doch eigentlich von westlichen Strippenziehern regiert wurden. Das Fass zum Überlaufen brachten dann Besucher aus dem Westen, die ihnen vorwarfen, nur *pro forma* Demokratie zu spielen, wo doch die politischen Eliten der Region der Ansicht waren, dass man genau das von ihnen verlangt habe.

Der Zusammenbruch des Kommunismus stieß eine psychologisch problematische, ja sogar traumatische Transformation der Ost-West-Beziehungen an, weil er aus verschiedensten Gründen die Erwartung in die Welt setzte, Länder, die sich vom Kommunismus lossagten, müssten nicht Mittel, sondern Ziele imitieren. Die politischen Anführer des Ostens, die dem Import westlicher Vorbilder in diesem starken Sinne den Weg bahnten, legten großen Wert darauf, dass ihre Mitbürger die Ziele und Vorlieben des Vorbilds ganzheitlich und nicht unsystematisch oder stückweise internalisierten. Die zentrale Klage, die alle antiliberale Politik in der Region heute motiviert, lautet, der Versuch, die ehemals kommunistischen Länder zu demokratisieren, habe auf eine Art kulturelle *Bekehrung* gezielt, eine Bekehrung zu Werten, Gewohnheiten und Einstellungen, die man im Westen als »normal« betrachtete. Anders als es beim Aufpfropfen einiger weniger fremder Elemente auf einheimische Traditionen der Fall ist, setzte diese politische und moralische »Schocktherapie« die ererbte Identität aufs Spiel. Weil der nachgeahmte Liberalismus unweigerlich unvollständig und schief war, erlebten sich viele ursprüngliche Befürworter der Veränderungen als kulturelle Hochstapler – ein schlechtes Gefühl, das wiederum politisch ausnutzbare Sehnsüchte nach einer verloren gedachten Authentizität weckte.

Versuche der Schwächeren, die Starken und Erfolgreichen zu imitieren, sind unter Staaten und Nationen natürlich nicht ungewöhnlich. Allerdings ähnelt eine solche Nachahmung gewöhnlich eher geistlosem Nachgeplapper als einer echten, psychisch und sozial aufreibenden Umgestaltung. Das Frankreich Ludwigs XIV. als Vormacht Europas im 17. Jahrhundert inspirierte viele solcher oberflächlichen Nachahmer. Der Politikwissenschaftler Ken Jowitt hat gezeigt, dass in Deutschland, Polen und Russland Nachbildungen von Versailles entstanden; die französische Lebensart breitete sich aus, Französisch wurde die Sprache der europäischen Eliten. Im 19. Jahrhundert rückte das britische Parlament in den Fokus oberflächlicher und unausgegorener Nachahmung, während »nach dem Zweiten Weltkrieg in Osteuropa von Albanien bis Litauen etliche stalinistische Regime entstanden, alle geprägt von identisch hässlicher stalinistischer Architektur – politisch wie physisch«.[27] Oberflächlich nachahmendes Verhalten tritt im politischen Leben vor allem deshalb so häufig auf, weil es den Schwachen stärker aussehen lässt, als er eigentlich ist – eine nützliche Form der Mimikry, um in feindlicher Umgebung zu überleben. Sie macht die Nachahmer zudem besser für die Augen jener lesbar, die ihnen widrigenfalls helfen, oder aber sie verletzen beziehungsweise an den Rand drängen würden. Nicht westliche Eliten konnten nach dem Kalten Krieg ihren mächtigen westlichen Gesprächspartnern nicht nur die Befangenheit nehmen, sondern ihnen gegenüber auch wirtschaftliche, politische und militärische Ansprüche geltend machen, indem sie »Englisch lernten, mit Ausgaben der *Federalist Papers* herumliefen, Anzüge von Armani trugen, Wahlen abhielten« – und, um Jowitts Lieblingsbeispiel zu nennen, »Golf spielten«.[28] Die mimikryhafte Imitation der Mächtigen erlaubte einem schwachen Land zur Zeit Ludwigs XIV., indirekt an der gewaltigen Größe und dem Prestige eines echten »Versailles« teilzuhaben, ohne zu einem Quell nationaler Demütigung oder zu einer schweren Bedrohung der nationalen Identität zu werden.

Wenn wir von den unbeabsichtigten Folgen des unipolaren Zeitalters der Nachahmung sprechen und einen vermeintlichen Nachahmungsimperativ nach 1989 als wichtigen Grund dafür beschreiben, warum sich der liberale Traum in einen liberalen Albtraum verwandelte, beziehen wir uns auf Muster nachahmenden Verhaltens und Modelle einer »Nachahmungsvergiftung«, die emotional anspruchsvoller und tiefgreifender sind als geistloses Nachplappern. Es geht um eine Art politischer Runderneuerung, die zwar nicht auf Befehl des Westens, aber doch »unter den Augen des Westens« umgesetzt wurde und die nicht nur Gefühle der Scham und der Verbitterung weckte, sondern auch die Angst vor kultureller Auslöschung schürte.

Die einflussreichsten politischen Anführer Mittel- und Osteuropas sahen unmittelbar nach 1989 in einer imitierenden Verwestlichung den kürzesten Weg zur Reform. Nachahmung wurde als eine »Rückkehr nach Europa« und damit als eine Rückkehr zum vermeintlich authentischen Selbst der Region gerechtfertigt. In Moskau war das natürlich anders. Dort hatte man den Kommunismus nie als Fremdherrschaft wahrgenommen, weshalb man die Nachahmung des Westens auch nicht überzeugend als Wiederherstellung der unverstellten nationalen Identität des Landes präsentieren konnte.

Doch unabhängig davon, wie ernsthaft oder unaufrichtig man sich die westlichen Vorbilder anfangs auch zu eigen machte – eine Reform nach liberal-demokratischen Grundsätzen fühlte sich aus verschiedenen Gründen bald nicht mehr so gut an. So konnten selbst die wohlwollendsten westlichen Berater die implizite Überlegenheit des Vorbilds gegenüber dem Nachahmer nicht verhehlen, und auswärtige Förderer politischer Reformen im Osten hielten weiterhin an einem idealisierten Bild der liberalen Demokratie fest, obwohl die Anzeichen ihrer innenpolitischen Probleme bald nur allzu offensichtlich waren. In diesem Kontext versetzte die globale Finanzkrise von 2008 dem guten Ruf des Liberalismus den Todesstoß.

In mehreren Werken hat der französische Philosoph René Girard seine Ansicht dargelegt, dass Historiker und Sozialwissenschaftler die zentrale Bedeutung der Nachahmung für das Menschsein ebenso fälschlich wie fahrlässig vernachlässigt hätten. Er widmete sich immer wieder der Frage, wie Nachahmung psychische Traumata und soziale Konflikte erzeugen kann. Dies passiere vor allem dann, wenn das nachgeahmte Vorbild zu einem Hindernis für die Selbstachtung und die Selbstverwirklichung des Nachahmenden wird.[29] Besonders hoch ist das Risiko für Unmut und Konflikt laut Girard bei der Nachahmung von Wünschen.

Seiner Ansicht nach wollen Menschen etwas nicht, weil es ansprechend oder erstrebenswert ist, sondern nur, weil jemand anderes es auch will. Diese Hypothese kann man an zwei Kleinkindern in einem Zimmer voller Spielzeug überprüfen: Das »begehrenswerteste« Spielzeug hat immer gerade das andere Kind in der Hand.[30] Die Ziele anderer nachzuahmen ist natürlicherweise, so Girard, mit Rivalität, Feindseligkeit und Bedrohungen der persönlichen Identität verbunden. Je mehr Vertrauen die Nachahmer in ihre Vorbilder setzen, desto weniger Vertrauen haben sie bezeichnenderweise in sich selbst. Das nachgeahmte Vorbild ist unweigerlich ein Rivale und greift das Selbstbewusstsein an. Dies gilt besonders, wenn das Modell, an dem man sich orientieren soll, nicht Jesus Christus im Himmel ist, sondern der Nachbar im Westen.

Etymologische Argumente sind bekanntermaßen meist schwach, und doch ist es vielleicht sinnvoll, sich ins Gedächtnis zu rufen, dass »nachahmen« ursprünglich nicht nur unterwürfige Bewunderung, sondern durchaus auch Wettbewerb meinte. Der Sohn will wie sein Vater sein, doch der Vater sendet die unterschwellige Botschaft aus, dass das ehrgeizige Ziel des Jungen unerreichbar ist, was den Sohn dazu bringt, den Vater zu hassen.[31] Das entspricht schon fast dem

Muster, das wir in Mittel- und Osteuropa beobachten, wo es den Populisten zufolge durch den vom Westen inspirierten Nachahmungsimperativ quasi die Bestimmung dieser Länder zu sein schien, ihre geheiligte Vergangenheit abzulegen und eine neue liberal-demokratische Identität anzunehmen, die ehrlich gesagt niemals ganz und gar ihre eigene sein würde.

Girards Einsicht in die beharrliche Neigung der Nachahmung, Verbitterung zu erzeugen, gründet zwar fast ausschließlich auf der Analyse literarischer Texte, ist aber dennoch überaus hilfreich, um zu verstehen, warum in der postkommunistischen Welt, ausgehend vor allem von Ungarn, ein ansteckender Aufstand gegen die liberale Demokratie ausbrach.[32] Indem er die Aufmerksamkeit auf die konfliktbelastete Natur der Nachahmung lenkt, hilft er uns, die Demokratisierung nach dem Kommunismus in einem völlig anderen Licht zu sehen. Seiner Theorie zufolge sind die Probleme, vor denen wir heute stehen, weniger auf einen natürlichen Rückfall in schlechte Gewohnheiten der Vergangenheit zurückzuführen, sondern sie entstanden vielmehr als Gegenreaktion auf einen vermeintlichen Nachahmungsimperativ. Während Fukuyama davon ausging, dass das Zeitalter der Nachahmung endlos langweilig werden würde, erahnte Girard klugerweise dessen Potenzial, jene Form existenzieller Scham auszubrüten, die in der Lage ist, einen explosiven Aufstand zu entfachen.

Die Blumen der Verbitterung

Die These, die wir hier untersuchen und verteidigen möchten, lautet: Die Ursprünge der heute weltweit stattfindenden antiliberalen Revolte liegen in drei parallel verlaufenden, miteinander verbundenen und durch Verbitterung befeuerten Reaktionen auf den vermeintlich kanonischen Status westlicher Politikmodelle nach 1989. Wir wissen natürlich, dass sie einseitig und unvollständig ist und empirische Schwachstellen hat, aber wir wollen keine umfassende und abschließende Zusammenschau der Ursachen und Folgen des zeitgenössischen Antiliberalismus liefern. Vielmehr geht es uns darum, einen bestimmten Aspekt der Geschichte hervorzuheben und zu beleuchten, der bisher nicht die Aufmerksamkeit bekommen hat, die er verdient. Die drei Fälle von reaktionärem Nativismus und Autoritarismus, die uns interessieren, weisen Ähnlichkeiten auf, die zuweilen versteckt sind. Um sie sichtbar zu machen, haben wir auf ein flexibel gegliedertes und zugegebenermaßen spekulatives, aber hoffentlich doch kohärentes und aufschlussreiches Konzept der politischen Nachahmung zurückgegriffen.

Zunächst untersuchen wir den intoleranten Kommunitarismus mitteleuropäischer Populisten, deren Wortführer Viktor Orbán und Jarosław Kaczyński sind. Es geht darum, zu erklären, wie es dazu kam, dass in Ländern, in denen noch kürzlich eine liberale Elite die Nachahmung westlicher Vorbilder als den schnellsten Weg zu Wohlstand und Freiheit akzeptierte, ein erheblicher Teil der Wählerschaft plötzlich in ebendieser Nachahmung einen Weg ins Verderben sieht. Wir wollen nachvollziehen, wie durch die Monopolisierung der Symbole nationaler Identität, die im Zuge der »Harmonisierung« mit den postnationalen Standards und Verordnungen der Europäischen Union vernachlässigt oder entwertet worden waren, in der Region eine antiwestliche, meist in der Provinz verwurzelte Gegenelite entstand und beachtliche Unterstützung beim Volk fand – vor allem außerhalb der global vernetzten urbanen Zentren. Und wir zeigen, wie der nach dem Mauerfall einsetzende Entvölkerungsprozess in Mittel- und Osteuropa[33] diesen populistischen Gegeneliten dabei half, die Vorstellungskraft ihrer jeweiligen Öffentlichkeit zu vereinnahmen, indem sie den Universalismus der Menschenrechte und den Liberalismus der offenen Grenzen als etwas hinstellten, das zeige, wie indifferent der Westen gegenüber den nationalen Traditionen und dem Erbe ihrer Länder sei.[34] Wir behaupten ganz sicher nicht, dass die mitteleuropäischen Populisten unschuldige Opfer des Westens seien oder der Widerstand gegen das, was sie als Nachahmungsimperativ wahrgenommen haben, ihre Agenda bereits vollständig fülle. Wir denken auch nicht, dass ihr Illiberalismus die einzig mögliche Reaktion auf 2008 und andere Krisen im Westen war. Und wir sehen durchaus, wie heldenhaft der illiberale Populismus in der Region bekämpft wird. Nein, wir wollen aufzeigen, dass der politische Aufschwung des Populismus nicht ohne den weitverbreiteten Unmut erklärt werden kann, der eine Reaktion auf die Art und Weise darauf ist, wie der (aufgezwungene) alternativlose Sowjetkommunismus durch den (erwünschten) alternativlosen westlichen Liberalismus ersetzt wurde.

Im nächsten Schritt wenden wir uns Russlands Verbitterung zu, entstanden angesichts einer weiteren Runde der verordneten Verwestlichung – so jedenfalls sah es die russische Seite. Für den Kreml signalisierte der Zerfall der Sowjetunion den Verlust des Supermacht-Status, und damit büßte er auch die Augenhöhe mit dem amerikanischen Feind ein. Praktisch über Nacht verwandelte sich Russland von einem angsteinflößenden gleichwertigen Rivalen zum Problemfall, der um Unterstützung betteln und die Ratschläge wohlmeinender, aber schlecht vorbereiteter amerikanischer Berater entgegennehmen musste, wobei es noch Dankbarkeit zu heucheln galt. Russland hat Nachahmung und Integration nie als Synonyme erlebt. Anders als Mittel- und Osteuropa stellte dieses Land keinen ernsthaften Kandidaten für eine Aufnahme in die

NATO oder die Europäische Union dar. Es war zu groß, besaß zu viele Nuklearwaffen und war sich seiner eigenen »historischen Größe« bewusst, was mit einer Position als Juniorpartner in einem westlichen Bündnis unvereinbar war.

Die erste Reaktion des Kreml auf die globale Überlegenheit des Liberalismus war eine Art *Simulation*, wie ein relativ schwaches Beutetier sie einsetzt, um nicht von gefährlichen Raubtieren angegriffen zu werden. Direkt nach dem Zusammenbruch der Sowjetunion war Russlands politische Elite keineswegs homogen. Die meisten fanden es jedoch völlig natürlich, Demokratie zu spielen, wie sie in den letzten beiden Jahrzehnten vor 1991 Kommunismus auch nur vorgespielt hatten. Russlands liberale Reformer, Leute wie Jegor Gaidar, bewunderten die Demokratie wirklich, waren aber überzeugt, dass es in Anbetracht der gewaltigen Ausdehnungen Russlands und der autoritären Tradition, die die Gesellschaft jahrhundertelang geformt hatte, unmöglich sei, eine Marktwirtschaft aufzubauen – zumal unter einer Regierung, die sich wirklich dem Volkswillen unterwarf. Um im Russland der 1990er-Jahre eine »imitierte Demokratie« zu erschaffen, bedurfte es keiner hart erarbeiteten politischen Entwicklung. Es ging vielmehr nur darum, eine Potemkinsche Fassade zu errichten, die nach außen wie eine Demokratie aussah. Die Maskerade war so erfolgreich, dass es in einer schwierigen Übergangszeit gelang, den Druck zu vermindern, mit dem der Westen vom Kreml forderte, utopische politische Reformen in Angriff zu nehmen, die den ohnehin traumatischen und zwangsläufig korrupten Prozess der wirtschaftlichen Privatisierung womöglich in Gefahr gebracht hätten.

In den Jahren 2011/2012 hatte diese demokratische Scharade ausgedient. Russlands Führung ging nun zu einer verbitterten Strategie der aggressiven Parodie über, einem dreist feindseligen und absichtlich provokativen Nachahmungsstil, der sicher nicht als »Beobachtungslernen« verstanden werden kann, wie schmeichelhafte Analysen der nachahmenden Außenpolitik es tun.[35] Wir nennen dies *Spiegeln*. Kreml-Insider, die sich über die in ihren Augen ebenso arrogante wie sinnlose Forderung ärgerten, Russland solle ein idealisiertes Bild des Westens nachahmen, beschlossen, stattdessen das zu kopieren, was sie als die abstoßendsten Verhaltensmuster des amerikanischen Hegemons wahrnahmen, um dem Westen *einen Spiegel vorzuhalten* und diesen Möchtegern-Missionaren zu zeigen, was von ihnen übrig blieb, wenn man sie ihrer selbstverliebten Maske beraubte. Das Spiegeln ist für ehemalige Nachahmer ein erprobter Weg, sich an ihren vermeintlichen Vorbildern zu rächen, indem sie deren unattraktive Defekte und ermüdende Scheinheiligkeit offenlegen. Bedeutsam wird diese Demaskierungsmanie dadurch, dass der Kreml sie meist als Selbstzweck und oft sogar mit beträchtlichen Nachteilen betreibt, ohne an einen kollateralen Nutzen zu denken, auf den das Land womöglich hoffen könnte.

Mit Russlands Einmischung in die amerikanischen Präsidentschaftswahlen 2016, um zum auffälligsten Beispiel für dieses höhnisch-ironische »Spiegeln« zu kommen, wollten Organisatoren wie Täter das reproduzieren, was der Kreml als unerwünschte westliche Übergriffe auf das politische Leben Russlands betrachtete. Es ging ausdrücklich weniger darum, einen Kreml-freundlichen Kandidaten in das Amt zu hieven, als vielmehr darum, den Amerikanern vor Augen zu führen, wie sich ausländische Einmischung in die Politik eines Landes anfühlt. Aber Russland hatte nicht nur ein pädagogisches Ziel: Mit der Spiegelung wollte es auch offenlegen, wie zerbrechlich und verwundbar ein arrogantes demokratisches Regime ist.

In den 1990er-Jahren simulierte der Kreml also die Verantwortlichkeit von Politikern gegenüber ihren Bürgern. Heute hat er sein Interesse an demokratischen Scharaden weitgehend verloren. Statt so zu tun, als imitierten sie Amerikas innenpolitisches System, imitieren Putin und sein Gefolge lieber die Art, wie sich Amerika rechtswidrig in die Innenpolitik anderer Länder einmischt. Allgemeiner gesagt, will der Kreml Amerika einen Spiegel vorhalten, in dem dieses Land betrachten kann, wie sehr es dazu neigt, ebenjene internationalen Regeln zu verletzen, die es angeblich respektiert. Und das macht er sehr herablassend, um die Amerikaner zu demütigen und sie auf ein Normalmaß zurechtzustutzen.

Die Verbitterung angesichts der Amerikanisierung liefert eine starke (wenn auch unvollständige) Erklärung für den innenpolitischen Illiberalismus Mitteleuropas wie für Russlands außenpolitische Angriffslust. Doch was ist mit den Vereinigten Staaten? Warum unterstützen so viele Amerikaner einen Präsidenten, der in Amerikas Engagement für eine liberale Welt zugleich auch die größte Schwachstelle des Landes sieht? Warum akzeptieren Trumps Unterstützer die implizite und exzentrische Idee ihres Präsidenten, dass die Vereinigten Staaten nicht nur aufhören sollten, Vorbild für andere Länder zu sein, sondern vielleicht sogar noch gut daran täten, Orbáns Ungarn und Putins Russland nachzuahmen?

Trump hat sowohl die Unterstützung der breiten Masse wie auch der Geschäftswelt gewonnen, indem er erklärte, die Vereinigten Staaten seien der größte Verlierer der weltweiten Amerikanisierung. Damit wich er signifikant vom prahlerischen Mainstream der amerikanischen politischen Kultur ab, und es ruft nach einer Erklärung, warum er dafür eine so augenfällige öffentliche Akzeptanz fand. Weil Russen und Mitteleuropäer die Nachahmung als etwas ablehnen, das schlecht für die Nachahmer und gut nur für das imitierte Modell sei, klingt es zunächst verwirrend, dass einige Amerikaner die Nachahmung offenbar als schlecht für die Vorlage und gut nur für die Kopie verwerfen. Tatsächlich wirkt Trumps Groll auf eine Welt voller Länder, die Amerika nacheifern, abnorm, bis wir uns klarmachen, dass für seine amerikanischen Unterstützer Nachahmer eine Bedrohung verkörpern, da sie versuchen, das Vorbild, das sie imitieren, zu ersetzen. Diese Angst, ersetzt und enteignet zu werden, hat zwei Quellen: einerseits die Immigranten, andererseits China.

Das weit hergeholte Bild von Amerika als ein missbrauchtes Opfer seiner Bewunderer und Nachahmer nahmen weder die Geschäftswelt noch die Öffentlichkeit richtig ernst, als Trump es in den 1980er-Jahren zu seinem Markenzeichen machte. Warum also änderte sich das im zweiten Jahrzehnt des 21. Jahrhunderts? Die Antwort findet sich in den Problemen weißer Amerikaner der Mittel- und Arbeiterschicht und darin, dass sich China als ein sehr viel gefährlicherer ökonomischer Konkurrent der USA entpuppte, als Deutschland oder Japan es je waren. Die Wahrnehmung der weißen Wähler und der Geschäftswelt, dass China amerikanische Jobs beziehungsweise amerikanische Technologie stehle, trug dazu bei, dass Trumps exzentrische Botschaft von der Viktimisierung Amerikas plötzlich eine krude Glaubwürdigkeit bekam – obwohl dies ein radikaler Bruch mit dem traditionellen Selbstbild des Landes war.

Dieses einleitende Beispiel zeigt, wie dem Vorbild und nicht nur dem Mimen Nachahmungspolitik übel aufstoßen kann und wie sogar der Führer des Landes, das die liberale Weltordnung schuf, beschließen konnte, alles zu tun, um ebendiese Weltordnung wieder einzureißen.

China führt uns darüber hinaus zum Abschluss unserer Argumentation, denn der Aufstieg eines international durchsetzungsfähigen Chinas, bereit, die US-Hegemonie herauszufordern, markiert das Ende des Nachahmungszeitalters, wie wir es verstehen. In seinem Rücktrittsschreiben an den amerikanischen Präsidenten betonte der Verteidigungsminister James Mattis im Dezember 2018, dass die chinesischen Führer »die Welt nach ihrem autoritären Vorbild formen wollen«. Doch damit meinte er nicht, dass sie andere Länder dazu überreden oder nötigen wollten, »asiatische Werte« anzunehmen, oder es ihnen darum ginge, sie zu ermutigen, ihre eigenen Politik- und Wirtschaftssysteme mit »chinesischen Hauptmerkmalen« zu übertünchen. Sie forderten Einfluss und Respekt, ohne gleich die ganze Welt zu den »Xi-Jinping-Ideen« bekehren zu wollen. Sie möchten, wie Mattis schrieb, »Veto-Rechte über die wirtschaftlichen, diplomatischen und sicherheitspolitischen Entscheidungen anderer Staaten gewinnen, um ihre eigenen Interessen auf Kosten ihrer Nachbarn sowie Amerikas und seiner Verbündeten zu verfolgen«.[36]

Der bevorstehende Schlagabtausch zwischen Amerika und China wird weltverändernd sein: Es wird dabei um Handel, Ressourcen, Technologien, Einflusszonen und die Fähigkeit gehen, ein globales Umfeld zu schaffen, das für die extrem verschiedenen nationalen Interessen und Ideale beider Länder günstig ist. Ein Konflikt zwischen rivalisierenden universalen Visionen von der Zukunft des Menschen, bei dem jede Seite versucht, durch ideologische Bekehrung und revolutionäre Regimewechsel Verbündete zu rekrutieren, wird nicht dazugehören. Im gegenwärtigen internationalen System treten allmählich nackte Machtasymmetrien an die Stelle angeblicher moralischer Asymmetrien. Das erklärt, warum die chinesisch-amerikanische Rivalität nicht angemessen als »neuer Kalter Krieg« bezeichnet werden kann. Allianzen lösen sich auf und formen sich kaleidoskopartig neu, Länder geben langfristige ideologische Partnerschaften zugunsten kurzlebiger Zweckbündnisse auf. Wir kennen die Folgen nicht, aber eine Neuauflage des 40-jährigen Konflikts zwischen den USA und der UdSSR ist sicher nicht zu erwarten.

Der atemberaubende Aufstieg Chinas legt nahe, dass die Niederlage der kommunistischen Idee 1989 letztendlich doch nicht als einseitiger Sieg der liberalen Idee zu verbuchen ist. Hingegen stellte sich heraus, dass die unipolare Ordnung für den Liberalismus weitaus weniger günstig war, als irgendjemand hätte vorhersagen können. Einige Kommentatoren haben behauptet, die Ereignisse von 1989 hätten das Projekt der Aufklärung – in seiner liberalen ebenso wie in seiner kommunistischen Verkörperung – ernsthaft beschädigt, indem sie die Konkurrenz des Kalten Krieges zwischen zwei rivalisierenden universalen Ideologien beseitigten. Der ungarische Philosoph G. M. Tamás ging noch weiter und erklärte, »die liberale wie die sozialistische Utopie« seien 1989 »besiegt« worden, und dies signalisiere »das Ende« des »Projekts der Aufklärung«.[37] So fatalistisch sind wir nicht. Schließlich besteht immer noch die Chance, dass amerikanische und europäische Führungspersönlichkeiten auftauchen, die in der Lage sind, den Niedergang des Westens vernünftig über die Bühne zu bringen. Vielleicht findet sich ja noch ein gangbarer Weg zu einer liberalen Genesung auf gleichermaßen vertrauten wie neuartigen Grundlagen. Gegenwärtig scheint die Chance auf eine solche Erneuerung gering. Und doch können sich die antiliberalen Regime und Bewegungen, über die wir hier sprechen, als kurzlebig und historisch folgenlos erweisen, vielleicht gerade weil ihnen jede allgemein ansprechende ideologische Vision fehlt. Bekanntlich ist die Geschichte eine Invasion des Unbekannten. Doch was immer die Zukunft auch bereithält – wir können wenigstens versuchen, nachzuvollziehen, wie wir dorthin gekommen sind, wo wir heute stehen.

1
Vom Geist der Nachahmung

»Wahrscheinlich machen solche Augenblicke der Demütigung einen Robespierre.«

STENDHAL[1]

»Als Gregor Samsa eines Morgens aus unruhigen Träumen erwachte, fand er sich in seinem Bett zu einem ungeheueren Ungeziefer verwandelt.« Dieser erste Satz aus Kafkas »Die Verwandlung« könnte auch die Verwunderung beschreiben, die westliche Liberale empfanden, als sie irgendwann um das Jahr 2015 aufwachten und feststellen mussten, dass sich einige einst gefeierte neue Demokratien in Mittel- und Osteuropa plötzlich in von Verschwörungstheoretikern geführte Mehrheitsregime verwandelt hatten: In Regime, die ihre politische Opposition dämonisierten und freie Medien, die Zivilgesellschaft sowie unabhängige Gerichte ihres Einflusses beraubten; Regime, deren politische Führung Souveränität als entschlossenen Widerstand gegenüber jeglichem Druck definierte, sich westlichen Idealen des politischen Pluralismus und der Toleranz gegenüber Fremden, Dissidenten und Minderheiten anzupassen.

Im Frühjahr 1990 reiste der 26 Jahre alte Amerikaner John Feffer monatelang kreuz und quer durch Osteuropa. Er hoffte das Geheimnis um die postkommunistische Zukunft der Region zu entschlüsseln und wollte ein Buch über die historische Verwandlung schreiben, die sich vor seinen Augen abspielte.[2] Da er kein Fachmann war, orientierte er sich nicht an Theorien, sondern redete mit möglichst vielen Menschen aus allen Gesellschaftsschichten und war schließlich ebenso fasziniert wie verwirrt von den Widersprüchen, auf die er überall stieß. Die Osteuropäer waren optimistisch, aber besorgt. Viele seiner Interviewpartner erwarteten damals, dass sie in fünf oder spätestens zehn Jahren wie die Menschen in Wien oder London leben würden, doch in diese überzogenen Hoffnungen mischten sich bereits ängstliche Vorahnungen. Der ungarische Soziologe Elemér Hankiss beschrieb sie so: »Die Menschen erkannten plötzlich, dass die kommenden Jahre darüber entscheiden würden, wer reich und wer arm wäre; wer Macht besäße und wer nicht; wer an den Rand gedrängt leben und wer im Mittelpunkt stehen würde. Und wer in der Lage wäre, Dynastien zu gründen, und wessen Kinder darunter zu leiden hätten.«[3]

Feffer veröffentlichte sein Buch, kehrte jedoch nicht so bald in jene Länder zurück, die ihn eben noch in ihren Bann gezogen hatten. Erst 25 Jahre später beschloss er, die Region noch einmal zu besuchen und jene Menschen aufzuspüren, mit denen er 1990 gesprochen hatte. Diese zweite Reise ähnelte dem Erwachen des Gregor Samsa. Osteuropa war jetzt reicher, aber voller Verbitterung. Die kapitalistische Zukunft hatte längst begonnen, doch ihre Wohltaten und Belastungen waren ungleich verteilt. Feffer erinnert uns daran, dass »für die Generation des Zweiten Weltkriegs in Osteuropa der Kommunismus ein ›gescheiterter Gott‹ gewesen« sei, und kommt zu dem Schluss: »Heute ist der Liberalismus für die Menschen in der Region ein gescheiterter Gott.«[4]

Schwindendes Licht

Unmittelbar nach 1989 stellte man sich die weltweite Ausbreitung der Demokratie als eine Art Märchen vor, in dem der Prinz der Freiheit nur den Drachen der Tyrannei töten und die Prinzessin küssen müsse, um die liberale Mehrheit aus ihrem Dornröschenschlaf zu wecken. Doch der Kuss schmeckte bitter, und die wieder zum Leben erweckte Mehrheit erwies sich als nicht ganz so liberal wie erwartet.

Nach dem Ende des Kalten Krieges standen die Mittel- und Osteuropäer Schlange, um möglichst schnell Anschluss an einen Westen zu finden, wie sie ihn sich hinter dem Eisernen Vorhang ausgemalt hatten. Es liegt auf der Hand, dass das vorrangige Ziel der Revolutionen von 1989 darin bestand, ununterscheidbar westlich zu werden. Westlichen Vorbildern nachzueifern wurde anfangs genauso als Befreiung empfunden wie der Abzug sowjetischer Soldaten. Doch nach zwei unruhigen Jahrzehnten zeigten sich nur allzu offensichtlich die Schattenseiten dieser Nachahmungspolitik. Der Unmut wuchs, und mit ihm die Beliebtheit illiberaler Politiker, die in Ungarn und Polen sogar die Macht erlangten.

1989 verband man Liberalismus allgemein mit den Idealen individueller Freiheit, Bewegungs- und Reisefreiheit, straflosem Widerspruch, Zugang zur Rechtsprechung und Ansprechbarkeit der Regierung für öffentliche Forderungen. 2010 waren die mittel- und osteuropäischen Spielarten des Liberalismus durch wachsende soziale Ungleichheit, allgegenwärtige Korruption und die moralisch fragwürdige, massive Umverteilung öffentlichen Eigentums in die Hände einiger weniger belastet. Die Wirtschaftskrise von 2008 wiederum führte zu einem tiefen Misstrauen gegenüber den wirtschaftlichen Eliten und dem Kasinokapitalismus, der beinahe die Weltfinanzordnung zerstört hätte. Das Ansehen des Liberalismus in der Region hat sich bis heute nicht davon erholt. Zudem untergrub die Krise die Position einiger im Westen ausgebildeter Ökonomen, die immer noch dafür eintraten, den Kapitalismus amerikanischen Stils nachzuahmen. Die Zuversicht, dass die Volkswirtschaft des Westens ein Modell für die Zukunft der Menschheit sei, war mit der Überzeugung verknüpft gewesen, dass die westlichen Eliten schon wüssten, was sie tun. Plötzlich zeigte sich deutlich, dass sie es nicht wussten. Deshalb hatte 2008 weltweit jene niederschmetternde ideologische Wirkung, die über die rein ökonomischen Folgen weit hinausging.

Die von den Populisten Mittel- und Osteuropas so sehr betonten dunklen Seiten des Liberalismus wogen immer schwerer, weil die Zeit allmählich die noch dunkleren Seiten des europäischen Illiberalismus aus dem kollektiven Gedächtnis löschte. Und wie der Zufall es wollte, bekamen die Mittel- und Osteuropäer just in dem Moment die Chance, den Westen nachzuahmen, als dieser gerade seine globale Dominanz verlor und weitsichtige Beobachter nicht nur an der universalen Anwendbarkeit, sondern auch an der ideellen Überlegenheit des westlichen Politikmodells zweifelten – kein günstiges Umfeld, um durch Nachahmung das eigene System zu reformieren. Nachahmer zu sein ist ja so oder so schon eine psychische Herausforderung. Der Schiffbruch ist aber vorprogrammiert, wenn man mittendrin merkt, dass das Vorbild, an dem man sich orientiert, gerade in Schieflage gerät und sinkt. Man sagt oft, die Angst, aufs falsche Pferd zu setzen, sei tief im Kollektivgedächtnis Mitteleuropas verankert. Die politische und ökonomische Instabilität des Westens hat im Osten die Revolte gegen den Liberalismus nicht nur genährt, sondern auch gerechtfertigt.

Indem wir herausstellen, dass der mittel- und osteuropäische Illiberalismus in der Abneigung gegen die Nachahmungspolitik wurzelt, wollen wir jedoch nicht leugnen, dass die Führer illiberaler Parteien in der Region vor allem machthungrig sind und zynischerweise aus ihren Bemühungen, liberale Prinzipien und Institutionen zu diskreditieren, Vorteile ziehen. Der von den herrschenden Cliquen in Budapest und Warschau geförderte Illiberalismus ist unbestreitbar günstig für Amtsinhaber, die den demokratischen Machtwechsel fürchten. Ihr Antiliberalismus ist opportunistisch in dem Sinne, dass er ihnen hilft, sich berechtigten Vorwürfen der Korruption und des Machtmissbrauchs zu entziehen, die EU-Beamte wie auch Kritiker im eigenen Land erheben. Regelmäßig schwärzen der ungarische Fidesz und die polnische PiS (Partei für Recht und Gerechtigkeit) die im westlichen Konstitutionalismus vorgeschriebene Gewaltenteilung als ausländische Verschwörung an, um die Stimmen des ungarischen und polnischen Volkes zu unterdrücken. Mit dem Verweis auf innere Feinde »mit fremdem Herz« rechtfertigen sie, dass sie die unabhängige Presse und Rechtsprechung demontieren und rücksichtslos gegen Regimegegner wie Kritiker vorgehen.

Wir werden allerdings nie verstehen, warum die populistischen Parteien solchen Zuspruch beim Volk finden, wenn wir uns nur auf die korrupten Praktiken und Strategien konzentrieren, mit denen illiberale Regierungen in der Region sich der Verantwortung entziehen. Zweifellos sind die Ursprünge des Populismus komplex. Ein Stück weit aber liegen sie sicher in der Demütigung, höchstens die minderwertige Kopie eines überlegenen Vorbilds zu sein und von ausländischen Gutachtern benotet zu werden, die nur vage interessiert sind und sich selten mit den Realitäten vor Ort vertraut gemacht haben. Diese Erfahrungen schürten in der Region eine nativistische Reaktion, eine Wiederbehauptung sogenannter authentischer nationaler Traditionen im Gegensatz zum schlecht sitzenden westlichen Anzug aus zweiter Hand. Der postnationale Liberalismus, der besonders mit der EU-Erweiterung verbunden war, hat dazu geführt, dass aufstrebende Populisten exklusive Verfügungsgewalt darüber beanspruchten, was nationale Tradition und nationale Identität sei.

Dies war die Antriebsfeder der antiliberalen Revolte in der Region. Ähnlich erwuchs aus der nie richtig ausdiskutierten These, es habe nach 1989 keine Alternativen zu liberalen politischen und ökonomischen Modellen gegeben, der Wunsch, zu beweisen, dass es sie durchaus gegeben hätte. Deutschlands populistische Anti-Europa-Partei, die Alternative für Deutschland (AfD), ist ein klassisches Parallelbeispiel. Wie ihr Name andeutet, entstand sie in Reaktion auf Angela Merkels lockere Behauptung, ihre Geldpolitik sei »alternativlos«. Indem sie den Regierungsvorschlag als den einzig gangbaren Weg beschrieb, provozierte sie eine ruhelose Suche nach Alternativen.[5] Derselbe Widerspruchsgeist brachte schließlich in ehemals kommunistischen Ländern eine antiliberale, globalisierungs-, fremden- und EU-feindliche Revolte hervor, ausgenutzt und manipuliert von populistischen Demagogen, die wussten, wie man mithilfe »innerer Feinde« öffentliche Unterstützung mobilisiert.

Die Mühen der Normalität

Laut George Orwell sind »alle Revolutionen Fehlschläge, aber sie schlagen nicht alle auf dieselbe Art fehl«.[6] Inwiefern schlug also die Revolution von 1989 fehl, wenn man davon ausgeht, dass sie eine Normalität westlichen Stils anstrebte? In welchem Maße war die liberale und damit nachahmende Revolution von 1989 verantwortlich für die illiberale Konterrevolution, die sich zwei Jahrzehnte später Bahn brach?

Glücklicherweise kamen die »samtenen Revolutionen« von 1989, die zeitlich mit der Zweihundertjahrfeier der ruhmreichen, aber blutigen Französischen Revolution zusammenfielen, weitgehend ohne das menschliche Leid und die mörderischen Methoden anderer tief greifender politischer Umstürze aus. Nie zuvor wurden so viele tief verwurzelte Regime gleichzeitig mit im Wesentlichen friedlichen Mitteln gestürzt und ersetzt. Die Linken priesen diese samtenen Revolutionen als einen Ausdruck der Macht des Volkes. Die Rechten feierten sie als einen Triumph des freien Marktes über die Kommandowirtschaft und als den wohlverdienten Sieg der freien Gesellschaft über die totalitäre Diktatur. Amerikanische und proamerikanische Liberale waren stolz darauf, die liberale Idee, die in den Augen linker Kritiker gewöhnlich eher den Status quo bewahrte, mit der Romantik des emanzipierenden Wandels verbinden zu können.[7] Ebenso wohlwollend zeigten sich die westeuropäischen '68er, die zwar ein marxistisches Vokabular pflegten, der Kulturrevolution aber doch den kulturellen Liberalismus vorzogen. Und natürlich waren diese weitgehend gewaltfreien Regimewechsel im Osten mit welthistorischer Bedeutung aufgeladen, da mit ihnen die Frontstellung zweier Großmächte endete, die die zweite Hälfte des 20. Jahrhunderts geprägt und den Planeten mit einem nuklearen Armageddon bedroht hatte.

Ihre Gewaltlosigkeit war jedoch nicht das einzige Alleinstellungsmerkmal der Revolutionen von 1989. In Anbetracht der prominenten öffentlichen Rolle, die kreative Denker und kluge politische Aktivisten wie Václav Havel und Adam Michnik damals spielten, gelten die Ereignisse von 1989 auch als Revolutionen der Intellektuellen. Es stimmt, dass sich 195 der 232 Teilnehmer am runden Tisch bei den Gesprächen zwischen der regierenden polnischen Kommunistischen Partei (die angeblich die Arbeiterklasse repräsentierte) und der antikommunistischen Gewerkschaft Solidarność (die tatsächlich die Arbeiter vertrat) als Intellektuelle verstanden.[8] Vielleicht waren sie Büchernarren, aber sicherlich keine Traumtänzer. Diese Revolutionen blieben vor allem deshalb »samten«, weil sie im Grunde Utopien und politische Experimente ablehnten. Schon vor 1989 hatten sogar die Funktionäre des Regimes utopischen Glauben gegen mechanische Rituale ausgetauscht, aus ideologischer Begeisterung war wuchernde Korruption geworden. Sie lagen damit glücklicherweise auf einer Linie mit den Dissidenten, die keine Lust hatten, ihre Gesellschaften so umzumodeln, dass sie einem historisch noch nie da gewesenen Ideal entsprachen. Weit davon entfernt, nach einem unerprobten Wunderland zu suchen oder etwas genial Neues herbeizusehnen, wollten die führenden Köpfe dieser Revolutionen das eine System stürzen, um ein anderes zu kopieren.

François Furet, der große Historiker der Französischen Revolution, bemerkte dazu bissig: »Trotz all dem Lärm und Wirbel ist doch 1989 keine einzige neue Idee aus Osteuropa hervorgegangen.«[9] Deutschlands führender Philosoph Jürgen Habermas, lebenslang Befürworter einer kulturellen Orientierung am Westen und der Umgestaltung seines Landes nach westlichen Vorgaben, blies ins selbe Horn. Er begrüßte den »fast vollständigen Mangel an innovativen, zukunftsweisenden Ideen« nach 1989 allerdings von Herzen, denn in seinen Augen waren die mittel- und osteuropäischen Revolutionen »rückspulende«[10] oder »nachholende Revolutionen«.[11] Ihr Ziel bestand darin, die mittel- und osteuropäischen Gesellschaften dem Mainstream der westlichen Moderne zuzuführen, damit sie bekommen konnten, was die Westeuropäer seit Langem besaßen.

Nicht einmal die Mittel- und Osteuropäer selbst träumten 1989 von einer vollkommenen Welt, die es nie gegeben hatte. Sie sehnten sich vielmehr nach einem »normalen Leben«.

Ende der 1970er-Jahre reiste der große deutsche Schriftsteller Hans Magnus Enzensberger auf der Suche nach der Seele des alten Kontinents durch Europa. In Ungarn erklärten ihm bekannte Kritiker des kommunistischen Regimes: »Wir sind keine Dissidenten. Wir sind die Normalität.«[12] Michnik offenbarte später: »Ich war von der Idee einer … anti-utopischen Revolution besessen. Denn Utopien führen zur Guillotine und zum Gulag.« Seine postkommunistische Parole lautete daher: »Freiheit, Brüderlichkeit, Normalität«.[13] Wenn Polen seiner Generation von »Normalität« sprachen, dann bezogen sie sich nicht auf eine frühere, vorkommunistische Phase der polnischen Geschichte, zu der ihr Land nach dem Intermezzo der sowjetischen Besatzungszeit endlich hätte zurückkehren können. Mit »Normalität« meinten sie den Westen.

Václav Havel pflichtete ihm bei. Er beschrieb das »Fehlen eines normalen politischen Lebens« als den Grundzustand des kommunistischen Osteuropas.[14] Dort war nichts ungewöhnlicher als »Normalität«. Havel bezeichnete »die Freiheit und Rechtsstaatlichkeit« westlicher Prägung als »die ersten Vorbedingungen für einen normal und gesund funktionierenden sozialen Organismus« und beschrieb den Kampf seines Landes, die kommunistische Herrschaft abzuschütteln, als »den Versuch, die eigene Abnormität abzuschaffen, normal zu werden«.[15] Havels Sehnsucht nach einem normalen *politischen* Zustand lässt vermuten, dass die Dissidenten nun, nachdem sie sich jahrzehntelang auf eine angeblich strahlende Zukunft konzentriert hatten, vor allem in der Gegenwart leben und die Annehmlichkeiten des Alltags genießen wollten. Weil der Status der westlichen politischen und wirtschaftlichen Organisation in der ganzen Region anerkannt war, sollte mit dem Übergang zur Normalität nach 1989 auch im Osten das Leben möglich werden, das man im Westen als selbstverständlich ansah.

In seiner Aufsatzsammlung »Verführtes Denken« schreibt der polnische Nobelpreisträger Czesław Miłosz, nach dem Zweiten Weltkrieg sei für viele osteuropäische Intellektuelle der neue Glaube an den Kommunismus vergleichbar gewesen mit den Murti-Bing-Pillen aus Stanisław Witkiewiczs Roman *Unersättlichkeit*[16] von 1927. Diese Pillen waren ein medizinisches Mittel, um eine »Weltanschauung« zu verabreichen; alle, die sie nahmen, waren »gegen jede Art metaphysischer Bedenken gefeit«.[17] 1989 war, so könnten wir sagen, die Vorstellung von der »normalen Gesellschaft« für viele osteuropäische Intellektuelle zu einer Murti-Bing-Pille geworden. Sie milderte die Sorge, dass das Nachahmungsdenken sich womöglich irgendwann ebenfalls als ein »verführtes Denken« herausstellen könnte.

Weil die mitteleuropäischen Eliten in der Nachahmung des Westens einen häufig beschrittenen Weg zur »Normalität« sahen, akzeptierten sie den Nachahmungsimperativ nach dem Ende des Kalten Krieges völlig spontan, freiwillig und aufrichtig. Sie *entliehen* weder gierig westliche Technologie wie die Chinesen, noch *simulierten* sie zynisch westliche Demokratie wie die Russen. Sie waren hoffnungsvolle *Bekehrte,* die ihre Gesellschaften zu einer kollektiven *Bekehrungserfahrung* verlocken wollten.

Ebendiese aufrichtige Hoffnung auf eine liberale Runderneuerung unterscheidet die mitteleuropäischen Fürsprecher der liberalen Demokratie nicht nur von den russischen Scharlatanen, sondern auch von jenen lateinamerikanischen Reformern, die nach Meinung des amerikanischen Sozialwissenschaftlers Albert O. Hirschman eine Technik einsetzten, die er als »Pseudo-Nachahmung« bezeichnete.[18] In seiner Untersuchung zur ökonomischen Entwicklung in Lateinamerika stellte Hirschman fest, dass Reformer oft ganz bewusst kleinredeten, was ihren Vorschlägen im Weg stand, und gern so taten, als bräuchte man für eine Reform einfach nur ausgereifte auswärtige Modelle zu übernehmen und könne einheimische Bedingungen und Leistungsfähigkeiten als unerheblich abtun. Das taten sie, um ihre Reformbemühungen einer skeptischen Öffentlichkeit zu »verkaufen«, die nicht bereit war, Projekte zu billigen, die ihr undurchführbar oder allzu komplex erschienen, während die Reformer sie für absolut machbar hielten. Das ist eine faszinierende Beobachtung. Doch das Bild des gerissenen Reformers, der die Demokratisierung »als eine simple Kopie eines erfolgreichen Unterfangens in einem fortschrittlichen Land anpries«,[19] um eine naive Öffentlichkeit zu täuschen, passt nicht zur postkommunistischen Erfahrung in Mitteleuropa. Hier unterschätzten eben auch die von der Hoffnung auf einen EU-Beitritt getragenen Reformer die lokalen Schwierigkeiten, die eine Liberalisierung und Demokratisierung mit sich bringen; zugleich überschätzten sie die Anwendbarkeit ausgereifter, importierter Westmodelle. Die Welle des Antiliberalismus, die über Mitteleuropa hinwegschwappt, spiegelt vielmehr eine in der Bevölkerung weitverbreitete Verbitterung angesichts der gefühlten Kränkungen der nationalen und persönlichen Würde, die dieses offenkundig aufrichtig gemeinte Projekt der Reform durch Nachahmung mit sich brachte.

Ein weiteres auffallendes Merkmal der liberalen Revolution in der Region bestand darin, dass sie nicht wie frühere Revolutionen als ein Zeitsprung von einer düsteren Vergangenheit in eine strahlende Zukunft gedacht war. Vielmehr stellte man sie sich als eine Bewegung im Raum vor, als ob das gesamte postkommunistische Europa ins Haus des Westens umzöge, das andere schon lange bewohnten, die Menschen im Osten jedoch nur auf Fotos und in Filmen zu Gesicht bekommen hatten. Die Vereinigung Europas wurde ausdrücklich analog zur Vereinigung Deutschlands gestaltet. Anfang der 1990er-

Jahre platzten tatsächlich viele Mittel- und Osteuropäer vor Neid auf die unglaublich glücklichen Ostdeutschen, die über Nacht kollektiv in den Westen abgewandert waren und morgens beim Aufwachen auf wunderbare Weise westdeutsche Pässe und Brieftaschen voller allmächtiger D-Mark-Scheine ihr Eigen nannten. Wenn aber die Revolution von 1989 eine Westwanderung der gesamten Region war, dann stellte sich doch vor allem die Frage, welche mittel- und osteuropäischen Länder als Erste an ihrem gemeinsamen Ziel ankommen würden. Stephen Legomsky, ein bekannter amerikanischer Rechtsgelehrter und ehemaliger Chefberater der US-Einwanderungsbehörde, stellte einst fest, dass »Länder, anders als Menschen, nicht wandern«.[20] Er irrte sich, was das postkommunistische Mittel- und Osteuropa anging.

Das Leben ist anderswo

Am 13. Dezember 1981 erklärte General Wojciech Jaruzelski den Ausnahmezustand in Polen und ließ Zehntausende Mitglieder der antikommunistischen Solidarność-Bewegung festnehmen und internieren. Ein Jahr später erbot sich die polnische Regierung, all jene zu entlassen, die bereit wären, eine Loyalitätserklärung zu unterschreiben oder auszuwandern. In Reaktion auf diese verlockenden Angebote schrieb Adam Michnik aus seiner Gefängniszelle zwei offene Briefe – einen mit der Überschrift »Warum Sie nicht unterschreiben«, den anderen mit der Überschrift »Warum Sie nicht emigrieren«.[21] Seine Argumente dafür, nicht zu unterschreiben, lagen auf der Hand. Solidarność-Aktivisten sollten dieser Regierung keine Loyalität bekunden, weil die Regierung dem polnischen Volk gegenüber treulos gewesen sei. Sie sollten nicht unterschreiben, weil eine Unterschrift, mit der man die eigene

Haut rettet, demütigend und würdelos sei, aber auch, weil sie sich durch eine solche Unterschrift mit jenen gemeinmachen würden, die ihre Freunde und Ideale verraten hatten.

Auf die Frage, warum die inhaftierten Dissidenten nicht auswandern sollten, war in Michniks Augen eine nuanciertere Antwort vonnöten. Ein paar Jahre zuvor hatte der polnische Jude Michnik als einer der Anführer der Studentenproteste im März 1968 miterleben müssen, wie einige seiner besten Freunde das Land verließen. Er begriff, dass die Regierung den einfachen Leuten im Lande weismachen wollte, wie egal Emigranten ihre Heimat sei, aus der sie deshalb auswanderten. Nur Juden emigrieren – so versuchte das Regime Michnik zufolge Polen gegen Polen aufzuwiegeln.

1982 war Michnik nicht mehr wütend auf die Freunde, die das Land 1968 verlassen hatten. Er würdigte nun auch den wichtigen Beitrag, den die Emigrantengemeinschaft für die Entstehung von Solidarność geleistet hatte, und räumte ein, dass Emigration ein legitimer Ausdruck persönlicher Freiheit sei. Dennoch beschwor er die Aktivisten der Solidarność, nicht ins Exil zu gehen, denn »jede Entscheidung, auszuwandern, ist ein Geschenk für Jaruzelski«. Mehr noch, Dissidenten, die das Land für eine Freiheit jenseits der polnischen Grenzen verließen, würden noch immer all jene diesseits davon verraten, die für ein besseres Polen arbeiteten und beteten. Ein Aderlass der Dissidenten befriede die kommunistische Gesellschaft, unterminiere die demokratische Bewegung und stabilisiere das Regime, denn so werde jeder Akt des Widerspruchs in das schlechte Licht gerückt, der Nation gegenüber egoistisch und illoyal zu sein. Der effektivste Weg, Solidarität mit den leidenden Landsleuten zu zeigen und die Strategien der kommunistischen Behörden ins Leere laufen zu lassen, bestehe darin, das hinterhältige Angebot persönlicher Freiheit im Westen auszuschlagen, das im Übrigen die gewaltige Mehrheit der Polen nie bekommen werde. Indem die inhaftierten Aktivisten nicht auswanderten, so argumentierte er, verliehen sie auch der Entscheidung früherer Emigranten einen Sinn, die den polnischen Widerstand jetzt aus dem Exil unterstützten. Freiheit bedeute, dass die Menschen das Recht hätten, zu tun, was sie wollten. Doch unter den Umständen des Jahres 1982 »begehen die internierten Solidarność-Aktivisten, die das Exil wählen, einen Akt der Kapitulation und zugleich der Fahnenflucht«. Michnik räumte ein, dass diese Aussage hart und intolerant klang und womöglich seiner Überzeugung zuwiderlief, dass »die Entscheidung, auszuwandern, eine ganz persönliche ist«. Doch 1982 war für Solidarność-Aktivisten die Wahl zwischen Emigrieren oder Bleiben der Loyalitätstest schlechthin. Nur durch den Entschluss, im Gefängnis zu bleiben, konnten sie das Vertrauen ihrer Mitbürger erwerben, von dem die Zukunft einer freien polnischen Gesellschaft abhing.[22]

Diese Überlegungen bringen uns zurück zu Albert Hirschman, diesmal zu seinen Schriften über Emigration, Demokratie und das Ende des Kommunismus. Hirschman widmete sich lange den komplexen Beziehungen zwischen Emigration und Widerstand, die auch Michnik in seiner Gefängniszelle umtrieben. In seinem bekanntesten Werk *Abwanderung und Widerspruch* (ursprünglich 1970 unter dem Titel *Exit, Voice, and Loyalty* veröffentlicht) verglich Hirschman zwei Strategien, die Menschen wählen, wenn sie sich mit einem unerträglichen Status quo konfrontiert sehen: Die Menschen »wandern ab« (*exit*), das heißt, sie stimmen mit den Füßen ab und drücken ihr Missfallen dadurch aus, dass sie sich anderswo niederlassen. Oder sie entscheiden sich, ihre Sorgen »auszusprechen« (*voice*), indem sie bleiben, widersprechen und für eine Reform von innen kämpfen. Ökonomen sehen im Exit, der Abwanderung, eine bevorzugte Strategie, um die

Leistung von Produzenten und Dienstleistern zu steigern. Es ist die Strategie des Durchschnittsverbrauchers. Weil sie leistungsschwachen Unternehmen lähmende Umsatzeinbußen bescheren können, lösen Kunden, die damit drohen, die Lieferanten zu wechseln, bei Firmenchefs oft eine »wunderbare Konzentration des Denkens« aus (wie sie auch Samuel Johnson bei der Aussicht, gehängt zu werden, beschreibt). So kann Abwanderung (und die Drohung damit) helfen, die Leistung von Unternehmen zu steigern. Doch Hirschman, der selbst unter der politischen Tyrannei im Europa der 1930er-Jahre gelitten hatte, wusste wie Michnik, dass repressive Regierungen den Veränderungsdruck im Inneren reduzieren können, indem sie den bekanntesten und lautesten Aktivisten die Möglichkeit geben, das Land zu verlassen.[23]

Alternativ können Individuen oder Gruppen die Voice-Option wählen und ihre Stimme erheben, um das Verhalten von Unternehmen, Organisationen und Staaten zu beeinflussen. Diese Menschen entscheiden sich gegen Exit, weil sie sich den Organisationen, die sie zu retten oder zu reformieren hoffen, verpflichtet fühlen. Statt zu einem anderen Dienstleister zu wechseln, wie ein rational handelnder Konsument es tun würde, arbeiten sie daran, die Leistung ihrer Organisation zu verbessern, indem sie mitarbeiten, Ideen anbieten und das Risiko auf sich nehmen, das mit öffentlicher Kritik und Widerstand gegen die Verantwortlichen verbunden ist. Anders als Exit ist Voice, also der Widerspruch, eine auf Loyalität basierende Aktivität. Auf Loyalisten wie Michnik musste Emigration in einer Krisenzeit tatsächlich wie eine Art Kapitulation oder Fahnenflucht wirken.

Von 1990 an verbrachte Hirschman fünf Jahre im postkommunistischen Berlin und beschloss, seine Theorie von Abwanderung, Widerspruch und Loyalität noch einmal aufzugreifen, um den Untergang der DDR zu erklären.[24] Zunächst konzentrierte er sich darauf, dass unter allen Mitgliedern des Warschauer Paktes allein den Ostdeutschen die Möglichkeit offenstand, einfach überzulaufen. Sie wussten, dass sie, wenn sie es nach Westdeutschland schafften, mit offenen Armen empfangen würden und sich relativ leicht integrieren könnten. Gefährlich, wie sie war, wurde diese Exit-Option nur selten gewählt. Doch die weitverbreitete Erkenntnis, dass Flüchtende drüben nicht heimatlos bleiben würden, minderte laut Hirschman den öffentlichen Anreiz, sich in der DDR für Reformen einzusetzen. Ostdeutsche, denen es gelang, zu gehen oder zu fliehen, waren anders als Polen, die dasselbe taten, weder sprachlich isoliert, noch wurden sie als Volksverräter gebrandmarkt. Hirschmans Ansicht nach hat die DDR weder ein 1956 noch ein 1968 oder 1980 erlebt, weil die meisten Unzufriedenen eher im Privaten von Republikflucht träumten, statt kollektiv Widerstand zu organisieren.

Das änderte sich 1988. Plötzlich überwanden die Menschen nicht mehr vereinzelt die Mauer, die Abwanderung wurde zum Massenexodus. Statt als »Sicherheitsventil« dem bürgerlichen Engagement die Energie zu entziehen, verstärkte die schiere Menge der Flüchtenden den Druck auf das Regime. Die enttäuschten Millionen, die zurückgeblieben waren, gingen auf die Straße, wo sie in der Hoffnung, ihre Mitbürger zum Bleiben zu überreden, Wandel einforderten. Beim Niedergang der DDR führten die Massenabwanderung und die Angst, dass sie womöglich anhalten werde, dazu, dass die Menschen quer durch alle Gesellschaftsschichten ihre Stimme erhoben und politische Reformen forderten. Im Fall der DDR schwächte die Exit-Strategie also die Voice-Option nicht, sondern drängte die Bleibenden unbeabsichtigt in eine intensive Zeit des politischen Protests und Aktivismus: Die Menschen wollten ihr Land in einen attraktiveren Ort verwandeln. Aus dieser Synergie von Exit und Voice folgte allerdings keine Erneuerung der DDR, sondern deren politischer Zusammenbruch und anschließender Beitritt zur Bundesrepublik. Es war nicht so, dass einige Ostdeutsche gingen und andere blieben – vielmehr zog das ganze Land in den Westen um. Das Ende des Kommunismus führte in diesem Fall dazu, dass Ost- und Westdeutsche zumindest in der weitverbreiteten Vorstellung jener Zeit »ein Volk« wurden.

Im Rest Osteuropas verlief die Geschichte natürlich ganz anders. Es gibt heute keine Anzeichen dafür, dass sich Ost- und Westeuropäer – von Bratislava und Bukarest bis Lissabon und Dublin – als *ein Volk* mit einer gemeinsamen Identität sehen, selbst wenn sie alle vermutlich eine europäische Normalität anstreben. Willy Brandts Aussage »Jetzt wächst zusammen, was zusammengehört«, die als eine Art Naturgesetz verstanden wurde, erwies sich selbst für Deutschland als allzu optimistisch. Auf ganz Europa übertragen, war sie schlicht utopisch. In Zentraleuropa hat der Ost-West-Massenexodus keinerlei politische und wirtschaftliche Reformen angeregt. Im Gegenteil: Das Streben nach einem »normalen politischen Leben« (Havel) nach 1989 führte nur zu einer Talentflucht; die Gesunden, Gebildeten und Jungen verließen ihr Land. Während also in Ostdeutschland die Exit-Strategie zur Folge hatte, dass die Menschen die Voice-Option wählten, führte in ganz Ost- und Mitteleuropa Abwanderung zu Widerspruch. In der ersten Euphorie ob des zusammengebrochenen Kommunismus entstand die Erwartung, dass weitere radikale Verbesserungen unmittelbar bevorstünden. Man glaubte, es reiche schon, wenn die kommunistischen Funktionäre ihre Posten verließen, und am nächsten Morgen würden die Mittel- und Osteuropäer in anderen, freieren, wohlhabenderen und vor allem *westlicheren* Ländern aufwachen. Als diese Verwestlichung sich nicht wie durch ein Wunder von jetzt auf gleich einstellen wollte, fand sich eine attraktive Alternative: Man zog mit der ganzen Familie in den Westen. Nach 1989 wirkte Michniks Ansatz, die Abwanderung in den Westen mit verräterischer Kapitulation und Fahnenflucht gleichzusetzen, nicht mehr überzeugend.

Nationen, die nun darum kämpften, sich so nahtlos wie möglich in den Westen zu integrieren, konnten die persönliche Entscheidung, nach Westeuropa umzuziehen, nicht mehr als Treuebruch stigmatisieren. Eine Revolution, die die Verwestlichung zum vorrangigen Ziel erhob, konnte keine starken Gründe gegen eine Auswanderung in den Westen liefern. Demokratische Übergänge waren grundsätzlich eine Art *En-masse*-Umzüge Richtung Westen – jetzt hatte man nur noch die Wahl, ob man früher und individuell emigrierte oder später und kollektiv.

Revolutionen zwingen die Menschen in aller Regel, Grenzen zu überschreiten – wenn schon nicht territoriale, so doch moralische. Als die Französische Revolution ausbrach, verschlug es viele ihrer Gegner ins Ausland. Als die Bolschewiki in Russland die Macht ergriffen, verließen Millionen von Anhängern der Weißen das Land, lebten jahrelang auf gepackten Koffern im Exil und hofften, dass die bolschewistische Diktatur irgendwann in sich zusammenbreche. Einen deutlicheren Kontrast zum Ende des Kommunismus kann man sich kaum vorstellen: Nach 1789 und auch nach 1917 waren es die geschlagenen Feinde der Revolution, die ihre Länder verließen. Nach 1989 entschlossen sich die *Sieger*, nicht die Verlierer der samtenen Revolutionen, ihre Zelte in der Heimat abzubrechen. Diejenigen, die am ungeduldigsten darauf gewartet hatten, dass sich ihre Länder veränderten, waren auch diejenigen, die sich am bereitwilligsten in das Leben als freie Bürger stürzten – und damit die Ersten, die gingen, um im Westen zu studieren, zu arbeiten und zu leben.

Die Vorstellung, dass Trotzki sich nach dem Sieg der bolschewistischen Revolution entschlossen hätte, ein Studium in Oxford aufzunehmen, ist absurd. Doch genau dies taten Orbán und viele andere. Die Analogie wirkt in Anbetracht der radikal unterschiedlichen Lebenssituationen vielleicht schief, doch sie hilft, einen besonders interessanten Unterschied sichtbar zu machen: Anders als die französischen und russischen Revolutionäre, die überzeugt waren, dass sie gerade eine neue, der alten Ordnung der Könige, Adligen und Priester feindliche Kultur erschufen und dass Paris beziehungsweise Moskau der neue Mittelpunkt einer Welt sei, in dem diese Zukunft gerade geschmiedet wurde, wollten die Revolutionäre von 1989 unbedingt in den Westen reisen, um aus der Nähe zu sehen, wie die sogenannte normale Gesellschaft, die sie in ihrer Heimat aufbauen wollten, eigentlich in der Praxis funktionierte.

Diese Reisen in den Westen waren nicht zu vergleichen mit den Massen osteuropäischer Kommunisten in die Sowjetunion der 1940er-Jahre, die nach Moskau geschickt wurden, um zu lernen, wie der Kommunismus zu Hause aufzubauen wäre. Sie reisten auf Befehl ihrer Regierungen und mit der ausdrücklichen Aufforderung, irgendwann zurückzukommen. So etwas gab es nach 1989 nicht. Nach dem Zusammenbruch des Kommunismus war die Emigration liberal denkender Menschen in den Westen das Ergebnis unkoordinierter individueller Entscheidungen. Viele gingen nicht bloß, um zu studieren oder um mit dem verdienten Geld nach Hause zurückzukehren, sondern mit der Absicht, sich dauerhaft im Westen niederzulassen. Jeder Revolutionär will in der Zukunft leben, und wenn Deutschland die Zukunft Polens war, konnten doch gerade die begeistertsten Revolutionäre packen und nach Deutschland ziehen.

Um zu verstehen, warum es für Mittel- und Osteuropäer nach 1989 so verlockend war, zu emigrieren, sollten wir uns nicht nur die bezeichnenden Unterschiede im Lebensstandard zwischen West und Ost sowie die problemlose Logistik eines solchen Umzugs ins Gedächtnis rufen, sondern auch ein sehr selten diskutiertes Vermächtnis des Kommunismus: Vor 1989 war es aus rein bürokratischen Gründen äußerst schwierig, seinen Wohnort zu wechseln. Nachdem die kommunistischen Machthaber die Menschen zunächst gezwungen hatten, vom Land in die Städte zu ziehen, begannen sie die Freiheit, innerhalb des Landes umzuziehen, stark einzuschränken. Die Erlaubnis, aus ländlichen Gebieten in die Städte umzusiedeln, wurde als sozialer Aufstieg wahrgenommen. Ein Arbeiter besaß sehr viel mehr Prestige als ein Bauer. Gleichzeitig jedoch war bei der Suche nach einer einträglichen Stelle der Umzug von einer Stadt in die andere, besonders wenn es die Hauptstadt war, unter einem kommunistischen Regime sehr viel komplizierter als heute etwa ein Umzug ins Ausland, um dort zu arbeiten. So machte der Kommunismus geografische Mobilität erstrebenswert, ja sogar zum Synonym für ungewöhnlichen und hochgeschätzten gesellschaftlichen Erfolg, indem er die Umsiedlung von der kulturellen und politischen Peripherie in das kulturelle und politische Zentrum in ein rares Privileg verwandelte.

Der Traum von einer kollektiven Rückkehr vormals kommunistischer Länder nach Europa machte die individuelle Entscheidung, ins Ausland abzuwandern, ebenso logisch wie legitim. Warum sollte ein junger Pole oder Ungar darauf warten, dass sein Land irgendwann wie Deutschland wird, wenn er schon morgen in Deutschland arbeiten und eine Familie gründen kann?

Es ist kein Geheimnis, dass es einfacher ist, das Land zu wechseln, als einen Wandel im Land herbeizuführen. Als sich nach 1989 die Grenzen öffneten, war Exit die der Voice vorgezogene Option, weil eine politische Reform die nachhaltige Zusammenarbeit vieler organisierter gesellschaftlicher Interessen erfordert, während die Entscheidung, auszuwandern, grundsätzlich erst einmal die Sache eines Einzelnen oder einer Familie ist, auch wenn sie (wie der Ansturm auf eine Bank) zu einer Lawine werden kann. Das Misstrauen gegenüber ethnonationalistischen Loyalitäten und die Aussicht auf ein politisch geeintes Europa sorgten ebenfalls dafür, dass viele liberal gesinnte Mittel- und Osteuropäer in der Emigration die beste politische Alternative sahen. Auch hier zeigt sich, warum Michniks Brandrede gegen die Auswanderung nach 1989 ihre moralisch-emotionale Überzeugungskraft verlor.

Der massive Abfluss der Bevölkerung aus der Region nach dem Kalten Krieg, besonders die Abwanderung so vieler junger Menschen, hatte tiefgreifende ökonomische, politische und psychologische Folgen. Wenn eine Ärztin das Land verlässt, nimmt sie all die Ressourcen mit, die der Staat in ihre Ausbildung investiert hat, und sie entzieht ihrem Land den Zugriff auf ihr Talent und ihre Leistungsfähigkeit. Das Geld, das sie irgendwann wieder ihrer Familie in der Heimat zukommen lässt, kann den Verlust ihrer persönlichen Teilhabe am Leben ihres Heimatlandes kaum kompensieren. Der Exodus junger und gut ausgebildeter Menschen hat zudem die Chancen liberaler Parteien, bei Wahlen gut abzuschneiden, deutlich, vielleicht sogar entscheidend vermindert. Die Abwanderung der Jugend erklärt auch, warum wir in so vielen Ländern der Region wunderbare, von der EU finanzierte Spielplätze finden, aber keine Kinder, die dort spielen. Es sagt doch schon alles, dass liberale Parteien ihre besten Ergebnisse bei Wählern erzielen, die vom Ausland aus abstimmen. 2014 etwa wurde der deutschstämmige Liberale Klaus Johannis zum rumänischen Präsidenten gewählt, weil 300 000 Auslandsrumänen für ihn votierten. In einem Land, in dem die

Mehrheit der jungen Leute am liebsten auswandern möchte, bekommt man schon allein dadurch, dass man geblieben ist, das Gefühl, zu den Verlierern zu gehören – egal, wie gut es einem geht. Und es macht einen für die Parolen antiliberaler Demagogen empfänglich, die imitierende Verwestlichung als einen Verrat an der Nation brandmarken.

Eindringlinge vor den Toren

Die Themen Abwanderung und Bevölkerungsverlust bringen uns zur Flüchtlingskrise, die Europa 2015 und 2016 traf und Öl in das antiliberale Feuer goss. Am 24. August 2015 beschloss Angela Merkel, Tausende syrische Flüchtlinge ins Land zu lassen. Gerade einmal zehn Tage später, am 4. September, erklärte die Visegrád-Gruppe – die Tschechische Republik, Ungarn, Polen und die Slowakei –, das europäische Quotensystem zur Verteilung von Flüchtlingen in der EU sei »inakzeptabel«.[25] Die Mittel- und Osteuropäer würden Merkel ihre humanitäre Rhetorik nicht »abkaufen«. Die bereits erwähnte Mária Schmidt kommentierte: »Ich halte das schlicht für Blödsinn«, und fügte hinzu: »Ich würde sagen, Merkel will damit nur beweisen, dass die Deutschen diesmal die Guten sind. Und damit sie alle anderen über Humanismus und Moral belehren können. Für die Deutschen spielt es doch keine Rolle, worüber sie den Rest der Welt schulmeistern; sie müssen einfach jemanden schulmeistern.«[26] Doch dieses Mal würden die Mitteleuropäer nicht höflich knicksen, wenn die deutschen Nachbarn sie abkanzelten. Nationale Souveränität bedeute, dass jedes Land ein Recht habe, selbst über seine Aufnahmekapazitäten zu entscheiden. Das war der Moment, in dem Mitteleuropas Populisten ihre Unabhängigkeit nicht nur von Brüssel, sondern auch und noch dramatischer vom westlichen Liberalismus und seiner »Religion« der Weltoffenheit erklärten – als Reaktion auf Merkels Entscheidung, die ihrer Ansicht nach der kulturellen Vielfalt einen roten Teppich ausrollte.

Mitteleuropas Panik schürende Populisten deuteten die Flüchtlingskrise als einen weiteren Beleg dafür, dass der Liberalismus die Fähigkeit einer Nation schwäche, sich in einer feindlichen Welt zu verteidigen. Über Nacht, so sagten sie, hätten alle Menschen in Afrika, im Nahen Osten und sogar in Zentralasien beschlossen, die »Revolutionäre« osteuropäischer Prägung nachzuahmen, indem sie *en masse* in den Westen zögen. In der überreich vernetzten, aber massiv ungleichen »Welt ohne Mauern«, so argumentieren sie, habe transnationale Migration die Revolutionen des 20. Jahrhunderts ersetzt.

Die Bewegungsfreiheit der Menschen über nationale Grenzen hinweg bietet heute die beste Möglichkeit, sich und die eigene Familie aus einem ökonomisch hoffnungslosen und politisch repressiven Umfeld zu befreien. Der Aufstand der Massen, wie wir ihn aus dem letzten Jahrhundert kennen, ist daher ein Auslaufmodell. Wer heute hofft, den Status quo zu erhalten, sieht sich mit einem Aufstand des 21. Jahrhunderts konfrontiert, der nicht von einer aufrührerischen Arbeiterklasse angezettelt wird, sondern von Menschen, die in der Hoffnung auf ein besseres Leben massenweise nach Europa einwandern. Orbán beschrieb die sich abzeichnende Krise so:

> Wir sehen uns einer Menschenflut aus den Ländern des Nahen Ostens ausgesetzt, und inzwischen hat man sich auch im tiefsten Afrika in Bewegung gesetzt. Millionen Menschen bereiten sich zum Aufbruch vor. Weltweit wachsen die Sehnsucht, der Drang und der Druck auf die Menschen, ihr Leben anderswo als in ihrer Heimat fortzusetzen. Dies

> ist eine der größten Menschenfluten der Geschichte, und sie birgt die Gefahr tragischer Folgen in sich. Es ist eine moderne globale Völkerwanderung, deren Ende nicht in Sicht ist, eine Mischung aus Wirtschaftsmigranten, die auf ein besseres Leben hoffen, Flüchtlingen und dahintreibenden Massen. Es ist ein unkontrollierter und unregulierter Prozess, der … mit dem Begriff der »Invasion« am genauesten beschrieben ist.[27]

Der Bevölkerungsstrom nach Norden, von Orbán überproportional aufgebläht, wird nicht von organisierten revolutionären Parteien angezettelt oder gesteuert. Er hat kaum mit den üblichen Problemen kollektiven Handelns zu kämpfen, weil er in weiten Teilen die ungeplante Folge von Millionen spontaner Entscheidungen ist, getroffen von Millionen nicht miteinander verbundener Einzelner und Familien. Und er ist nicht von ideologisch aufgeladenen Bildern einer strahlenden, imaginären Zukunft inspiriert, sondern von Fotos des »normalen Lebens« auf der anderen Seite der Grenze, wo man kein Opfer politischer Verfolgung ist und auch nicht den Rest seines Lebens in einem Slum festsitzt.

Die Globalisierung der Kommunikation hat die Welt zu einem Dorf gemacht, doch dieses Dorf wird von einer Diktatur globaler Vergleiche beherrscht. Die Menschen außerhalb Nordamerikas und Westeuropas vergleichen ihren Lebensstandard nicht mehr mit dem ihrer Nachbarn, sondern mit dem der wohlhabendsten Bewohner des Planeten. Der große französische Philosoph und Soziologe Raymond Aron beobachtete schon vor mehr als fünfzig Jahren weitsichtig: »Wenn die Menschheit sich Stück für Stück vereinheitlicht, bekommt die Ungleichheit zwischen Völkern jene Bedeutung, die einst die Ungleichheit zwischen den Klassen besaß.«[28] Einwohner unterentwickelter Länder, die eine ökonomisch sichere Zukunft für ihre Kinder suchen, können nichts Besseres tun, als dafür zu sorgen, dass ihre Kinder in Deutschland, Schweden oder Dänemark geboren werden oder, wenn das nicht machbar ist, wenigstens in Polen oder der Tschechischen Republik. Dieser »Aufstand« der Migranten braucht keine in sich geschlossene Ideologie, keine verbindende politische Bewegung und keine inspirierenden Führungsgestalten – es geht einfach nur darum, eine Grenze zu überqueren, offen oder im Geheimen, legal oder illegal. Heute ist für viele *damnés de la terre* die Europäische Union tatsächlich verlockender als jedes Utopia. In einem in Frankreich 2017 erschienenen Buch sagt der Journalist Stephen Smith einen massiven Exodus aus Afrika voraus. Er geht davon aus, dass in dreißig Jahren 20 bis 25 Prozent der europäischen Bevölkerung afrikanischer Abstammung sein werden, verglichen mit 1,5 bis 2 Prozent im Jahr [29]2015. Das ist Wasser auf den Mühlen der Populisten.

Orbán wie auch Kaczyński haben ihren politischen Ansatz als »konterrevolutionär« beschrieben.[30] Historisch einzigartig wird ihre selbst verkündete Konterrevolution dadurch, dass sie simultan gegen zwei völlig eigenständige »revolutionäre« Prozesse kämpfen, die antiliberale Propagandisten aus politischen Zwecken zu einem verschmolzen haben. Es geht zum einen um die kollektive Aufnahme mittel- und osteuropäischer Länder in die liberale Europäische Union nach 1989 und zum anderen um die ungeordnete Massenmigration aus Afrika und dem Nahen Osten in ein Westeuropa, das seine Außengrenzen kaum unter Kontrolle bekommt. Die konterrevolutionäre Antwort auf diese imaginäre Revolution mit den zwei Köpfen zielt natürlich auf die liberale Toleranz für kulturelle Vielfalt und auf die Idee einer offenen Gesellschaft überhaupt.

Die grundlegende Schwäche des westlichen Liberalismus liegt diesen »Konterrevolutionären« zufolge in seiner Unfähigkeit, den Unterschied zwischen denen, die zur Nation gehören, und denen, die nicht dazugehören, ernst zu nehmen, weshalb er nicht aggressiv genug in die Verstärkung der territorialen Grenzen investiere, die der Unterscheidung zwischen Dazugehörenden und Nichtdazugehörenden ihre praktische Bedeutung geben. Der banale Optimismus der Liberalen, verschiedene ethnische und kulturelle Gruppen könnten nach amerikanischem Vorbild in die europäische Kultur assimiliert werden, erweist sich jetzt, so behaupten sie, als der Ruin des Westens. Aus dieser zutiefst antiliberalen Perspektive hat eine offene Gesellschaft mit postnationaler Identität, die nicht europäische Migranten mit offenen Armen empfängt, einseitig abgerüstet und riskiert zu verlieren, was immer ihr an kulturellem Zusammenhalt geblieben ist.

Migration als Kapitulation

Die demografische Panik, die in Mitteleuropa zwischen 2015 und 2018 grassierte, hat sich inzwischen ein wenig beruhigt, ist jedoch keineswegs vollständig zurückgegangen und auch nicht auf die Region beschränkt geblieben.[31] Aber wir müssen uns immer noch fragen, warum sie in Mittel- und Osteuropa politisch so leicht entflammbares Material findet, obwohl dort praktisch keine Einwanderer angekommen sind.

Zwei Faktoren haben dabei eine Rolle gespielt.

Der erste ist die Abwanderung, von der wir schon gesprochen haben. Die Beunruhigung wegen der Zuwanderung wird geschürt von der Angst, nicht assimilierbare Fremde könnten ins Land kommen, die nationale Identität verwässern und den nationalen Zusammenhalt schwächen. Diese Angst wiederum wird befeuert durch eine Furcht vor dem demografischen Kollaps. Zwischen 1989 und 2017 verlor Lettland 27 Prozent seiner Bevölkerung, Litauen 22,5 Prozent, Bulgarien fast 21 Prozent. Zwei Millionen Ostdeutsche oder fast 14 Prozent der Bewohner der ehemaligen DDR zogen nach Westdeutschland. 3,4 Millionen Rumänen, die gewaltige Mehrheit von ihnen unter 40 Jahre alt, verließen das Land, seit es 2007 in die EU aufgenommen wurde. Die demografische Panik in Mittel- und Osteuropa speist sich vermutlich aus einer Kombination aus alternder Bevölkerung, niedrigen Geburtenraten und einem endlosen Abwanderungsstrom.

Diese Angst vor einer Entvölkerung, die das Ende der Nation bedeuten kann, wird selten offen ausgesprochen, vielleicht, weil es ansteckend wirken könnte, wenn hohe Abwanderungszahlen öffentlich gemacht werden. Aber sie ist dennoch real und drückt sich womöglich indirekt in der unsinnigen Behauptung aus, Einwanderer aus Afrika und dem Nahen Osten stellten eine existenzielle Bedrohung für die Nationen in der Region dar. Laut den Hochrechnungen der UN wird Bulgariens Bevölkerung von heute bis 2040 noch einmal um 27 Prozent schrumpfen. Fast ein Fünftel der Landesfläche wird diesen Voraussagen zufolge eine »demografische Wüste« werden. »Bulgarien war das Land mit dem größten prozentualen Bevölkerungsverlust in der Moderne, der nicht einem Krieg oder einer Hungersnot zugeschrieben werden kann. Jeden Tag verlor das Land 164 Menschen: mehr als 1000 pro Woche, mehr als 50 000 im Jahr.«[32]

Infolge der Finanzkrisen der Jahre 2008/2009 verließen mehr Mittel- und Osteuropäer ihre Heimat Richtung Westeuropa, als Kriegsflüchtlinge aus Syrien dorthin kamen.

In einer Welt der offenen Grenzen, in der die europäischen Kulturen in einem ständigen Austausch miteinander stehen und die neuen Medien den Bürgern erlauben, im Ausland zu wohnen, ohne den Kontakt mit den Ereignissen zu Hause zu verlieren, stehen die mittel- und osteuropäischen Länder vor derselben Bedrohung wie die DDR vor dem Mauerbau – der Gefahr, dass die arbeitsfähige Bevölkerung ihre Heimat verlässt, um im Westen ein besseres Leben zu finden. Gleichzeitig suchen Unternehmen in Ländern wie Deutschland händeringend Arbeitskräfte, während die Europäer insgesamt immer seltener zulassen, dass sich Nichteuropäer dauerhaft in ihren Ländern niederlassen. Eine ansonsten unerklärliche Panik angesichts einer nicht vorhandenen Immigranten-Invasion nach Mittel- und Osteuropa kann man als ein verzerrtes Echo der realistischeren Furcht verstehen, dass große Teile der eigenen Bevölkerung, darunter gerade die begabtesten jungen Leute, das Land verlassen und auf Dauer im Ausland bleiben. Das Ausmaß der Abwanderung nach 1989, das in Ost- und Mitteleuropa die Furcht davor weckte, die Nation könne sich auflösen, ist eine Erklärung für die zutiefst feindliche Reaktion auf die Flüchtlingskrise von 2015/2016, obwohl praktisch keine Flüchtlinge in die Länder der Region gezogen sind.

Wir können sogar vermuten, dass eine Anti-Einwanderungspolitik in einer Region ohne Immigranten ein Beispiel dessen ist, was einige Psychologen »Verschiebung« nennen, ein Verteidigungsmechanismus, durch den das Gehirn unbewusst eine unerträgliche Bedrohung ausblendet und sie durch eine ersetzt, die zwar ebenfalls ernst, aber doch viel leichter zu handhaben ist. Die Hysterie rund um nicht existente Immigranten, die drauf und dran sind, das Land zu überrennen, ist die Substitution einer echten Gefahr (Entvölkerung und demografischer Kollaps), über die man nicht zu sprechen wagt, durch eine scheinbare (Immigration). Die Furcht vor hohen Geburtenraten bei den angeblich ins Land einfallenden nicht europäischen Immigranten spiegelt womöglich unausgesprochene Ängste wegen einer einheimischen Geburtenrate, die aufgrund der anhaltenden Abwanderung unter der Erhaltungsgrenze liegt. Das ist natürlich nur eine Spekulation, die aber nicht unplausibel erscheint, weil die Bevölkerung in den Ländern Osteuropas so schnell schrumpft wie sonst nirgendwo auf der Welt. Es ist verräterisch, wenn Orbán sagt: »Migration ist für uns so etwas wie eine Kapitulation (…) wir wollen ungarische Kinder.«[33] Seine Nachwuchspolitik ist ein besserer Indikator für die tatsächlichen Ängste seiner Regierung als das ganze Anti-Immigranten-Gerede ohne Immigranten.[34] Dass populistische Politiker der Region die Ängste der Öffentlichkeit vor einer nicht existenten Migranten-Invasion schüren, die durch militärisch abgeschottete Grenzen erfolgreich abgewehrt werden könne, ist vielleicht ihr Weg, die Ängste der Wähler vor nationaler Auslöschung durch allmähliche Entvölkerung auszunutzen – denn gegen die bieten gesicherte Grenzen und Diskriminierung von im Ausland geborenen Einwohnern ganz offensichtlich keinen Schutz.

Die unausgesprochene Furcht vor dem demografischen Kollaps und der Albtraum einer Welt, in der die uralten Sprachen und kulturellen Erinnerungen der Region aus dem Buch der Geschichte ausradiert sind (wie zuvor zum Beispiel Byzanz), werden noch verschärft, weil eine schnell fortschreitende Automatisierung die gegenwärtigen Berufe allmählich für obsolet erklärt. Die Angst vor Vielfalt und Wandel – hervorgerufen durch das utopische Projekt, ganze Gesellschaften nach westlichem Vorbild umzuformen – ist damit eine wichtige Zutat des ost- und mitteleuropäischen Populismus. Mit der Tatsache, dass die Region aus kleinen und alternden, aber ethnisch homogenen Gesellschaften besteht, lässt sich die plötzliche Radikalisierung nationalistischer Gefühle gut erklären. Gerade einmal 1,6 Prozent der Bürger Polens sind gegenwärtig außerhalb des Landes geboren worden, muslimisch-polnische Bürger machen weniger als 0,1 Prozent der Bevölkerung aus. Und dennoch gelten in den politischen Fieberfantasien der Region ethnische und kulturelle Vielfalt als existenzielle Bedrohung.[35] Und während die Polen in ihrem Heimatland nie mit Muslimen in Kontakt kommen, passiert das ihren Landsleuten in Großbritannien durchaus. Dort lebende Polen treffen häufiger mit Muslimen zusammen, und diese Interaktionen sind schwieriger als die Begegnungen zwischen Muslimen und der britischen Mittelschicht, weil Polen in Großbritannien oft dieselben Stadtviertel bewohnen wie muslimische Immigranten, mit denen sie um dieselben Jobs konkurrieren. Es ist also nicht allein die Nationalgeschichte, sondern auch die Gesinnung von in Westeuropa arbeitenden Mitteleuropäern, die – in den sozialen Medien zu Hause nachlesbar – spürbar zu überreizten anti-muslimischen Haltungen in der Region beiträgt.

Diese Angst vor Entvölkerung bis hin zum »ethnischen Verschwinden« kommt natürlich vor allem in kleinen Nationen zum Tragen. Deren Einwohner wehren sich eher gegen Reformvorhaben, die ihre einzigartigen Traditionen im Namen angeblich universaler und damit leicht übertragbarer oder nachahmbarer Werte aufgeben. Eine neuere Umfrage des Pew Research Center zeigt, dass Osteuropäer von der Überlegenheit ihrer Kulturen überzeugter sind als Westeuropäer, weshalb sie sich auch weniger für eine kosmopolitische Ethik erwärmen können.[36] Eine kleine Nation ist nach Milan Kundera »eine, deren Existenz jederzeit infrage gestellt werden kann; eine kleine Nation kann verschwinden, und sie weiß das.«[37] Wir sollten das im Hinterkopf behalten, wenn wir Orbáns überhitzte Behauptungen analysieren, junge Männer aus Afrika und dem Nahen Osten träten organisiert wie eine Armee die Türen nach Europa ein und drohten damit, Ungarn von der Landkarte zu wischen. Das Trauma, dass Menschen *aus* der Region strömen, erklärt das ansonsten wohl rätselhaft wirkende starke Verlustgefühl, das selbst in Ländern auftritt, die vom postkommunistischen politischen und wirtschaftlichen Wandel großzügig profitiert haben. Analog dazu erweisen sich in ganz Europa die Gebiete, die in den letzten Jahrzehnten am stärksten unter Abwanderung litten, als diejenigen, die am ehesten rechte antiliberale Parteien wählen. Orbáns pronatalistische Politik legt doch ebenfalls nahe, dass die illiberale Wende in Mitteleuropa im Massenexodus vor allem junger Menschen und in den demografischen Ängsten wurzelt, die diese »Abwanderung der Zukunft« sät.

Obwohl es also keine »Invasion« afrikanischer und nahöstlicher Einwanderer in die Region gegeben hat, sind Mittel- und Osteuropäer durch die Sensationsberichterstattung im Fernsehen ständig den Immigrationsproblemen ausgesetzt, mit denen sich Westeuropa herumschlägt. Die Folge ist eine Neuinterpretation der grundlegenden Spaltung des Kontinents. Während der Osten noch immer homogen und monoethnisch ist, wurde der Westen infolge der nach Meinung antiliberaler Politiker gedankenlosen und selbstmörderischen Einwanderungspolitik heterogen und multiethnisch. Hier fällt ins Auge, wie radikal die Werte umgedeutet wurden: Jetzt sind die Westeuropäer nicht mehr weit vorn und Mittel- und Osteuropäer weit zurück. In der Rhetorik der fremdenfeindlichen Populisten werden die Westeuropäer nun vielmehr als diejenigen beschrieben, die ihre kulturelle Identität verloren haben. In der populistischen Vorstellungswelt ist Westeuropa zur Peripherie eines Großafrika und eines Großen Nahen Ostens geworden. Diese Abwertung des Westens scheint Nietzsches These zu bestätigen, dass »Ressentiment« sich durch »imaginäre Rache« ausdrücken kann.[38]

Laut populistischer und gern im Tonfall selbstzufriedener Vergeltung vorgetragener Propaganda ist Westeuropa also kein kulturell überlegenes und bewundertes Vorbild mehr. Die dem Vorbild implizite Überlegenheit gegenüber der Kopie ist zu Ende.

Die offenen Gesellschaften Westeuropas, die ihre Grenzen nicht gegen fremde (und besonders muslimische) »Invasoren« verteidigen können, liefern heute ein grundlegend negatives Modell. Sie sind das lebende Bild einer sozialen Ordnung, wie sie Mittel- und Osteuropäer unbedingt vermeiden wollen. In diesem Kontext kritisieren Orbán und Kaczyński immer wieder lautstark, dass Merkel fast eine Million Flüchtlinge nach Deutschland gelassen hat – es sei eine undemokratisch getroffene Entscheidung gewesen, die sich über die deutsche öffentliche Meinung hinweggesetzt habe. Fidesz und PiS behaupten, der »liberale Paternalismus« der deutschen Kanzlerin unterstreiche, dass sie im Gegensatz zu ihr als die wahrhaft loyalen Repräsentanten des Volkswillens gelten könnten.

Da der heldenhafte Widerstand gegen die kommunistische Tyrannei nun der Vergangenheit angehört und ganze Nationen in der Region gerade verwestlichen, suchen osteuropäische Regierungen nach guten Gründen, mit denen sie ihre unzufriedenen Bürger, besonders ihre Jugend, vom Umzug nach Westeuropa abhalten könnten. Orbán klingt zuweilen, als würde er am liebsten eine Abschottungspolitik durchsetzen, bei der er über ein gnadenloses Einspruchsrecht bei Ab- wie auch Zuwanderung verfügt. Da ihm hierfür aber Mittel und Wege fehlen, bleibt ihm nur die eindringliche Bitte an junge Ungarn, das Land nicht zu verlassen. Hier ist ein typischer Ausschnitt aus einer Rede Orbáns, die seine Angst vor einem solchen Exodus offenbart:

> Liebe Jugendliche! Es kann sein, dass ihr jetzt das Gefühl habt, die Welt gehöre euch … Aber auch in eurem Leben kommt der Augenblick, in dem ihr erkennen werdet: Man braucht einen Ort, eine Sprache, ein Zuhause, wo der Mensch unter den Seinen, in Sicherheit und Liebe sein Leben leben kann. Ein Ort, an den ihr zurückkehren könnt,

> wo ihr spüren könnt, dass das Leben nicht vergebens ist, und auch am Ende nicht in das Nichts fällt. Es addiert sich und baut sich in die tausendjährige großartige Schöpfung ein, die wir einfach nur als Heimat, als ungarische Heimat bezeichnen. Sehr geehrte ungarische Jugendliche, die Heimat braucht euch jetzt. Die Heimat braucht euch jetzt, kommt und kämpft mit uns, damit – wenn ihr dann eines Tages die Heimat brauchen werdet – die Heimat dann noch existiert.[39]

Doch wie will man junge Ungarn davon überzeugen, dass es kein besseres »Heimatland« im Westen gebe? Zumal ja gerade Orbáns Politik fast alle Chancen, zu Hause ein kreatives und einträgliches Leben zu führen, zerstört?

Ein allgemein bekanntes Manko des Kommunismus bestand darin, dass die ideale Gesellschaft, die er versprochen hatte, nie entstand. Niemand hat je wirklich geglaubt, dass es sie einst geben werde. Die verwestlichenden Revolutionen krankten am umgekehrten Problem: Die herbeigesehnte Gesellschaftsordnung, die sie herstellen wollten, bestand tatsächlich und konnte jetzt besucht und aus der Nähe betrachtet werden – was bisher unbemerkte Mängel enttäuschend in den Fokus rückte. Wenn die sozialistische Utopie unerreichbar war, dann heißt das aber auch, dass sie ihre visionären Bewunderer niemals enttäuschen konnte. Sie besaß zudem eine beruhigende Unveränderlichkeit. Die westliche liberale Demokratie dagegen erwies sich wie alle weltlichen Dinge als veränderlich, sie nahm vor den Augen ihrer designierten Nachahmer immer wieder neue Formen an. Und, schlimmer noch: Das normale Tempo gesellschaftlicher Entwicklung ist heute durch technische Innovationen stark beschleunigt. Und jede damit verbundene gesellschaftliche Veränderung liefert für jene, die Normalität mit dem Leben im Westen gleichsetzen, ein immer neues Bild dessen, was normal sei. Eine Revolution im Namen der existierenden westlichen Normalität steht daher vor einem Problem, das Revolutionen im Namen einer imaginierten Utopie nicht kannten: Es wird unmöglich, die Gesellschaftsvision, die man gerade zu erschaffen versucht, festzulegen oder genauer einzuordnen.

Dieses Dilemma ist in postkommunistischen Gesellschaften besonders akut, weil es den Westen, den die Dissidenten ihren Mitbürgern 1989 zur Nachahmung empfahlen, heute, drei Jahrzehnte später, nicht mehr gibt. Ihr vorbildhaftes Gesellschaftsmodell war der global dominante und eisern antikommunistische Westen des Kalten Krieges. Doch gerade jener Prozess, der den Ländern Mittel- und Osteuropas erlaubte, sich dem antikommunistischen Westen anzuschließen, führte auch dazu, dass der Antikommunismus nicht mehr als die Ideologie herhalten konnte, die den Westen definierte. Wir könnten dies als eine groß angelegte Lockvogeltaktik betrachten, auch wenn sie ganz offensichtlich weder beabsichtigt noch geplant war. Jene jedenfalls, die 1989 besonders erpicht darauf waren, den Westen nachzuahmen und sich ihm anzuschließen, dachten ein paar Jahrzehnte später sicher anders darüber, als die Idee der transatlantischen Wertegemeinschaft bereits auf dem Totenbett lag und Westeuropa und die Vereinigten Staaten mitten in ihrer wirtschaftlichen und politischen Krise steckten.

Mittlerweile haben die Populisten eine alternative Strategie entwickelt, um die moralische Missbilligung wiederzubeleben, die Dissidenten wie Michnik einst mit der Emigration verbanden. Sie müssen unbedingt die Behauptung widerlegen, dass Ungarn, Polen und die anderen Länder der Region nur politische und wirtschaftliche Erfolge erzielen können, wenn sie getreulich den Westen nachahmen. Aus dieser Perspektive wirkt die immer lautere einwanderungsfeindliche

Rhetorik verdächtig. Sie erscheint als der verzweifelte Versuch, eine Art Loyalitäts-Mauer zu bauen, die das demografische Ausbluten stoppen und die Mittel- und Osteuropäer in ihren Heimatländern halten soll. Anders formuliert, haben die Populisten in Warschau und Budapest offenbar die Flüchtlingskrise im Westen als Gelegenheit zur Markenbildung für den Osten genutzt. Die Bürger werden erst dann aufhören, in den Westen abzuwandern, wenn der Westen seinen Reiz verliert. Ihn schlechtzureden und seine Institutionen für »nicht nachahmenswert« zu erklären, kann tatsächlich als eine aus Ressentiment geborene imaginäre Rache verstanden werden. Es hat aber ganz nebenbei auch den Vorteil, der Abwanderung den Reiz zu nehmen, womit es dem wichtigsten Thema auf der politischen Agenda der Region Aufwind gibt. Abzustreiten, dass der Westen das Land der unbegrenzten Möglichkeiten und der westliche Liberalismus der Goldstandard einer fortschrittlichen Gesellschafts- und Wirtschaftsordnung sei, schwächt die westliche Anziehungskraft auf eine nervöse Bevölkerung. Die Nachahmung des Westens kann demzufolge ganz sicher kein Weg zum Wohlstand sein, da sie unausweichlich auch bedeuten würde, dass man dessen angeblich suizidale Einwanderungspolitik reproduzieren müsste. Populisten wettern öffentlich gegen die Art, wie Westeuropa Menschen aus Afrika und dem Nahen Osten willkommen geheißen hat. Eigentlich jedoch beschweren sie sich darüber, dass die westlichen Mitglieder der EU den Mittel- und Osteuropäern so einladend die Tore geöffnet und die Region damit womöglich ihrer produktivsten Bürger beraubt haben.

Das bringt uns zu einer Kernvorstellung des zeitgenössischen Illiberalismus. Anders als viele Theoretiker heute meinen,[40] richtet sich der populistische Zorn weniger gegen den Multikulturalismus als vielmehr gegen den postnationalen Individualismus und Kosmopolitismus. Das ist ein politisch wichtiger Punkt, denn wenn man dies anerkennt, kann man den Populismus logischerweise nicht bekämpfen, indem man die Identitätspolitik zugunsten eines liberalen Individualismus aufgibt. Für die illiberalen Demokraten Ost- und Mitteleuropas besteht die größte Bedrohung für das Überleben der weißen christlichen Mehrheit des Kontinents in der Unfähigkeit der westlichen Gesellschaften, sich selbst zu verteidigen, weil der gegen den Kommunitarismus voreingenommene Liberalismus sie angeblich blind für die Bedrohungen mache, denen sie ausgesetzt seien.

Die illiberale Demokratie verspricht, den Bürgern die Augen zu öffnen. Drehte sich der liberale Konsens der 1990er-Jahre um Individual- und Grundrechte – einschließlich der Pressefreiheit, der Berufsfreiheit, der Reisefreiheit und dem Recht, die Regierung in regelmäßigen Abstimmungen zu wählen –, so geht es beim antiliberalen Konsens heute darum, dass die Rechte der bedrohten weißen christlichen Mehrheit in höchster Gefahr sind. Um die fragile Dominanz dieser belagerten Mehrheit vor dem hinterhältigen, von Brüssel und Afrika geschmiedeten Bündnis zu schützen, müssen die Europäer den verwässerten Postnationalismus, den die kosmopolitischen Liberalen ihnen aufgedrängt haben, durch eine starke Identitätspolitik oder einen eigenen Gruppenpartikularismus ersetzen. Mit dieser Logik haben Orbán und Kaczyński versucht, in ihren Landsleuten den fremdenfeindlichen Nationalismus zu entfachen, indem sie ein antiliberales Schutzrecht schufen, das sich ausschließlich an weiße christliche Bevölkerungen richtet, die angeblich kurz davor sind, auszusterben.

Heute richten bedrohte Mehrheiten ein verheerendes Chaos in der europäischen Politik an. Angehörige zuvor dominanter nationaler Mehrheiten schauen entsetzt auf die anwachsende globale Migration. Sie wissen, dass die Menschen, die sich wahrscheinlich in ihren Ländern niederlassen werden, von anderen kulturellen Traditionen durchdrungen sind. David Miller hat für Europa festgestellt: »Die Menschen sind einerseits weniger sicher, was es heißt, Franzose oder Schwede zu sein, und andererseits auch weniger sicher, inwieweit es moralisch akzeptabel ist, solche Identitäten anzuerkennen und entsprechend zu handeln.«[41]

In einem Europa, dessen bedrohte Mehrheiten nicht mehr davon ausgehen können, dass ihre ererbte Lebensweise erhalten bleibt, bestehen populistische Wortführer entgegen einem angeblich von den Liberalen naiv geförderten Multikulturalismus darauf, dass einheimische Mehrheiten ein Recht hätten, zu entscheiden, welche und wie viele Einwanderer in ihr Land kommen. Lautstark fordern sie, dass, wer das Bürgerrecht erlangen will, uneingeschränkt die Mehrheitskultur übernehmen müsse, weil sie glauben, dass so hohe, schwer zu erfüllende Anforderungen die Immigration im Keim ersticken werden.

Zwei Gespenster gehen heute in Europa um. Antiliberale fürchten das Gespenst der exemplarischen Normalität. Indem man die europäische Lebensweise als eine Norm für die ganze Welt lobt, lädt man ohne es zu wollen die ganze Welt ein, durch Einwanderung an ihren Vorteilen zu partizipieren. Liberale hingegen fürchten das Gespenst der umgekehrten Nachahmung, insbesondere die Vorstellung, dass die Spieler des »Nachahmungsspiels« der Zeit nach 1989 in mancher Hinsicht die Plätze tauschen. Wenigstens in einigen Fällen sind die Mimen zu Vorbildern geworden und umgekehrt. Die ultimative Rache der mittel- und osteuropäischen Populisten am westlichen Liberalismus ist nicht einfach nur die Ablehnung des anfangs so begrüßten Nachahmungsimperativs, sondern dessen Umkehr. Wir sind die wahren Europäer, behaupten Orbán und Kaczyński immer wieder, und falls der Westen sich retten will, muss er den Osten nachahmen. Orbán erklärte in einer Rede im Juli 2017, »dass wir vor 27 Jahren hier in Mitteleuropa daran glaubten, dass Europa unsere Zukunft sei; jetzt haben wir das Gefühl, dass wir die Zukunft Europas sind«.[42] Er nimmt den Liberalen von 1989 den Wind aus den Segeln und behauptet, die Geschichte habe sich zur antiliberalen Seite hin geneigt.

Schon in der Hochphase der Entkolonialisierung argumentierten die Vertreter früherer westlicher Kolonien, dass die Weigerung, den Westen nachzuahmen, ein Schlüssel zum (Rück-)Gewinn nationaler Würde sei. Die Abneigung, seine Kolonialherren nachzuahmen, war Teil des bewaffneten Befreiungskampfes, der darauf zielte, die Ausländer aus dem Land zu treiben. In *Die Verdammten dieser Erde* schrieb Frantz Fanon von Afrikas »ekelhafter Nachäfferei« des Westens und verurteilte »diese fratzenhafte und obszöne Nachahmung«. »Wir können heute alles tun«, fuhr er fort, »vorausgesetzt, dass wir nicht Europa nachäffen.« Er forderte: »Entschließen wir uns, Europa nicht zu imitieren. Spannen wir unsere Muskeln und Gehirne für einen neuen Kurs an.«[43]

In den ersten beiden Jahrzehnten nach dem Fall der Mauer gab es im postkommunistischen Mittel- und Osteuropa kein Gegenstück zu Frantz Fanon. Im Gegenteil, die politischen Eliten der Region waren fast durchgehend begeistert von der Nachahmung der westeuropäischen und amerikanischen »Normalität«. Sie waren echte »Bekehrte«, die versuchten, ihre Länder durch ein kollektives »Bekehrungserlebnis« zu führen. Am Ende des ersten Jahrzehnts des 21. Jahrhunderts wurde zwar die Abneigung, den Westen nachzuahmen, zu einem Schlüsselthema der populistischen Revolte, doch die Antiliberalen der Region redeten nie wie Fanon, obwohl sie seinen Widerwillen gegen westliche Zumutungen, wie es für antikoloniale Bewegungen typisch ist, teilten. In ihren Augen war die westliche Missionierung im Osten vergleichbar mit der westlichen Missionierung im Süden, aber zugleich auch ganz anders als sie. Mittel- und Osteuropäer *fühlten* sich schon durch und durch europäisch, bevor Brüssel ein Projekt daraus machte, sie zu »europäisieren«, ein Projekt, das deshalb als unnötige Beleidigung wahrgenommen wurde.[44] Dies unterscheidet den Populismus orbánscher Prägung von anderen nicht europäischen antikolonialen Bewegungen, die durch den Wunsch nach nationaler Selbstbestimmung angeheizt werden. Die samtenen Revolutionen von 1989 lehnten zwar »antikolonial« die Sowjetherrschaft ab, waren aber in Hinblick auf den Westen gleichzeitig auch »prokolonial«. Deshalb konnte man ihre Organisatoren und Anführer als ambitionierte »Bekehrte« einordnen, im Gegensatz zu den zynischen »Heuchlern« in Russland. Und deshalb gab es anfangs keine wichtigen Stimmen, die sich verzweifelt gegen das abscheuliche Verbrechen stellten, westliche Formen und Normen zu kopieren.

Und wenn Orbán und Kaczyński in ihrem kulturellen Krieg mit dem liberalen Westen noch heute das Europäische für sich beanspruchen, beschreiben sie Mitteleuropa nicht nur als das wahre Europa, sondern sogar als Europas letzte Verteidigungslinie. Fanon hätte so etwas nie über ehemalige französische Kolonien in Afrika gesagt. Die PiS-Regierung verweist oft auf die heldenhafte Rolle des polnisch-litauischen Staates unter Jan III. Sobieski, als Wien 1683 von den Osmanen belagert wurde – und rekurriert damit auf die Abwehr der letzten großen muslimischen Invasion in Europa. Orbán wie auch Kaczyński präsentieren sich ihrer Öffentlichkeit als das, was Carl Schmitt »Aufhalter« nannte, Helden, die Widerstand gegen eine drohende islamische Machtübernahme in Europa leisteten.[45] Die illiberalen Demokraten Mittel- und Osteuropas sind jetzt, wie sie sagen, bereit, die historische antimuslimische Mission zu übernehmen, die die Westeuropäer so leichtfertig aufgegeben hätten. »Wir waren es, die die in Europa einfallende Migranteninvasion an der Südgrenze Ungarns aufgehalten haben«, sagte Orbán und meinte damit den Zaun, den er 2015 an der ungarisch-serbischen Grenze hatte errichten lassen.[46] Deshalb bezeichnen sich die Mittel- und Osteuropäer, sehr zur Verwirrung mancher Außenstehender, so hartnäckig als proeuropäisch, selbst wenn sie sich gleichzeitig als erbitterte Gegner der EU verstehen.

Wir können die Zeit nicht zurückdrehen. Ethnische und kulturelle Homogenität ist nicht wiederherstellbar. Daher gibt sich Europas frühere Peripherie gerade als Europas neues Zentrum aus. Westeuropäische Gegner einer Osterweiterung haben die Chancen der Demokratisierung in Mittel- und Osteuropa gelegentlich schlechtgeredet, indem sie die angestaubte Parole »Geografie ist Schicksal« wiederaufgriffen. Die sarkastische populistische Antwort lautet heute: Nein, nicht Geografie, sondern *Demografie* ist Schicksal.

Unabhängig davon, ob das historische Zentrum tatsächlich die frühere Peripherie nachzuahmen beginnt, spielt die Vorstellung einer solchen »großen Umkehr« eine wichtige Rolle im Denken und in den Reden der Populisten Mitteleuropas. Es ist nicht mehr der Westen, der seinen Einfluss nach Osten ausdehnt, sondern der Osten, der Richtung Westen greift. Davon ist man dort überzeugt, und nicht ganz zu Unrecht. Überall, auch in den Vereinigten Staaten, scheint sich der illiberale Populismus an Orbáns illiberalem Drehbuch zu orientieren. Wer den gleichzeitigen Ausbruch eines reaktionären Nativismus in Teilen der Vereinigten Staaten und Westeuropas als eine »Rückkehr« illiberaler Strömungen deutet, hat sicher nicht ganz Unrecht. Aber er muss sich auch der Frage stellen: Warum gerade heute? Eine Antwort wäre die »ansteckende Nachahmung«. Jetzt sind die Menschen im Westen zu ehrgeizigen Plagiatoren geworden.

Es ist allerdings eine Sache, wenn Kaczyński sagt, dass Migranten Krankheiten in sein Land einschleppen würden, und etwas anderes, wenn Trump so etwas sagt. Es ist eine Sache, wenn Kaczyński zu Orbán sagt: »Sie haben ein Beispiel gegeben, und wir lernen von Ihnen.«[47] Viel bedeutsamer und unheilvoller ist es, wenn der amerikanische Publizist und frühere Vordenker Trumps Steve Bannon von Orbán als einem »Helden« spricht, einer Inspiration und »dem gerade wichtigsten Mann auf der Bühne«.[48] Ein nicht zu vernachlässigender Grad an Sympathie für Orbáns Anti-EU-Politik ist in fast allen Ländern Westeuropas zu finden. Deshalb werfen Kritiker der Brüsseler Subventionen für Ungarn und Polen der EU vor, sie gebe Orbán und Kaczyński den Strick, um den Westen daran aufzuknüpfen.[49]

In einer letzten bizarren Verdrehung übernehmen westliche Politiker den fremdenfeindlichen Nationalismus des Ostens, um ihre Beliebtheit zu steigern. Weil der Westen für nicht europäische Immigranten offen ist, muss sein Versuch, den Osten nachzuahmen, unweigerlich scheitern. Die Mitteleuropäer lassen Westeuropa dieselbe doppelte Botschaft zukommen, die die Westeuropäer ihnen drei Jahrzehnte zuvor gesandt haben: »Wir laden euch ein, aber wir lassen euch nicht rein.«

Die unerträgliche Ambivalenz der Normalität

Die populistische Revolte gegen die Utopie der Normalität westlicher Prägung hat sich in Mittel- und Osteuropa nicht nur wegen der dort herrschenden demografischen Panik als so erfolgreich erwiesen, sondern auch, weil die postkommunistischen Gesellschaften seit 1989 allmählich die Nachteile einer wie auch immer definierten Normalität wahrgenommen haben.

Natürlich ist eine aufwühlende Revolution im Namen einer unauffälligen »Normalität« ein Paradoxon. Das Problem zeigte sich zuerst im Privatleben der Dissidenten. Bei einer Feier zum Jahrestag der Gründung der Charta 77 klagte Havel 2007 öffentlich: »All die Solidarität, der Korpsgeist und Kampfgeist, die uns vor dreißig Jahren verbanden«, seien völlig verschwunden »im Klima der ›normalen‹ Demokratie, in der wir heute leben und für die wir gemeinsam kämpften«.[50] Havel spricht also nicht nur nostalgisch von der ruhmreichen Zeit vor 1989, als die Dissidenten verfolgt und geächtet wurden, sondern auch von der späteren Enttäuschung über die ereignislose Normalität nach dem Kommunismus. Einige führende Dissidenten, die sich immer für diese Normalität eingesetzt hatten, zeigten sich bald desillusioniert von der Monotonie in postheroischen Zeiten. Die psychische Belastung des Wechsels vom Leben im Kommunismus zu einem Leben im Kapitalismus blieb niemandem erspart, betraf aber besonders jene Dissidenten, die sich als kühne Protagonisten in einem großen historischen Drama gesehen hatten und die in Michniks Worten »Verachtung für die Normalität, für ein Leben ohne Konspiration« hegten.[51]

Doch solche persönlichen Anpassungsschwierigkeiten erzählen uns nicht viel über die Fehlschläge einer »Revolution zugunsten der Normalität«. Um mehr zu verstehen, müssen wir uns ansehen, wie Bürger, die nach 1989 in der Region lebten, den vielschichtigen Bedeutungen der »Normalität«, die sie nachahmen wollten, zum Opfer fielen.

Zunächst einmal müssen wir uns die ursprüngliche Bedeutung des Wortes »Normalisierung« (auf Tschechisch: *normalizace*) in den beiden Jahrzehnten vor 1989 ins Gedächtnis rufen. Es bezog sich auf die politischen Säuberungen, auf Zensur, Polizeigewalt und ideologische Gleichschaltung, die Havels Heimatland nach der Niederschlagung des Prager

Frühlings von 1968 belasteten. Es ging um eine »Normalisierung« im Sinne einer Wiederherstellung des *Status quo ante*, eine Rückkehr zur Situation vor den Reformen Alexander Dubčeks in der Tschechoslowakei. Versuche, dem Kommunismus ein menschliches Antlitz zu geben, waren gescheitert. Der Kommunismus sowjetischer Prägung war *alternativlos*.* Er musste ohne Abweichungen imitiert werden. Wie Michnik 1985 schrieb, bedeutete Normalisierung unter Kádár und Husák »im Grunde die totale Zerstörung aller unabhängigen Institutionen. Vierzig Monate nach dem Einmarsch der Sowjetunion ähnelte Ungarn einem politischen Friedhof; vierzig Monate der Normalisierung in der Tschechoslowakei verwandelten das Land, in Anlehnung an Aragons pointierte Formulierung, in das »kulturelle Biafra Europas«.[52]

Es treffen hier also zwei gegensätzliche Bilder von Normalität aufeinander. Man kann verstehen, warum die Dissidenten für eine gewaltlose Revolution eintraten, um eine antisowjetische und prowestliche Normalität zu erlangen, wenn man darin einen Akt der Verachtung sieht, eine bewusste Umkehrung der seitens der Sowjetunion gewaltvoll aufgezwungenen, grausam repressiven Normalität.

Mehr noch: Die westliche »Normalität« als vorrangiges Ziel einer politischen Revolution hervorzuheben, bietet die seltene Gelegenheit, nicht nur zu sehen, wie sich Mittel- und Osteuropäer ihre Zukunft vorstellten, sondern auch, wie sie die kommunistischen Gesellschaften sahen, aus denen sie flüchten wollten. Ein gängiges, im Osten wie im Westen immer wieder aufgegriffenes Narrativ stellt das kommunistische System als ein Gefängnis dar. Doch die mittel- und ost-

---

* Krastev und Holmes bedienen sich hier des deutschen Wortes »alternativlos«.

europäische Fixierung auf Normalität deutet auf ein anderes Verständnis hin. Vor allem für Dissidenten ähnelte das spätkommunistische System eher einem Irrenhaus als einer Strafanstalt. Im Kommunismus wurden die Insassen nicht nur eingesperrt – ihr ganzes Leben wurde auf den Kopf gestellt. Der offiziellen Propaganda zufolge sollten die Menschen für die Gesellschaft arbeiten und ihre individuellen Interessen und Hoffnungen ignorieren. Gleichheit war das offizielle oberste Prinzip, doch weder die Bemühungen noch die Belohnungen einzelner Staatsangehöriger waren gleich. Und kommunistische Behörden behandelten Dissidenten im Einklang mit der verdrehten Logik ihrer auf den Kopf gestellten Gesellschaften nicht als Verbrecher, sondern als psychisch labile Personen mit »reformistischen Wahnvorstellungen«, die in psychiatrischen Kliniken stark sediert weggeschlossen wurden.

Nach 1989 gehörte dieser Kontrast zwischen zwei Formen der Normalität, einer sowjetischen und einer westlichen, der Vergangenheit an. Doch sofort entbrannte ein neuer Konflikt zwischen zwei miteinander konkurrierenden Vorstellungen von Normalität, mit dem wir uns noch heute herumschlagen. Es geht dabei vor allem um eine pathologische Trennung zwischen dem, was im Westen als normal gilt, und dem, was man in Mittel- und Osteuropa dafür hält.

In *Das Normale und das Pathologische* (1966, deutsch 1974) erklärt der französische Philosoph und Arzt Georges Canguilhem, dass der Begriff »Normalität« zwei Bedeutungen hat, eine deskriptive und eine normative. »Normal« kann sich auf faktisch weitverbreitetes oder auf moralisch ideales Handeln und Verhalten beziehen. Das ist zwar nicht genau die Ambivalenz, mit der wir uns hier beschäftigen, doch in Anbetracht der weitverbreiteten Überzeugung, dass die moralischen Ideale des Westens nach dem Zusammenbruch des Kommunismus allgemeingültig wurden, kommt es ihr doch ziemlich nahe. Nach 1989 wurde die Kluft zwischen der mutmaßlich normativen und der tatsächlich deskriptiven Bedeutung von Normalität zur Quelle der verschiedensten Fehleinschätzungen und Missverständnisse zwischen dem Westen einerseits und den Mittel- und Osteuropäern andererseits.[53]

Wenn beispielsweise ein Beobachter des IWF in Sofia oder Bukarest erklärt, das Geben und Nehmen von Bestechungsgeldern sei »nicht normal«, kann man seinen bulgarischen und rumänischen Gesprächspartnern nicht übel nehmen, dass sie gar nicht verstehen, was in aller Welt er damit meint. Der 2016 von dem gefeierten rumänischen Regisseur Cristian Mungiu gedrehte Film *Bacalaureat* schildert eindrucksvoll die tragische Kluft zwischen »normal« im Sinne der Anpassung an die Schäbigkeit der eigenen lokalen Umwelt und »normal« im Sinne der Erfüllung der im Westen als selbstverständlich empfundenen Erwartungen.[54]

Der Protagonist der Geschichte, Romeo Aldea, ist ein Arzt mittleren Alters, der in einem Krankenhaus arbeitet. Er lebt mit Frau und Tochter in einer trostlosen Wohnung in einem hässlichen Wohnblock der Ceaușescu-Zeit in der Stadt Cluj-Napoca in Nordwestrumänien. Im Universum seiner kleinen Provinzstadt ist er ein erfolgreicher Mann, aber eigentlich wünscht er sich weit weg. Aldea und seine Frau sind geradezu verzweifelt stolz auf ihre Tochter, die ein Stipendium für ein Psychologiestudium an einer britischen Universität angeboten bekommen hat – vorausgesetzt, sie besteht ihre Abschlussprüfung an der Schule mit Spitzennoten. Auf diese Weise könnte sie eine normale Ausbildung und das normale Leben erhalten, auf das ihre Eltern immer gehofft hatten. Doch am Tag vor der Abschlussprüfung wird Eliza überfallen und fast vergewaltigt. Körperlich trägt sie kaum Schäden davon, doch psychisch ist es ihr unmöglich, in der Prüfung wie gefordert zu glänzen. Unter diesen Umständen sieht Aldea sich gezwungen, seine Position als Arzt auszunutzen, um jemandem einen illegalen Gefallen zu erweisen, der im Gegenzug dafür sorgt, dass Elizas Prüfungsergebnisse nach oben korrigiert werden. Mit einem Organ, das regulär an jemand anderen gehen sollte, arrangiert er eine Lebertransplantation für einen Kommunalpolitiker. Damit dieser gesetzwidrige Plan funktioniert, muss auch Eliza mitspielen, und in einer Schlüsselszene versucht Aldea seine Tochter dazu zu bringen, dass sie der Realität ins Auge blickt: Rumänien ist nicht wie der Westen, wo man solche Betrügereien nicht nötig hat. Wenn sie in einem normalen Land studieren will, muss sie sich zunächst in die Niederungen der schmutzigen, skrupellosen Normalität ihrer Heimat begeben.

Nachdem die kommunistische Autorität gestürzt worden war, stand Vokabellernen auf dem Stundenplan. Bestechung war zum Beispiel *per definitionem* »regelwidrig«, genau wie das Gesetz »unparteiisch und gerecht« war. Diese westliche Sprachregelung konnte man auf Befehl zwar leicht nachplappern, doch das änderte nichts daran, dass sie mit östlichen Gegebenheiten schwer in Einklang zu bringen war.

Wenn wir uns die Kluft zwischen westlicher Erwartung und östlicher postkommunistischer Wirklichkeit genauer ansehen, stoßen wir auf eine wichtige Quelle für den enormen mentalen Stress, der unwillkürlich in Mittel- und Osteuropa durch den Import oder die Nachahmung einer fremden Version von Normalität entstand. Um zu klären, worum es geht, ist es hilfreich, zwischen horizontaler *Koordination* und vertikaler *Synchronisation* zu unterscheiden. Gängige Normen, die die soziale Interaktion regeln, etwa Verkehrsregeln, versteht man am besten als Konventionen, die die tägliche Koordination zwischen den Mitgliedern der Gemeinschaft ermöglichen. Die Anpassung an solche lokalen Erwartungen und Verhaltensmuster ist eine notwendige Voraussetzung für erfolgreiches Handeln und Interagieren in jeder Gesellschaft. Um zu regieren, hatten die postkommunistischen Eliten in Mittel- und Osteuropa daher keine andere Wahl, als sich wenigstens anfangs an den in ihren Ländern üblichen Praktiken zu orientieren. So mussten beispielsweise Rumänen ihr Verhalten in Rumänien mit dem abgleichen, was dort üblich war: Ein Geschäftsmann in Bulgarien, der seine Integrität wahren will, indem er sich hartnäckig weigert, Bestechungsgelder zu zahlen, wird bald ein Ex-Geschäftsmann sein. Gleichzeitig streben solche nationalen Eliten unter den Augen des Westens nach globaler Legitimität, die wiederum davon abhängt, dass sie tun, was im Westen als normal gilt – dass sie sich etwa weigern, Bestechungsgelder zu zahlen oder anzunehmen. Um ihr Verhalten mit den hohen Erwartungen ihrer westlichen Partner zu synchronisieren, sahen sich die mittel- und osteuropäischen Eliten mit anderen Worten gezwungen, sich von den Erwartungen ihrer eigenen Gesellschaften abzuwenden. Aber das Gleiche galt auch umgekehrt: Um ihr Verhalten mit dem ihrer nächsten Nachbarn und Verwandten zu koordinieren, mussten sie sich über die Erwartungen ihrer Mentoren und Partner aus dem Westen hinwegsetzen. Um also effektiv zu sein, mussten postkommunistische Eliten Bestechung lokal akzeptieren und gleichzeitig global gegen Korruption zu Felde ziehen. Bei diesem Spagat zwischen einer lokalen und einer kosmopolitischen Identität waren sie weder in der einen noch in der anderen ganz zu Hause. Bei dem vergeblichen Versuch, zwei einander widersprechende Vorstellungen von dem, was normal ist, in Einklang zu bringen, nahmen sie sich irgendwann als chronisch unaufrichtig, wenn nicht gar schizophren wahr und wurden letzten Endes zu Hause wie auch im Ausland misstrauisch beäugt.

Offenbar hat die Revolution im Namen der Normalität nicht nur seelisches Unbehagen, sondern auch politische

Traumata hervorgebracht. Schnelle Veränderungen des westlichen Vorbilds haben das nagende Gefühl des Selbstbetrugs bei dessen vermeintlichen Nachahmern noch verschärft. Kommentatoren, die diese Entwicklungen untersuchen, müssen den Schwerpunkt verschieben, weg von politischen Institutionen wie Mehrparteienwahlen und einer unabhängigen Justiz und hin zu gesellschaftlichen Gepflogenheiten. In den Augen konservativer Polen zur Zeit des Kalten Krieges waren westliche Gesellschaften zum Beispiel normal, weil sie anders als kommunistische Systeme Traditionen pflegten und an Gott glaubten. Heute jedoch haben die Polen erkannt, dass westliche »Normalität« Säkularismus, Multikulturalismus und Homo-Ehe bedeutet. Kann es da überraschen, dass einige Mittel- und Osteuropäer sich »betrogen« fühlten, als sie feststellten, dass die konservative Gesellschaft, die sie nachahmen wollten, verschwunden war, weggespült vom Strom einer rasanten Modernisierung? Aus der Perspektive des Westens wiederum repräsentieren illiberale Bemühungen, die politische Ordnung in postkommunistischen Ländern nach dem Vorbild einer jetzt überwundenen sexistischen, rassistischen und intoleranten Version des Westens umzumodeln, nicht nur einen vergeblichen Versuch, die Uhr zurückzudrehen. Sie werden auch als Angriffe auf den im Westen so schwer erworbenen »moralischen Fortschritt« wahrgenommen und deshalb als Ausdruck einer antiwestlichen Gesinnung rundheraus verurteilt.

Betrug wittern viele Mittel- und Osteuropäer auch an anderer Stelle: Eine wichtige Dimension des Kulturkriegs zwischen den beiden Hälften Europas betrifft die gestörten Beziehungen zwischen den Generationen nach dem Ende des Kommunismus. Im unipolaren Zeitalter der Nachahmung forderte man die Schulkinder auf, sich ihre Identifikationsfiguren ausschließlich im Westen zu suchen. Infolge der Bildungsreformen in Mittel- und Osteuropa fanden sie die Aussicht, ihre Eltern nachzuahmen, immer weniger attraktiv. Vor allem die nach 1989 Geborenen konnten ihre Einstellungen und ihr Verhalten leicht mit westlichen Standards »synchronisieren«. Aus demselben Grund galt es auch als uncool, die eigenen Erwartungen mit jenen früherer Generationen zu »koordinieren«, und so konnten Eltern in postkommunistischen Gesellschaften ihre Werte und Einstellungen oft nicht mehr an ihren Nachwuchs weitergeben. Wie die Eltern im Kommunismus gelebt und was sie erreicht oder erlitten hatten, spielte materiell wie moralisch keine Rolle mehr. Die jungen Leute revoltierten nicht gegen ihre Eltern wie die '68er im Westen, sondern sie begannen, sie zu bemitleiden und ansonsten zu ignorieren. Und durch die neuen Sozialen Medien fand die Kommunikation vor allem innerhalb der verschiedenen Generationskohorten statt. Sich über Staatsgrenzen hinweg mit Gleichaltrigen zu verbinden wurde einfacher, als das Gespräch über Generationengrenzen hinweg zu suchen. Als die Eltern in der Region merkten, dass sie ihre Kinder nicht mit ihrem eigenen Wertekanon programmieren konnten, erhoben sie geradezu hysterisch die Forderung, der Staat müsse dies für sie tun. Die Regierung sollte Rettungsmannschaften aufstellen, um die Kinder aus den Klauen ihrer hinterhältigen westlichen Kidnapper zu befreien. Dieser verzweifelte Aufschrei mag erbärmlich klingen, ist jedoch ein weiterer wichtiger Quell der Beliebtheit der illiberalen Populisten in der Region. Die Kinder sollen in der Schule das zu hören bekommen, was sie von ihren Eltern nicht annehmen wollen. Der Kollaps des elterlichen Einflusses ist zwar ganz allgemein ein typisches Merkmal jeder Revolution, hier aber wird der Westen dafür verantwortlich gemacht. Über die EU hat der Westen die nationale Bildung übernommen und dadurch die Kinder verdorben. Nirgends tobt der Kulturkrieg in Mittel-

und Osteuropa erbitterter als beim Thema Sexualkundeunterricht an den Schulen.[55]

Die dogmatisch klingende Behauptung, man könne politische und ökonomische Arrangements westlicher Prägung nicht hinterfragen, weil keine anderen Optionen zur Diskussion stünden, hat verschiedene bekannte tschechische Kritiker der Westorientierung dazu gebracht, die Zeit nach 1989 als »Neo-Normalisierung« zu bezeichnen – ein Begriff, der absichtlich auf die »Normalisierung«, eine der repressivsten Phasen der tschechischen Geschichte, anspielt und deshalb sehr abwertend gemeint ist.[56] Die Herrschaft durch Vertreter Brüssels, die vor Ort das Sagen hatten, war nach 1989 sicher weniger drückend als die Herrschaft der örtlichen Vertreter Moskaus nach 1968. Die Populisten meinen allerdings, dass sich ihre Rechtfertigung nur in einer Hinsicht unterschied: Die eine habe auf dem heuchlerischen Anspruch gegründet, die Diktatur der Kommunistischen Partei eröffne einen Weg zu einer »Normalität«, die allem, was der Westen zu bieten hatte, überlegen sei. Die andere dagegen basiere auf dem postkompetitiven Anspruch, dass der einzige Weg zu einer legitimen, ausschließlich liberal definierten »Normalität« die Direktiven der Europäischen Kommission seien.

Ehemalige Dissidenten wie Orbán und Kaczyński können sich überhaupt nur als Konterrevolutionäre bezeichnen, weil in ihren Augen die normalisierende Revolution von 1989 eine Gesellschaftsordnung hervorbrachte, in der das nationale Erbe und die Traditionen postkommunistischer Gesellschaften unmittelbar in ernsthafter Gefahr waren. Die Forderung, westliche Moralvorstellungen nachzuahmen, glich einer Einladung zu kulturellem Selbstmord, und das nicht nur, weil sie dazu animierte, in den Westen abzuwandern. Um den »Kampfgeist« wiederzuerlangen, den selbst Havel in postkommunistischen Gesellschaften vermisste, wettern illiberale

Populisten gegen den in ihren Augen absurden »Glauben an die ›Normalität‹ der liberalen Demokratie«.[57] So seltsam es auch klingt – Dissidenz und Konterrevolution können so ununterscheidbar miteinander verschmelzen. Und eine verwestlichende Revolution kann – sehr zum Entsetzen des fassungslosen Westens – eine antiwestliche Konterrevolution auslösen.

Ein letzter, verdrehter Effekt der doppelten Bedeutung von Normalität soll hier noch kurz erwähnt werden. Um die Vorstellung des »Normalen« (das heißt des Verbreiteten und Gewohnten) mit dem im Westen Normativen in Einklang zu bringen, versuchen die Kulturkonservativen in Mittel- und Osteuropa manchmal, die westlichen Länder zu »normalisieren«. Sie argumentieren, das im Osten Verbreitete sei eigentlich auch im Westen allgegenwärtig; nur die Menschen im Westen behaupteten scheinheilig, dass ihre Gesellschaften anders seien. Populistische Führer helfen ihren Anhängern, die normative Dissonanz zwischen Bestechungsgeldern zum Überleben im Osten und dem Kampf gegen die Korruption im Westen auszuhalten, indem sie in einem klassischen Ausdruck von Ressentiment behaupten, der Westen sei genauso korrupt wie der Osten, was aber die Westler einfach nur leugneten, um die hässliche Wahrheit zu verbergen.

Mit derselben Methode verteidigen die ungarische und die polnische Regierung ihre Hütchenspiele mit der Verfassung und den politischen Nepotismus, für die sie in Brüssel regelmäßig kritisiert werden. Sie versuchen zu zeigen, dass ihre Vorgehensweise auch im Westen gängige Praxis ist, dass aber die Westler nicht bereit sind, dies zuzugeben. Hier finden wir ein weiteres Paradoxon des Zeitalters der Nachahmung: Mittel- und osteuropäische Populisten rechtfertigen ihren provokanten Illiberalismus, indem sie behaupten, sie seien absolut ergebene Anhänger westlicher Praktiken, was in diesem Fall bedeutet, dass sie genauso schlecht sind wie der Westen.

Die neue deutsche Ideologie

Es ist drei Jahrzehnte her, dass die Welt der Außenpolitik durch den Anspruch, die liberale Demokratie westlicher Prägung sei zur ultimativen Norm und Form menschlicher Existenz geworden, auf den Kopf gestellt wurde. Heute blickt Thomas Bagger, Leiter Außenpolitik im Bundespräsidialamt, wie die Eule der Minerva zurück auf ein intellektuelles System, das inzwischen allgemein als tot und begraben gilt, und meint, die Europäer hätten noch stärker als die Amerikaner wirklich an den endgültigen Triumph des Liberalismus über alle alternativen Ideologien geglaubt. Deshalb seien sie und vor allem die Deutschen durch den fortschreitenden Zusammenbruch der liberalen Ordnung auch besonders gefährdet.

Baggers Ansicht nach waren die Europäer und insbesondere die Deutschen vom »Ende der Geschichte« deshalb so fasziniert, weil dieses Paradigma sie von der Bürde der Vergangenheit ebenso befreite wie von den Unsicherheiten der Zukunft: »Kurz vor dem Ende eines Jahrhunderts, in dem Deutschland zweimal auf der falschen Seite der Geschichte gestanden hatte, fand sich das Land endlich auf der richtigen Seite wieder. Was jahrzehntelang unmöglich, ja undenkbar erschienen war, wirkte jetzt plötzlich nicht nur real, sondern sogar unausweichlich.«[58] Die Verwandlung mittel- und osteuropäischer Länder in parlamentarische Demokratien und Marktwirtschaften wurde als empirischer Beweis für die Gültigkeit der kühnen These gewertet, dass die Menschheit in ihrem Streben nach Freiheit nicht weiter schauen müsse als bis zur liberalen Demokratie westlicher Prägung.

Noch besser aus deutscher Sicht: Persönliche Agency oder sogar Charisma in der Politik waren nicht mehr entscheidend. Die Geschichte neigte sich der liberalen Demokratie zu. Für ein Land, das von einem katastrophalen »Führer« so schwer traumatisiert war, dass auch das Wort »Führerschaft« seinen unschuldigen Klang verloren hatte, war es überaus beruhigend, dass offenbar größere, aber abstrakte Kräfte den groben Kurs der Geschichte bestimmten. Individuen spielten nur am Rande eine Rolle – ihre Aufgabe beschränkte sich darauf, die Ankunft des Unausweichlichen zu verwalten.[59]

In einer Welt, die von dem moralischen Imperativ beherrscht wird, das unübertreffliche Vorbild der westlichen liberalen Demokratie nachzuahmen, muss kein Land in seiner Vergangenheit gefangen bleiben oder Verantwortung für die Zukunft übernehmen. Die Reduzierung des politischen Lebens auf die mehr oder weniger erfolgreiche Nachahmung dieses schon existierenden politischen und ideologischen »Supermodels« gab der Menschheit insgesamt und den Deutschen im Besonderen Vergangenheit und Zukunft zu einem günstigen Kombi-Preis.

Diesem beruhigenden deutschen Traum ist noch hinzuzufügen, dass beim Nachahmungsimperativ, wie er in Mittel- und Osteuropa wahrgenommen wurde, stillschweigend Deutschland als die eigentliche Vorlage für bewundernde Nachahmung galt. Weil Deutschland der Vorzeige-»Bekehrte« zur liberalen Demokratie war, sollte es den postkommunistischen Nationen zeigen, wie Nachahmung funktioniert.[60] Das historisch wie geografisch nächste Vorbild für die gerade befreiten Staaten des Ostens war nicht Amerika selbst, sondern Deutschland, das Land, das Amerika in der Vergangenheit am erfolgreichsten nachgeahmt hatte. 1965, nur zwanzig Jahre nach dem Ende des Zweiten Weltkriegs, war Westdeutschland nicht nur eine konsolidierte Demokratie, sondern auch das reichste und produktivste Land in Europa, und das westdeutsche Wunder blieb im Denken der Mittel- und Osteuropäer nach 1989 stets besonders präsent.

Deutschlands Rolle als implizites Vorbild für postkommunistische politische Reformen ist wichtig, weil die Gegenreaktion des Ostens auf die Nachahmung des Westens nicht nur in dem politisch manipulierten Gefühl gründet, man habe seine (selektiv erinnerte) ererbte Identität gegen eine angeblich überlegene, postethnische und aus dem Ausland importierte eingetauscht. Wenn es darum ging, sich ihrer schwierigen Geschichte zu stellen, forderte man von den Mittel- und Osteuropäern außerdem, dem von Deutschland eingeschlagenen Weg zu folgen, obwohl doch dessen ungewöhnliche Geschichte, sein Sonderweg, für alle offensichtlich war. Der Demokratisierungsprozess im militärisch besetzten Nachkriegs-Westdeutschland, wo aggressiver Autoritarismus zu einer nationalen Katastrophe geführt hatte, war etwas ganz anderes als der Demokratisierungsprozess in Mittel- und Osteuropa nach 1989. Der zum Scheitern verurteilte Versuch, beides gleichzusetzen, heizte den entmutigenden Aufstieg des ethnischen Nationalismus in der postkommunistischen Welt nur noch weiter an.

Der bulgarische Künstler Luchezar Boyadjiev hat die perfekte Visualisierung dessen geliefert, was lange die offizielle Brüssler Version des Ziels der europäischen Geschichte war. In seinem Fotozyklus *On Vacation* (Ferien) bezieht er sich etwa auf die berühmte Reiterstatue Friedrichs des Großen, die in Berlin Unter den Linden steht – nur fehlt diesmal der König. Indem er den Befehlshaber vom Sockel stieß, verwandelte der Künstler das Monument eines Nationalhelden in ein Monument eines Pferdes ohne Reiter. Alle mit dieser wichtigen, aber moralisch umstrittenen Gestalt der Vergangenheit verbundenen Schwierigkeiten waren plötzlich weg. Die Vorstellung von Europa, die Boyadjiev damit vermitteln will, ist ein Europa »im Urlaub von der Geschichte«, ohne Hoffnung auf Vorherrschaft oder Angst vor Unterdrückung. Zumindest für einige

Menschen heißt wahres Europäertum im frühen 21. Jahrhundert: sowohl unapologetisch antiheroisch als auch antinationalistisch zu sein. Für beides sind die Deutschen heute das beste Beispiel. Schließlich haben sie den Übergang vom Autoritarismus zu einer liberalen Demokratie mit noch nie da gewesenem Erfolg gemeistert, und ihr Land ist, von außen betrachtet, im westlichen Sinne »außergewöhnlich normal« geworden.[61]

Die Identitätspolitik, die Osteuropa heute in Aufruhr versetzt, ist eine verspätete Reaktion auf eine jahrzehntelange Politik der Identitätsverleugnung seit 1989. Der überhitzte Partikularismus ist eine natürliche Reaktion darauf, dass man die Unschuld des Universalismus zu teuer auf den Markt gebracht hatte. Deshalb schmähen Populisten in aller Welt den Universalismus als den Partikularismus der Reichen.

Der anfängliche Eifer, mit dem sich die einst unterdrückten Nationen 1989 dem freien Westen anschlossen, entsprang mindestens genauso sehr nationalistischem Widerstand gegen Moskaus vierzigjährige Hegemonie wie der tief verwurzelten Begeisterung für liberale Werte und Institutionen. Das Motto der polnischen antikommunistischen Bewegung vor 1989 lautete *wolność i niezależność* (Freiheit und Unabhängigkeit) und zielte auf die Unabhängigkeit von Moskau. Doch im intellektuellen Klima der 1990er-Jahre gehörte es fest zum Ideal der angestrebten »Normalität«, ethnischen Nationalismus moralisch zurückzuweisen. Mit Ethnonationalismus assoziierte man die blutigen Kriege im ehemaligen Jugoslawien, zudem exportierte die Europäische Union eifrig postnationale Themen nach Osten. Weil es die ehemals kommunistischen Nationen so eilig hatten, sich dem Westen anzuschließen, sprachen diese Faktoren dagegen, in Bezug auf die Rolle des Nationalgefühls völlig aufrichtig zu sein.

Versuche der relativ kleinen liberalen Eliten in Mitteleuropa, ihren Mitbürgern »Deutschstunden« zu geben, gingen nach hinten los. Während sich die liberalen Eliten weiterhin der Sprache universaler Rechte bedienten, bemächtigten sich ihre nationalistischen Gegner der nationalen Symbole und Narrative. Die Liberalen hätten sich die Mahnungen des rumänischen Romanautors Mihail Sebastian zur psychologischen Macht von Symbolen und Zeichen zu Herzen nehmen sollen.[62]

Um Deutschlands Übergang zur liberalen Demokratie nachzuahmen, wäre eine radikale Absage an den Ethnonationalismus nötig gewesen, der in der Gestalt der NS-Ideologie die Welt mit ungeheurer Gewalt überzogen hatte. Reaktionäre Nativisten wollen davon nichts hören. Sie konzentrieren sich vielmehr auf eine nationale Opferrolle und unverdientes Leid. Nationale Populisten entschuldigen sich nie für irgendetwas, das ihre Nation jemals in ihrer Geschichte getan hat. Sich wie ein Schurke zu verhalten und gleichzeitig das Recht auf eine moralische Opferrolle für sich in Anspruch zu nehmen – das ist der typische Dünkel des nationalistischen Populisten.

Im Rahmen demokratischer Übergänge war es üblich, Faschismus und Kommunismus als zwei Seiten derselben totalitären Medaille zu sehen. Das ist ein völlig legitimer Vergleich, wenn es um die potenziell mörderischen Folgen der beiden Ideologien und der mit ihnen verbundenen Regime geht. Im demokratischen Zeitalter führt es jedoch zu der fälschlichen Annahme, dass der Nationalismus (dessen Extremversion und Verdrehung der Faschismus ist) sich letztendlich auflösen werde, wie auch der Kommunismus zwischen 1989 und 1991 verschwand. Das war nie realistisch. Der Kommunismus war ein radikales politisches Experiment auf der Grundlage der Abschaffung des vererbbaren Privateigentums. Demokratie hingegen setzt die Existenz einer begrenzten politischen Gemeinschaft voraus und ist damit inhärent national. Mit dem Aufstieg der liberalen Demokratie kann der Nationalismus nicht wie der Kommunismus verschwinden, da die Loyalität gegenüber der Nation eine notwendige Voraussetzung für jede stabile liberale Demokratie ist. In den 1990er-Jahren herrschte allgemein die Ansicht, Russland sei beim Aufbau der Demokratie gescheitert, weil dort der nationale Zusammenhalt fehle. Polen und Ungarn hingegen seien erfolgreich gewesen, da der Widerstand gegen die sowjetische Besatzung die Menschen dort zusammengeschweißt habe. Anders als der Liberalismus ist die Demokratie jedenfalls ein ausschließlich nationales Projekt. Deshalb hat sich de Gaulles »Europa der Vaterländer« letztlich immer wieder dem Druck widersetzt, die einzelnen Identitäten der Mitgliedsländer in einer gemeinsamen postnationalen Identität aufgehen zu lassen.[63] In seiner Logik dem Universalismus der Menschenrechte affin, kommt der Liberalismus der transnationalen Globalisierung eher entgegen als die Demokratie. Doch auch er funktioniert am besten im Kontext politisch begrenzter Gemeinschaften. Letztendlich ist die effektivste Menschenrechtsorganisation weltweit der liberale Nationalstaat.

Für die Mittel- und Osteuropäer erwies es sich in wenigstens vier Punkten als problematisch, die Art nachzuahmen, wie das Nachkriegsdeutschland mit Geschichte umging.

Erstens baute die deutsche Demokratie nach dem Zweiten Weltkrieg auch auf der Sorge auf, dass ein Nationalismus, dem man Raum zum Wachsen gäbe, allmählich zur Wiedergeburt des Nationalsozialismus führen würde. Die EU entstand aus der Idee, eine potenziell gefährliche Wiederbehauptung deutscher Souveränität abzublocken, indem man das Land ökonomisch in den Rest Europas integrierte und der Bundesrepublik eine »postnationale« Identität gab. In der Folge distanzierten sich nach dem Zweiten Weltkrieg die meisten (nicht alle) Angehörigen des politischen Establishments in Westdeutschland nicht nur von der mystischen Vorstellung einer germanischen

Rassenseele, sondern auch ganz allgemein vom Ethnonationalismus.[64] Die mittel- und osteuropäischen Länder dagegen haben mit einem so durch und durch negativen Verständnis des Nationalismus ihre Schwierigkeiten, zumal sie nach dem Ersten Weltkrieg im Zeitalter des Nationalismus aus dem Zusammenbruch multinationaler Reiche hervorgingen. Zudem spielte der antirussische Nationalismus eine wesentliche Rolle in den antikommunistischen Revolutionen von 1989.

In Osteuropa geht man aus historischen Gründen eher davon aus, dass Nationalismus und Liberalismus sich gegenseitig stützen, nicht ausschließen. Die meisten Polen fänden es absurd, die nationalistischen Führer nicht mehr zu ehren, die bei der Verteidigung Polens gegen Hitler oder Stalin ihr Leben gaben. Auch wegen der doktrinären kommunistischen Propaganda, die den Nationalismus verurteilte, fremdeln Mittel- und Osteuropäer mit dem Wunsch der deutschen liberalen Elite, die Staatsbürgerschaft von einer ererbten Mitgliedschaft in einer ethnonationalen Gemeinschaft zu trennen. In den 1990er-Jahren brachten die Jugoslawien-Kriege politische Anführer in ganz Europa, auch in Mittel- und Osteuropa, dazu, ethnische Homogenität und fremdenfeindlichen Nativismus vom begründeten Recht auf nationale Selbstbestimmung zu lösen.[65] Auf lange Sicht hat allerdings die implizite Verbindung des Liberalismus mit dem Antinationalismus überall in der Region die nationale Unterstützung für liberale Parteien verhängnisvoll ausgehöhlt.[66] Postnationale Liberale neigen dazu, den Ethnonationalismus – also den Glauben, der Bürger im Hier und Jetzt besitze eine Art mystische moralische Verbindung zu seinen biologischen Vorfahren – als atavistisch und irrational abzutun. Ein solcher Universalismus belegt eine wunderbar menschenfreundliche Haltung, doch er bringt nicht unbedingt gute Politik hervor. Aus der Sicht der Wähler mit starken nationalistischen Zugehörigkeitsgefühlen wirkt postnationaler »Verfassungspatriotismus« wie eine neue »deutsche Ideologie«, mit der die östliche Peripherie Europas kleingehalten und ganz Europa nach Berliner Interessen regiert werden kann.[67]

Zweitens war die Nachkriegsdemokratie in Deutschland als Antwort auf die Machtübernahme der Nationalsozialisten durch einen kompetitiven Wahlprozess organisiert. Deshalb sind von Wahlen unabhängige Institutionen wie das Bundesverfassungsgericht und die Bundesbank nicht nur mächtig, sondern zählen auch zu den vertrauenswürdigsten Institutionen in Deutschland. Obwohl die Mittel- und Osteuropäer nach 1989 begeistert waren, endlich wieder im Besitz der lang ersehnten Souveränität zu sein, sahen sie in den ihren gewählten Regierungen auferlegten Beschränkungen anfangs keinen Versuch, das Recht des Volkes auf Selbstregierung zu beschneiden. Ungarns Verfassungsgericht galt sogar als »das mächtigste Oberste Gericht der Welt«.[68] Anfangs war auch das polnische Verfassungsgericht relativ effektiv und unabhängig. Irgendwann jedoch beriefen sich populistische Amtsinhaber auf den souveränen Willen des Volkes, um auch diese »gegen die Mehrheit gerichtete« Grenze ihrer Macht zu beseitigen.

Nach dem Ersten Weltkrieg orientierten sich die neu entstandenen mittel- und osteuropäischen Staaten an einer Mischung aus der althergebrachten deutschen Vorstellung der *Kulturnation* und der französischen Idee des interventionistischen Zentralstaates.[69] Dieses alte Vermächtnis verblasste natürlich mit der Zeit, ist aber doch noch nicht ganz aus den politischen Empfindlichkeiten der Region verschwunden. Das erklärt vielleicht, warum zwei Jahrzehnte nach 1989 langsam innerer Widerstand dagegen aufkam, sich in Übereinstimmung mit zwei alternativen ausländischen Modellen zu reorganisieren: der neuen deutschen Vorstellung von einem dezentralisierten Staat und dem amerikanischen Multikulturalismus. Allergische Reaktionen auf beides waren die ersten Anzeichen der aufkeimenden antiliberalen Konterrevolution. Ihre Unterstützer assoziierten eine funktionierende Demokratie weder mit Gewaltenteilung noch mit der Assimilation von Emigranten, sondern mit kultureller Homogenität und Exekutivmacht.

Drittens gingen die Deutschen in eine Falle, als sie ihre Transformationserfahrung aus der Zeit nach dem Zweiten Weltkrieg mit den postkommunistischen Ländern teilten. Sie waren stolz auf ihren erfolgreichen Übergang von einer totalitären Gesellschaft zu einer vorbildlichen Demokratie, gleichzeitig rieten sie jedoch den Mittel- und Osteuropäern oftmals nicht zu dem, was sie selbst in den 1950er- und 1960er-Jahren getan hatten, sondern dazu, was sie ihrer Meinung nach damals hätten tun sollen. Die deutsche Demokratie entwickelte sich nach dem Zweiten Weltkrieg nicht ohne eine komplizierte Beziehung zur NS-Vergangenheit des Landes. Zwar wurde der Nationalsozialismus nach dem Krieg offiziell verurteilt, doch die Deutschen redeten ungern über dieses Thema, zumal es noch viele Ex-Nazis in der westdeutschen Nachkriegselite gab. Als jedoch Ostdeutschland zum Bestandteil eines geeinten liberal-demokratischen Deutschland wurde, gab es statt des Beschweigens anhaltende Debatten, und eine umfassende Säuberung von Ex-Kommunisten wurde zum Gebot der Stunde. Viele Ostdeutsche, die heute die rechtsstehende AfD wählen, deuteten die »Säuberung« nach 1989 nicht als eine aufrichtige Suche nach historischer Gerechtigkeit. Vielmehr sahen sie darin einen Weg des Westens, den Osten zu dominieren und Menschen aus dem Westen Arbeitsmöglichkeiten zu erschließen, indem man die »Ossi«-Eliten kurzerhand ihrer Ämter enthob.

Und viertens war und ist Deutschland sehr stolz auf seinen Wohlfahrtsstaat und auf sein System der Mitbestimmung, bei dem Gewerkschaften eine zentrale Rolle in der Unternehmensführung größerer Firmen spielen. Allerdings haben die Westdeutschen nie Druck auf die EU ausgeübt, diese Aspekte ihres politischen Systems in den Osten zu exportieren. Offiziell hieß es, dass die Mittel- und Osteuropäer sich diese nicht leisten könnten, doch vielleicht stand auch die Erwartung dahinter, dass es der deutschen Industrie vorteilhafte Investitionsmöglichkeiten eröffne, wenn der staatliche Schutz für mittel- und osteuropäische Arbeiter und Bürger geschwächt würde. Natürlich waren auch verschiedene andere Faktoren im Spiel, besonders die Entwicklung der global vorherrschenden Form des amerikanischen Liberalismus. Aus Roosevelts freundlicherem und sanfterem New Deal, der die Menschen von Angst und Unsicherheit befreien wollte, wurde schließlich Reagans deregulierter Markt, der die Menschen durchschütteln, ihre Arbeitsplätze unsicher machen und ihnen ihre Renten wegnehmen sollte. Die generelle Weigerung, durch die Förderung von Gewerkschaften massiv in die politische Stabilität der neu beitretenden Staaten zu investieren, entsprach zwar dem thatcheristischen Zeitgeist, wich aber radikal von der grundsätzlich progewerkschaftlichen Politik der Alliierten in Westdeutschland nach dem Zweiten Weltkrieg ab. Der wichtigste Grund für diese Veränderung lag vermutlich darin, dass keine kommunistische Bedrohung mehr existierte, weshalb besondere Anstrengungen, um die Systemloyalität der Arbeiter aufrechtzuerhalten, unnötig erschienen.

Die alte deutsche Frage drehte sich um die Vorstellung, dass Deutschland zu klein für die Welt und zu groß für Europa sei. Bei der neuen deutschen Frage geht es um etwas anderes. In der Welt nach dem Kalten Krieg stellt sich heraus, dass Deutschlands Übergang zur liberalen Demokratie zu einzigartig und pfadabhängig war, um von Ländern nachgeahmt zu werden, die angesichts ihrer eigenen jüngeren Geschichte die Vorstellung einer postethnischen Gesellschaft ablehnen. Die postkommunistischen Länder Mittel- und Osteuropas weigerten sich, eine neue nationale Identität auf halb unterdrückten Reuegefühlen bezüglich ihrer Vergangenheit aufzubauen. Das trägt zumindest einiges dazu bei, ihre Revolte gegen die neue deutsche Ideologie des enthistorisierten Postnationalismus und kulturell indifferenten Verfassungspatriotismus zu erklären.

Der Illiberalismus ehemaliger Liberaler

Co nie jest biografia, – nie jest w ogóle.
»Was nicht Biografie ist, ist überhaupt nichts.«
TAGEBUCHEINTRAG STANISŁAW BRZOZOWSKIS
AUS DEM JAHR 1911

Ende 1949 wurde *Ein Gott, der keiner war* zum Wendepunkt in der intellektuellen Geschichte des Kalten Krieges. Dieses Buch versammelte die persönlichen Erinnerungen von sechs bekannten Intellektuellen, wie und warum sie Kommunisten wurden und wie und warum sie sich schließlich von der Kommunistischen Partei abwandten. Wie einer der Autoren, Arthur Koestler, schrieb: »wenn alles gesagt ist, sind wir einstigen Kommunisten die einzigen Leute …, die wissen, um was es wirklich geht«.[70] Nur frühere Eingeweihte und ehemals wahre Gläubige besaßen den Schlüssel zu den inneren Abläufen eines repressiven und hasserfüllten Systems. Plausibel wie sie ist, erklärt diese Aussage auch, warum ehemalige Kommunisten (neben Dissidenten, die nie Kommunisten waren, wie Alexander Solschenizyn) eine so entscheidende Rolle bei der Delegitimierung des Sowjetsystems spielten. Einstige Anhänger, die ihren Glauben verloren haben, kennen den Feind gut und haben starke persönliche Motive, die Ideologie, die sie einst so glühend verteidigten, zu diskreditieren und zu vernichten.

Vom Glauben abgefallene Liberale im heutigen Mittel- und Osteuropa spielten eine ähnliche Rolle bei der Delegitimierung der liberalen Ordnung der Region nach 1989. Man muss die postkommunistische Entwicklung mit den Augen dieser Ex-Liberalen sehen, um zu verstehen, warum und wie sich so viele Mittel- und Osteuropäer der Weltordnung nach dem Kalten Krieg zutiefst entfremdet haben.

Wir werden das Rätsel des mittel- und osteuropäischen Illiberalismus nie lösen, wenn wir nicht verstehen, warum – in den Worten von Anne Applebaum – einige der glühendsten konservativen Intellektuellen in der Region sich als liberale Mütter schwuler Söhne herausstellten oder warum in Osteuropa antikapitalistische Gefühle oft die Form eines gewaltbereiten Antikommunismus annehmen. In Ungarn neigen heute, wenn wir den Meinungsumfragen glauben wollen,[71] viele Unterstützer der militant antikommunistischen Fidesz-Partei dazu, János Kádár, den kommunistischen Führer des Landes zwischen 1956 und 1988, positiv zu sehen. In ihren Augen gehörte die Rolle, die die Ex-Kommunisten in der Übergangszeit spielten, offenbar zu den abscheulichsten Verbrechen, die der Kommunismus hervorgebracht hatte. Oft wirft man den Kommunisten nicht so sehr vor, was sie in den 1970er- und 1980er-Jahren taten, sondern vielmehr, mit welcher Gewandtheit sie sich in den 1990er-Jahren als herzlose Kapitalisten neu erfanden.[72]

Die politische Biografie Viktor Orbáns bietet uns die beste Gelegenheit, über den Werdegang eines Ex-Liberalen nachzudenken. Wir haben hier einen energiegeladenen, skrupellosen und talentierten Neueinsteiger, der sich in die Freiheit verliebte, sich aber letztlich von seiner eigenen absoluten

Macht hinreißen ließ. Er wurde 1963 in dem trostlosen Dorf Alcsútdoboz etwa fünfzig Kilometer westlich von Budapest geboren. Seine Kindheit war von Armut geprägt und entbehrte jeder Revolutionsromantik. Irgendwann trat Orbáns Vater der Kommunistischen Partei bei. Er war jedoch, wie Orbáns Biograf Paul Lendvai feststellt, ein typischer »Homo Kádáricus« – ein hart arbeitender Pragmatiker, der ein besseres Leben für sich selbst und seine Familie erreichen wollte.[73] Weder revolutionäre Träume noch politische Leidenschaften spielten bei den Orbáns eine große Rolle. Niemand las Zeitung, und man begeisterte sich nicht für Politik, sondern für Fußball.

Politisiert wurde der junge Orbán in der Armee – sie machte ihn zu einem Feind des kommunistischen Regimes. Er bewies dort Charakterstärke, indem er sich weigerte, mit der ungarischen Geheimpolizei zusammenzuarbeiten. Seine Jahre an der Universität festigten diese nonkonformistischen Instinkte und Ansichten, doch es war seine Rede am 16. Juni 1989 bei der feierlichen Umbettung von Imre Nagy – dem ermordeten Anführer des Ungarnaufstands 1956 –, die ihn erstmals einer größeren Öffentlichkeit bekannt machte. Einige radikale Antikommunisten nahmen an der Feier nicht teil, denn in ihren Augen war die Umbettung ein abstoßender Schachzug des Staates, der sich als Revolution tarnte. Orbán jedoch wusste, dass seine sechs- oder siebenminütige Rede live gesendet und von der ganzen Nation gehört werden würde. Und er sollte Recht behalten. Bei Nagys Umbettung offenbarte der junge Studentenführer erstmals die prägenden Charakteristika seiner späteren Politik – das Talent, die Stimmung der Öffentlichkeit aufzunehmen, und die Entschlossenheit, die Gunst der Stunde zu nutzen. Vor dem Festakt hatten alle als Redner eingeplanten Oppositionellen verabredet, dass niemand den Rückzug der sowjetischen Soldaten aus dem

Land fordern sollte, um Moskau nicht zu provozieren. Als Orbán auf die Bühne kam, tat er jedoch genau das. Das war der Moment, in dem die ungarische Politik erstmals auf ihn aufmerksam wurde.[74] Er war mutig, jung und liberal. Später gründete er dann Fidesz, die Partei der jungen Generation. In der ersten Parteisatzung hieß es, niemand über 35 dürfe ihr beitreten.

Orbáns Bruch mit dem Liberalismus wird oft entweder als reiner Opportunismus gewertet (er bewegte sich nach rechts, weil dort die Stimmen zu holen waren) oder als das Ergebnis seiner wachsenden Verachtung für die liberalen Budapester Intellektuellen, die er anfangs bewundert hatte, die jedoch mit spürbarer Arroganz auf ihn herabsahen. Wie gespannt sein Verhältnis zu den ungarischen Liberalen war, die anders als er aus der städtischen Intelligenzija stammten, zeigt am besten die immer wieder erzählte Geschichte, wie der bekannte Abgeordnete der Freien Demokraten Miklós Haraszti bei einem Empfang an Orbán herantrat und dessen Krawatte mit einem anmaßenden Handgriff zurechtrückte. Alle Anwesenden erinnern sich daran, wie Orbán, der gekleidet war wie alle anderen Gäste, rot wurde und sichtbar die Fassung verlor. Der junge, aufstrebende politische Wortführer fühlte sich gedemütigt, weil er wie ein ungehobelter Verwandter vom Lande behandelt wurde. Stendhal hätte die Gefühle des jungen Mannes aus der Provinz in diesem Moment sicher gut beschreiben können.

Man ist also verlockt, Orbáns Enttäuschung in Bezug auf den Liberalismus entweder politischer Berechnung oder persönlichem Ärger über die herablassende Behandlung seitens der Budapester liberalen Intellektuellen zuzuschreiben. Doch sie reicht viel tiefer. Sie reicht bis in das Herz des liberalen Politikverständnisses, einschließlich der systematisch ambivalenten Haltung des Liberalismus zur Macht. Während sich Ungarns Liberale auf Menschenrechte, Gewaltenteilung, eine freie Presse und eine unabhängige Justiz konzentrierten (alles hochgeschätzte Werte, weil sie die Staatsmacht einschränken), ging es Orbán darum, mittels Macht die politische Ordnung auf den Kopf zu stellen. Während die Budapester Liberalen Recht bekommen wollten, wollte er Wahlen gewinnen. Seine Leidenschaft für den Fußball hatte ihn gelehrt, dass bei jedem Wettbewerb, egal ob in der Politik oder im Sport, Killerinstinkt und unverbrüchliche Loyalität gefragt sind. Was zählt, ist, dass die Anhänger zu einem stehen, auch wenn man mal verliert. Ein guter Anführer muss nicht allen gegenüber fair sein, sondern er muss sein Team oder seinen Stamm begeistern und mobilisieren können.

Um seine Anhänger um sich zu scharen, leiert Orbán immer wieder die Standardliste der Sünden des Liberalismus herunter, die die unterwürfigen Nachahmer der liberalen Demokratie während der zwanzig Jahre ihrer Missregierung begangen hätten. Die liberale Vorstellung von Gesellschaft als einem geistig leeren Netzwerk von Produzenten und Konsumenten könne die moralische Tiefe und emotionale Solidarität des ungarischen Volkes nicht erfassen. Im Grunde sei den Liberalen die Geschichte und das Schicksal der Nation egal. In Orbáns phrasenhafter antiliberaler Rhetorik gilt die liberale Sprache der Menschenrechte, der Bürgergesellschaft und der rechtsstaatlichen Verfahren als kalt, oberflächlich und ahistorisch. Immigration, behauptet Orbán, sei den Liberalen deshalb vollkommen gleichgültig, weil sie das Bürgerrecht von ethnischer Abstammung trennen und die Ideale der materiellen Gerechtigkeit und des Gemeinwohls ersetzen durch nichtssagende und abstrakte Vorstellungen von Verfahrensgerechtigkeit, Herrschaft des Gesetzes und individueller Nützlichkeit. Kosmopolitisches Misstrauen gegenüber ethnischen Bindungen führt aus populistischer Perspektive dazu, dass sich die Angehörigen der gewaltigen ethnischen Mehrheit in

Ungarn wie Fremde im eigenen Land fühlen. So zerstört der Universalismus die Solidarität. Wenn jeder dein Bruder ist, bist du ein Einzelkind. Deshalb behaupten Ungarns reaktionäre Nativisten, dass kein prinzipientreuer Liberaler ein echtes Interesse am Schicksal der außerhalb des Landes lebenden Ungarn haben könne.

Dieses Gerede hört man von allen Antiliberalen. Doch Orbáns Rezitation des antiliberalen Katechismus spiegelt auch einige für diese Region spezifische Sorgen wider. Indem der Liberalismus sich beispielsweise auf die Rechte des Einzelnen konzentriert, verdeckt er einen grundsätzlichen Politikmissbrauch im postkommunistischen Ungarn – nämlich die Privatisierung des *öffentlichen* Vermögens durch frühere Insider des Regimes. Diese groß angelegte Korruption verletzte keine individuellen Rechte, sondern wurde vielmehr gerade durch die Schaffung individueller Rechte auf Privateigentum noch konsolidiert.[75] Das meint Orbán, wenn er sagt, dass »die liberale Demokratie sich … als unfähig erwiesen hat, das zur Selbsterhaltung der Nation notwendige *öffentliche* Vermögen zu beschützen«.[76] Liberalismus, so behauptet er, ignoriere die soziale Frage und entziehe der Bürgerschaft den paternalistischen Schutz des Staates mit dem Argument, dass »freie« Individuen sich selbst helfen sollten:

> Wir haben ununterbrochen gespürt, dass der Schwächere niedergetrampelt wird … Der Stärkere hat immer recht. … Die Bank bestimmt, wie hoch die Zinsen des Kredites sind, und ändert diese im Laufe der Zeit nach Belieben, und ich könnte die Reihe der Beispiele fortsetzen, die die ausgelieferten, schwachen Personen und Familien, die im Vergleich zu anderen wirtschaftlich anfälliger waren, in den vergangenen zwanzig Jahren kontinuierlich als zentrales Lebensereignis prägten.[77]

Eine in diesem Zusammenhang typische Auswirkung des Nachahmungsimperativs in Ungarn war die weitverbreitete Tendenz, dass Familien mit niedrigem Einkommen Kredite in Schweizer Franken aufnahmen. Offenbar wollten sie so die Konsummuster, die sie im Westen beobachteten, *nachahmen*. Bei dem ebenso leichtsinnigen wie vergeblichen Versuch, westliche Lebensstandards zu kopieren, stieg die Verschuldung der Privathaushalte ins Unermessliche. Nach einer radikalen Abwertung der ungarischen Währung sahen sich die unvorsichtigen Kreditnehmer mit explodierenden Monatsraten in entwerteten Forint konfrontiert. Regierungsstatistiken zufolge nahmen fast eine Million Menschen Kredite in Fremdwährungen auf, neunzig Prozent davon in Schweizer Franken. Orbán interpretiert das so: »Der liberale ungarische Staat (hat) das Land nicht vor der Verschuldung beschützt.« Die liberale Demokratie, so seine Schlussfolgerung, »hat die Familien nicht davor beschützt, zu Kreditsklaven zu werden«.[78] Solche erdrückenden Belastungen verstärkten das Gefühl, dass die Integration in das globale Wirtschaftssystem nicht wie ursprünglich versprochen mit Freiheit und Wohlstand verbunden war, sondern mit Erniedrigung und Verarmung.

Der Liberalismus rechtfertigt wirtschaftliche Ungleichheit mit einer aufgehübschten Fassung des meritokratischen Mythos. Dadurch kaschiert er die zentrale Rolle des Glücks bei der willkürlichen Verteilung des Reichtums in der Gesellschaft. Infolgedessen fühlen sich die Verlierer der ökonomischen Lotterie gegenüber ihren Gewinnern gedemütigt, die den erreichten Erfolg ihren überlegenen Fähigkeiten und größeren persönlichen Anstrengungen zuschreiben. Der Mythos der Meritokratie ist im historischen Kontext der Region besonders verletzend, weil *nach* 1989 diejenigen privilegiert Zugang zum wirtschaftlichen Erfolg bekamen, die im vorherigen repressiven System wichtige politische Posten bekleidet hatten. 1989 unterschied sich von allen vorherigen Revolutionen durch die Leichtigkeit, mit der es den angeblich »vom Thron gestoßenen« Eliten gelang, Macht und Einfluss zu wahren. Die Gründe sind sehr einfach: Die alten Eliten beteiligten sich an der Demontage des bisherigen Systems, trugen entscheidend zum friedlichen Übergang bei und schufen sich so die optimale Ausgangsposition, um ihr symbolisches Kapital in finanzielles und politisches Kapital zu verwandeln. Sie waren zudem besser ausgebildet und besser vernetzt. Sie kannten den Westen sehr viel besser als alle ihre Mitbürger und waren viel vertrauter mit ihm als die Oppositionsführer, die ihre unsterbliche Liebe zum Westen beteuerten.

Als Hans Magnus Enzensberger Ungarn Ende der 1970er-Jahre bereiste, unterhielt er sich lange mit einem Angehörigen der kommunistischen Funktionärsklasse, der später, in den 1990er-Jahren, zu Ungarns neuer Wirtschaftselite gehören sollte. Der Mann war um die fünfzig, trug Armani und zeigte sich extrem flexibel in seinen ideologischen Überzeugungen. »Die Partei ist unsere soziale Rolltreppe«, erklärte er seinem westdeutschen Besucher, »besser als die Harvard Business School! Die Partei ist in dieser Hinsicht konkurrenzlos, Alternativen gibt es nicht. … In dem Augenblick, wo die Amerikaner ihre GIs nach Budapest schicken, werde ich der Erste sein, der sagt: Ich pfeife auf den ganzen Leninismus!«[79] Und genauso war es auch. Deshalb war die Verteidigung von Privateigentum und Kapitalismus in Mittel- und Osteuropa gleichbedeutend mit der Verteidigung der Privilegien, die sich die alten kommunistischen Eliten unrechtmäßig erworben hatten.

Als sie an die Macht kamen, erklärten die Populisten der Region dem Privateigentum nicht den Krieg. An der Freiheit missfällt ihnen vielmehr das Recht der Wahlverlierer, die Gewinner in der Zeit zwischen den Wahlen zu kritisieren, ihr

Recht, Wähler vielleicht doch von ihrer Perspektive zu überzeugen und damit bis zur nächsten Wahl zu überleben. Politische Gegner müssen nicht fliehen, ins Exil gehen oder im Untergrund versteckt dabei zusehen, wie die Sieger ihre Besitztümer an sich nehmen. Indem die liberale Demokratie die Chance der Opposition wahrt, bei der nächsten Wahl die Amtsinhaber zu verdrängen, fördert sie das geduldige Ertragen von Misserfolgen der Regierung und verteidigt das System gegen unvorhersehbare revolutionäre Gewalt.

Das alles klingt ganz wunderbar. Aber so ein Arrangement hat einen selten diskutierten Nachteil: Die Liberale Demokratie bietet immer nur vorläufige Siege. Sie verwehrt den Wahlgewinnern die Chance auf einen vollständigen, endgültigen Sieg und verstärkt die Unzufriedenheit mit dem »rechtlichen Impossibilismus« (*imposybilizmu prawnego*), gegen den Kaczyński ankämpft. Weil die liberale Demokratie definitive und klare Siege nicht zulässt, wirkt ihr angeblich vollständiger und endgültiger Sieg 1989 so anomal und problematisch. Wie kann, so fragen die Populisten, eine politische Ideologie, die immerwährenden Wettbewerb, ideologische Alternativen und nur vorläufige Siege propagiert, behaupten, all diese Dinge abgeschafft zu haben? Laut Andrzej Nowak, einem intellektuellen Verbündeten des Anführers der PiS, »erkannte Kaczyński, dass der Mangel an revolutionärer Veränderung nach 1989 Polen sehr teuer zu stehen kommen sollte«.[80]

Paradoxerweise orientiert sich Orbáns politische Strategie bei seinem Kreuzzug gegen die verhasste liberale Linke sehr stark an der Linken. Der junge Orbán war ein Bewunderer des italienischen marxistischen Philosophen und Aktivisten Antonio Gramsci, und nach acht Jahren in der Opposition gelang Fidesz unter Rückgriff auf die von Gramsci inspirierte zivilgesellschaftliche Strategie die Rückkehr an die Macht. Dazu gehörte auch der Aufbau von Bürgerklubs, die als Sprungbett dienten. Während jedoch Liberale und Linke über Minderheitenrechte redeten, sprach Orbán über Geschichte und die Rechte der Mehrheit.

Orbáns Antiliberalismus wird hauptsächlich vom nationalistischen Groll gegen die postnationale Europäische Union angetrieben, der die ungarische Identität völlig egal sei –wie man angeblich auch am Quotensystem zur Verteilung von Flüchtlingen auf die EU-Mitgliedsstaaten ablesen kann. Die kalkulierte Wut darauf in Orbáns Angriffen lässt vermuten, dass der ungarische Ministerpräsident auf politische Unterstützung durch den weitverbreiteten Traum zählt, der auf die Revision des Vertrags von Trianon hofft, jenes Friedensabkommens des Jahres 1920, worin die europäischen Mächte Ungarn bestraft hatten, indem sie zwei Drittel seines Territoriums amputierten:

> Die Situation ist die, meine lieben Freunde, dass man uns unser Land nehmen will. Nicht mit einem Federstrich, wie vor hundert Jahren in Trianon. Jetzt will man, dass wir es im Laufe einiger Jahrzehnte freiwillig anderen übergeben sollen, von anderen Kontinenten kommenden Fremden, die unsere Sprache nicht sprechen, unsere Kultur, unsere Gesetze und unsere Lebensform nicht respektieren. Man will, dass ab jetzt in erster Linie nicht mehr wir und unsere Nachkommen hier leben sollen, sondern irgendwelche anderen Menschen.[81]

Der Vertrag jährt sich 2020 zum hundertsten Mal. Was kann es Schöneres geben, als zu diesem Jubiläum süße Rache zu genießen und zuzuschauen, wie sich die EU hilflos in Einzelteile zerlegt?

Wenn man Orbáns historische Rede vom 26. Juli 2014 liest, in der er seinen militanten Einsatz für den Aufbau eines illiberalen Staates in Ungarn bekräftigte, kann man seine Verachtung für all jene spüren, die die Grenze zwischen Sieg und Niederlage verwischen möchten.[82] Robert Frosts Definition eines Liberalen als »jemand, der zu tolerant ist, um in einem Streit die eigene Partei zu ergreifen«, würde er sofort unterschreiben. Orbán war nicht nur enttäuscht vom Liberalismus und dem mit ihm verbundenen Geist des Kompromisses; er wollte ihn vielmehr ein für alle Mal schlagen. Kompromisse und gutwillige Verhandlungen sollte es nicht geben. Der Sieg, nach dem er strebte, würde zudem nicht vorläufig, sondern endgültig sein. Das war seine nachahmende Antwort auf den angeblich endgültigen Sieg des Liberalismus im Jahr 1989. Und er würde sein jugendliches Debüt als Kämpfer gegen die sowjetische Hegemonie wiederaufleben lassen, indem er das liberal-demokratische Reich stürzte, das mit amerikanischer Rückendeckung von Brüssel aus verwaltet wurde. In diesem Rahmen ist der Wahlerfolg von Fidesz kein kurzzeitiger Sieg einer politischen Partei über andere, sondern ein Zeichen dafür, dass »die Zeit der liberalen Demokratie vorbei ist«.[83] Orbán arbeitet auf die vollständige Demütigung und Niederlage seiner Rivalen hin. Ein solcher Sieg formt und konsolidiert die parteipolitische Identität. Vielleicht lehnt Orbán den Liberalismus deshalb so heftig ab, um damit die ideologische Leere und Banalität seines wiedergeborenen Illiberalismus zu kompensieren.

Was auch immer die langfristigen politischen Folgen sein mögen, die mangelnde intellektuelle Originalität des gegenwärtig in Mitteleuropa stark beanspruchten Illiberalismus ist auf die intellektuelle Armut der Revolutionen von 1989 zurückzuführen, die im Namen der Normalität stattfanden.

Mindenki

Mindenki, ein Film des ungarischen Regisseurs Kristóf Deák, gewann 2017 den Oscar für den besten Kurzfilm. Er fängt ganz wunderbar jene Mischung aus Sehnsüchten und Demütigungen ein, die die demokratischen Übergänge in Mitteleuropa nach 1989 kennzeichnet. Der Film spielt Anfang der 1990er-Jahre in Budapest. Die kleine Zsófi kommt an eine neue Schule und ist begeistert von der Möglichkeit, in einem preisgekrönten Chor zu singen. Die Musiklehrerin Erika lässt Zsófi dem Chor beitreten, verpflichtet sie aber, nur lautlos die Lippen zu bewegen, damit ihre nicht ausgebildete Stimme die Darbietung des Chors nicht beeinträchtigt.

Niedergeschlagen tut Zsófi widerwillig, was man von ihr verlangt. Lisa, ihre beste Freundin, erfährt von dem Schweigegelübde und spricht die Lehrerin darauf an, die erklärt, dass sich der Chor an einem Wettbewerb beteilige, bei dem eine Schwedenreise zu gewinnen sei, weshalb doch alle Beteiligten wünschen sollten, dass nur die begabtesten Sängerinnen zu hören seien. Wer nur die Worte formen dürfe, solle dankbar sein für die Chance, wenigstens eine Statistenrolle zu spielen. Wie sich herausstellt, ist Zsófi nicht das einzige enttäuschte Kind, das Erika in ein unhörbares Chormitglied verwandelt hat. Nur die Besten laut singen zu lassen, ist die geheime Erfolgsstrategie der Lehrerin. Doch das kollektive Mitgefühl mit den mundtot gemachten Kindern treibt den Chor zu einer offenen Revolte gegen die Verbissenheit ihrer Lehrerin, die unbedingt gewinnen will. Auf der Bühne singt der ganze Chor am Tag des Wettbewerbs zunächst in Solidarität mit Zsófi lautlos. Erst als die gedemütigte Erika verzweifelt die Bühne verlässt, erheben alle Kinder ihre Stimmen und singen. Mitteleuropäische Populisten wie Orbán und Kaczyński sehen ihre Revolte gegen den einst akzeptierten und jetzt verhassten Nachahmungsimperativ gern in Analogie zum Schüleraufstand gegen ihre manipulative Lehrerin. Sie behaupten von sich, sie hätten Mitteleuropa seine Stimme zurückgegeben.

Das ist natürlich eine sehr eigennützige Deutung. Richtig ist aber auch, dass viele Menschen in Mittel- und Osteuropa jene Erweiterung, die Brüssel gern als einen Akt freigebiger Großzügigkeit gegenüber zuvor unterdrückten Nationen[84] in ein schmeichelhaftes Licht rückt, allmählich als weiche Kolonisierung begriffen.[85] Nachdem sie sich dem imperialen Griff Moskaus entwunden hatten und ihnen die Aufnahme in die liberale Welt als politisch gleichberechtigte Partner versprochen worden war, hatten die einst kommunistischen Länder der Region den Eindruck, dass sie mit beiläufiger Herablassung behandelt wurden: Es schien ihnen, als gehörten sie zum nicht westlichen »Rest«, als wären sie überhaupt keine richtigen »Europäer«, sondern seien neben die Völker Afrikas, Asiens und des Nahen Ostens gestellt worden.[86] Um die psychologische Kehrseite dieser Wahrnehmung richtig zu verstehen, sollte man sich an die Empörung erinnern, mit der kolonisierte Völker den Nachahmungsimperativ der Kolonialzeit betrachteten. Wir haben in diesem Zusammenhang schon Frantz Fanon zitiert, der aber nur das bekannteste Beispiel eines nicht westlichen Unmuts gegenüber einer verpflichtenden Nachahmung westlicher Formen und Normen ist. Amin Maalouf, der über ägyptische Imitatoren Europas im 19. Jahrhundert schrieb, erklärte das Trauma der Nachahmung so:

> Sie mussten anerkennen, dass ihre Kenntnisse nicht mehr gefragt waren, dass alles, was sie herstellten, nichts wert war, verglichen mit dem, was der Westen produzierte, dass ihr Vertrauen in ihre traditionelle Heilkunde von Aberglauben zeugte, dass ihre militärische Bedeutung nur mehr

> eine ferne Erinnerung war, dass ihre Heroen – ihre Dichter, Gelehrten, Soldaten, Heiligen und großen Reisenden – in den Augen der übrigen Welt nichts galten, dass man ihre Religion für barbarisch hielt, dass ihre Sprache allenfalls von einer Handvoll Spezialisten erlernt wurde, während sie selbst die Sprachen der anderen lernen mussten, wenn sie überleben, arbeiten und mit dem Rest der Menschheit kommunizieren wollten.[87]

Wie wir in der Einleitung gezeigt haben und wie Fanons Verweis auf die »ekelhafte Nachäfferei« des Westens es noch einmal bestätigt: Ein Leben als Nachahmer vermengt unweigerlich Gefühle der Unzulänglichkeit, Minderwertigkeit, Abhängigkeit, des Identitätsverlusts und der unfreiwilligen Unaufrichtigkeit. Der antikoloniale Widerstand gegen die westeuropäischen Mächte hat in Nordafrika und Mitteleuropa so unterschiedliche Formen angenommen, dass Vergleiche hoffnungslos oberflächlich wirken. Aber wir können zumindest sagen, dass in Mitteleuropa noch ein besonderes Ärgernis ins Spiel kam, weil die Nachahmer glaubten, zum selben Kulturraum zu gehören wie die Nachgeahmten, und zudem davon ausgingen, dass sie eingeladen waren, der »freien Welt« auf Augenhöhe mit ihren europäischen Nachbarn beizutreten. Das Zusammentreffen dieser Faktoren hat uns dazu gebracht, unter den vielen Ursachen für die Welle autoritärer Fremdenfeindlichkeit, die gerade über Mittel- und Osteuropa hinwegschwappt, vor allem die Gefühle des Selbstbetrugs zu betonen, die in den ersten zehn Jahren nach dem Ende des Kommunismus durch einen schleppenden Prozess der »ansteckenden Nachahmung« (so hätte de Tarde es wohl genannt) des Westens angelegt wurden.

Wenn man sich mit der populistischen Konterrevolution in Mittel- und Osteuropa beschäftigt, ist es unserer Meinung nach lohnender, sich die Gegenreaktionen auf eine historisch exzeptionelle und gesellschaftlich quälende Erfahrung einer nachahmenden Politik genauer anzuschauen, als immer nur auf die angeblich »unauslöschlichen« Traditionen eines antidemokratischen und intoleranten Nativismus in der Region zu verweisen. Warum aber können wir die populistische Wende nicht einfacher erklären, also etwa als Ausdruck der Enttäuschung über den Liberalismus? Die Bürger hatten das demokratisch-kapitalistische Modell anfangs positiv aufgenommen, wobei sie annahmen, dass es zum Beispiel Wohlstand bringen werde, und als das nicht eintrat, wandten sie sich dagegen. Diese Erklärung funktioniert in der Theorie ganz gut, entspricht aber nicht den Fakten. Am Fall Polens kann man sehen, dass die Verantwortung für den Rechtsruck Mitteleuropas nicht der wirtschaftlichen Entwicklung zugeschoben werden kann. Polens relativer ökonomischer Erfolg immunisierte die Wähler des Landes nicht gegen die Faszination des Populismus. Wie der polnische Soziologe Maciej Gdula gezeigt hat, können pro- und antiliberale politische Einstellungen in Polen nicht anhand von Gewinnen und Verlusten bei der postkommunistischen ökonomischen Transformation des Landes erklärt werden.[88] Zu Jarosław Kaczyńskis Parteibasis gehören viele, die persönlich mit ihrem Leben ganz zufrieden sind und reichlich vom Wohlstand ihres Landes profitiert haben. Ihr Einwand gegen die liberale Ordnung lautet, dass es sich für konservative Katholiken, die erbittert gegen eine Legalisierung der Abtreibung und der gleichgeschlechtlichen Ehe kämpfen, wie ein Selbstbetrug anfühle, den Liberalismus zu akzeptieren. »Identität« bestehe zudem im Wesentlichen aus einer Übereinkunft mit den eigenen Vorfahren. Und diese Übereinkunft wird von Kräften bedroht, die offenbar alles daransetzen, den Ungarn und Polen ihre »eigene Lebensart« auszutreiben,[89] insbesondere verkörpert von den Brüsseler

Bürokraten, die nach Meinung vieler Ungarn und Polen zusammen mit afrikanischen Einwanderern irgendeine finstere Verschwörung angezettelt haben.

Im März 2018 verglich der polnische Präsident Andrzej Duda in einer Rede zum hundertsten Jahrestag der Unabhängigkeit des Landes die Mitgliedschaft in der Europäischen Union mit früheren Zeiten, in denen das Land von Preußen, Österreich und Russland besetzt worden war: »Zwischen 1795 und 1918«, erklärte er, »waren die Polen Besatzungsmächten in fernen Hauptstädten Rechenschaft schuldig«, die »Entscheidungen für uns trafen«. Das postkommunistische Polen erlebe gerade eine ähnliche Form ausländischer Vorherrschaft und Ausbeutung, fuhr er fort. Polens nationale Souveränität und katholisches Erbe würden durch die Aufnahme in den postnationalen und antireligiösen Staatenbund der EU ausradiert. Aus dieser absurden Perspektive gibt es eigentlich keinen Unterschied zwischen kommunistischem Autoritarismus und liberaler Demokratie mehr. Beide »zwingen« – mit oder ohne Panzer – den »normalen Polen« den Willen einer gottlosen fremden Minderheit auf.[90]

Glauben wir den Anführern der Bewegung, ist der in Mitteleuropa aufgekommene Illiberalismus zu einem guten Teil einem aufgestauten Groll zu verdanken, den die zentrale Bedeutung der Nachahmung in den Reformprozessen, die im Osten nach 1989 angestoßen wurden, erzeugt hat. Als die Spaltung des Kalten Krieges zwischen Kommunisten und Demokraten nach 1989 durch die Spaltung zwischen Nachahmern und Nachgeahmten abgelöst wurde, entstand eine moralische Hierarchie, die sich als zutiefst destabilisierend erwies. Zur westlichen Berichterstattung über Orbáns Ungarn in den Medien sagte Mária Schmidt: Sie »sprechen von oben auf die unten herab wie seinerzeit bei den Kolonien«.[91] Es wäre falsch, die Geschichte kolonialer Herrschaft und Ausbeutung in der nicht westlichen Welt mit den mehr oder weniger freiwillig akzeptierten Belastungen der Harmonisierung in Mitteleuropa gleichzusetzen. Allerdings brachte in beiden Fällen der bereitwillige Import westlicher Normen und Institutionen nicht nur mit sich, explizit die manchmal belastenden Pflichten und Verbindlichkeiten zu akzeptieren, sondern auch stillschweigend Unterordnung und sogar Unterwerfung hinzunehmen. Die antiliberalen Bewegungen in der Region sind eine Reaktion auf eine solche demütigende Unterordnung – sicher noch ärgerlicher für jene, die sich als Miteuropäer eine bereitwillige Aufnahme erhofft hatten.

Um die implizite Hierarchie in der Beziehung zwischen Nachahmern und Nachgeahmten auf den Kopf zu stellen, behaupten politische Führer Mitteleuropas nun, der wichtigste Unterschied zwischen Ost und West habe sich noch einmal verändert. Jetzt gehe es nicht mehr um Kommunisten gegen Demokraten oder Nachahmer gegen Nachgeahmte, sondern vielmehr um den Unterschied zwischen ethnisch homogenen und ethnisch pluralistischen Gesellschaften, zwischen Ländern, in denen traditionelle Mehrheiten regieren, und Ländern, in denen ein Mischmasch von Minderheiten den Mehrheitswillen durchkreuzt. Mit diesem gedachten Gegensatz zwischen dem Reinen und dem Mischling will man ganz offenbar den Spieß umdrehen und Mitteleuropa zum wahren Europa machen, das in einem letzten Entscheidungskampf eine ums Überleben ringende weiße christliche Identität zu bewahren versucht.

Nachahmung auf nationaler oder regionaler Ebene ist deshalb nicht nur wegen der Implikation belastend, der Nachahmer sei moralisch, kulturell und menschlich dem Vorbild irgendwie unterlegen. Weil kopierende Nationen im Grunde gesetzlich autorisierte Plagiatoren sind, müssen sie regelmäßig den Segen und die Billigung jener einholen, die das Copyright für die politischen und wirtschaftlichen Rezepte besitzen, die sie sich ausgeliehen und aus zweiter Hand eingesetzt haben. Sie müssen zudem ohne Protest das Recht der Westler anerkennen, zu evaluieren, wie gut oder schlecht sie sich an westliche Standards angenähert haben. Die überraschende Passivität Brüssels angesichts der empörenden Übergriffe auf die Unabhängigkeit von Rechtsprechung und Presse in Polen wie in Ungarn verweist darauf, dass dies keine praktische, sondern eine symbolische Frage ist, was an den psychischen Folgen jedoch nichts ändert. Es kann zu wütenden politischen Reaktionen kommen, wenn man regelmäßig von ausländischen Gutachtern ohne jede tiefere Kenntnis des Landes bewertet wird – Zwang und Druck müssen dabei gar keine Rolle spielen.

Die postkommunistische Nachahmung des Westens war eine freie Entscheidung des Ostens, gefördert und überwacht wurde sie jedoch vom Westen. Wir wollen damit nicht sagen, dass die Region politisch aufgeblüht wäre, wenn der Westen dagesessen und nichts getan hätte. Wir wollen vielmehr erklären, warum die anfänglich gewünschte Anpassung an fremde Standards am Ende als nicht einvernehmlich und aufgezwungen wahrgenommen wurde. Für die neuen Antiliberalen der Region ist weniger die Verletzung der nationalen Souveränität ausschlaggebend als vielmehr die Kränkung der nationalen Würde.

Der Aufstieg des autoritären Chauvinismus und der Fremdenfeindlichkeit in Mittel- und Osteuropa hat seine Ursprünge in der politischen Psychologie, nicht in der politischen Theorie. Wo der Populismus herrscht, herrscht er nicht intellektuell. Er spiegelt vielmehr eine tief sitzende Abscheu gegenüber einem vermeintlichen Nachahmungsimperativ mit all seinen erniedrigenden und demütigenden Implikationen wider. Und er wird angeheizt durch den Kampf gegen die minderheitenzentrierte kulturelle Veränderung, die den Protestbewegungen von 1968 im Westen folgte. Die Ursprünge des mittel- und osteuropäischen Illiberalismus sind daher emotionaler und prä-ideologischer Natur. Sie wurzeln in der Rebellion gegen die »Demütigung der tausend Schnitte«, die mit dem jahrzehntelang geforderten Eingeständnis, auswärtige Kulturen seien der eigenen weit überlegen, verbunden war. Der Illiberalismus im philosophischen Sinn soll einem weithin geteilten instinktiven Wunsch, die »koloniale« Abhängigkeit und eine dem Projekt der Verwestlichung implizite Unterlegenheit abzuschütteln, schlicht die Patina intellektueller Respektabilität verleihen. Wenn Kaczyński dem »Liberalismus« vorwirft, er sei »gegen die Idee der Nation« gerichtet,[92] und wenn Mária Schmidt sagt: »Wir sind Ungarn, und wir wollen unsere Kultur bewahren«,[93] dann spricht ihr überhitzter Nativismus von der Weigerung, sich von Ausländern nach fremden Standards beurteilen zu lassen. Ähnliches gilt für Viktor Orbáns zum Ausdruck gebrachte fremdenfeindliche Nostalgie: »Wir wollen nicht unterschiedlich und nicht gemischt sein … Wir wollen so sein, wie wir vor 1100 Jahren hier im Karpatenbecken wurden.«[94] Das ist ein gutes Beispiel dafür, wie Populisten eine der vielen Vergangenheiten ihrer Länder auswählen und sie als *die* authentische Vergangenheit der Nation darstellen, die man besser davor schützt, sich mit der westlichen Moderne zu kontaminieren. Es ist natürlich bemerkenswert, dass der ungarische Ministerpräsident sich so lebhaft daran erinnert, wie es war, vor elfhundert Jahren als Ungar zu leben. Und während er die Menschen im Westen davon in Kenntnis setzt, dass »wir« »euch« nicht zu kopieren versuchen und dass es daher unlogisch ist, wenn Ausländer Ungarn als minderwertige oder verpfuschte Kopien ihrer selbst betrachten, tut er gleichzeitig so, als müsse man einfach nur man selbst sein, um Vorfahren nachzuahmen, von denen es kaum noch eine Spur gibt.

Illiberale Politiker verdanken ihren politischen Erfolg dem weitverbreiteten Groll, zwei Jahrzehnte lang vor vermeintlich kanonischen, fremden Modellen die Knie gebeugt zu haben. Dies erklärt, warum in den überzogenen Reden der Populisten die Europäische Union und die Sowjetunion austauschbar sind.[95] Das Moskau der späten 1940er-Jahre und das Brüssel der späten 1990er-Jahre »schufen in Osteuropa eine Reihe geografisch zusammenhängender Repliken ihrer selbst«.[96] Dies ist natürlich eine weit hergeholte Analogie, denn die Nachahmung des sowjetischen Kommunismus war erzwungen, die Nachahmung des europäischen Liberalismus von den Nachahmern selbst erbeten. Dennoch behandeln Populisten Brüssel und Moskau als moralisch gleichwertig, weil aus ihrer Sicht beide von ihren »Vasallen« einen Gehorsam forderten, der darauf zielte, nationale Traditionen auszurotten.

Der nationalistische Widerstand gegen einen allgemein anerkannten Nachahmungsimperativ hat allerdings eine absurde, unbeabsichtigte Folge. Weil die osteuropäischen Populisten so leidenschaftlich Tradition als Gegenmittel gegen Nachahmung anführen, sind sie gezwungen, ihre Nationalgeschichten immer wieder umzuschreiben. Als sich die Mitteleuropäer in den Tagen des Kalten Krieges gegen Moskaus Forderung wandten, das sowjetische Vorbild zu kopieren, beschrieben sie »ihre Tradition« als fundamental liberal und europäisch – als eine weitere Strömung im breiten Fluss westlicher Kultur. Heute dagegen berufen sie sich auf »ihre Tradition«, um ihren Widerstand gegen eine Aufnahme in den liberalen Westen zu rechtfertigen. Diese verblüffende Kehrtwende verdeutlicht, dass es so etwas wie »ihre Tradition« gar nicht gibt.[97] Wie oben angedeutet hat jedes Land viele Vergangenheiten und viele Traditionen, die einander oft widersprechen. Die Populisten suchen in ihren Reden den unfreundlichsten und intolerantesten Strang der Vergangenheit, sagen wir Ungarns oder Polens, heraus und erheben ihn willkürlich zu »der« authentischen Vergangenheit, die vor dem zersetzenden Einfluss des Westens bewahrt werden muss.

Das führt uns zu Mary Shelleys *Frankenstein* zurück. Ohne die Analogie zu weit zu treiben, beschreibt die amerikanische Soziologin Kim Scheppele das heutige Ungarn (dem als Präsident ebenfalls ein Viktor vorsteht) als einen »Frankenstate«, also als illiberalen Mutanten, der raffiniert aus Elementen der westlichen liberalen Demokratien zusammengefügt wurde.[98] Scheppele zeigt, dass es Ministerpräsident Viktor Orbán gelungen ist, Bedrohungen seiner Macht durch eine clevere Politik der stückweisen Nachahmung zu parieren. Kritisiert Brüssel die ungarische Regierung wegen des illiberalen Charakters ihrer Reformen, ist diese immer schnell mit dem Hinweis zur Hand, dass jedes umstrittene Gesetzesvorhaben, jede Regel und Institution eins zu eins aus dem Rechtssystem eines Mitgliedsstaats übernommen worden sei. Statt passiv unter der Nachahmung zu leiden, setzt der Ministerpräsident sie strategisch ein. Mithilfe dieser selektiven Nachahmung lässt Orbán alle Versuche der EU, Ungarn für die Übergriffe auf die Pressefreiheit und die Unabhängigkeit der Gerichte zur Rechenschaft zu ziehen, ins Leere laufen. Durch die Gestaltung eines illiberalen Ganzen aus liberalen Teilen ist es ihm gelungen, allein schon die Idee eines westlichen Nachahmungsimperativs in einen provokanten Witz auf Kosten Brüssels zu wenden.

Statt in altkommunistischer Manier die Presse zu zensieren, setzte Orbán die Schließung feindlicher Zeitungen aus vorgeschobenen ökonomischen Gründen durch. Dann sorgte er dafür, dass seine reichen Freunde und Verbündeten einen Großteil der nationalen und lokalen Medien aufkauften und Fernsehsender wie auch Zeitungen zu Organen der Staatsmacht umkrempelten. So schirmt er nicht nur seine Wahlmanipulationen, sondern auch die gigantische Insider-Korruption vor einer kritischen Öffentlichkeit ab. Nachdem er die Gerichte mit ihm gewogenen Richtern besetzt hat, kann er jetzt behaupten, auch Recht und Verfassung auf seiner Seite zu haben. Die Legitimität eines solchen Systems beruht also weniger auf Wahlsiegen denn auf dem Anspruch der Herrschenden, eine willkürlich umrissene »wahre Nation« vor ihren inneren wie äußeren Feinden zu schützen. Die illiberalen Regime orbánscher Prägung, die in Osteuropa auf dem Vormarsch sind, verbinden Carl Schmitts Verständnis von Politik als ein melodramatischer Showdown zwischen Freund und Feind mit der institutionellen Fassade der liberalen Demokratie. Dieses Versteckspiel hat Orbán bis jetzt nicht nur den Verbleib in der EU ermöglicht, die sich doch als Werteunion begreift, sondern auch den Aufstieg zu einem Führer der immer mächtigeren paneuropäischen »Frankenstein-Koalition«, die darauf zielt, Europa zu einem Staatenbund illiberaler Demokratien zu machen. Die Zuversicht, dass er scheitern wird, ist kaum zu begründen.

2
Nachahmung als Vergeltung

Die einzigen guten Kopien sind jene, die uns
die Lächerlichkeit schlechter Originale erkennen lassen.
La Rochefoucauld[1]

Am 1. Januar 1992 erwachte die Welt und stellte fest, dass die Sowjetunion von der Landkarte verschwunden war. Ohne militärische Niederlage oder Invasion von außen war eine der beiden Supermächte einfach zu Staub zerfallen. Wie lässt sich eine so unglaubliche Wendung der Ereignisse erklären? Der Zusammenbruch machte alle Erwartungen zunichte – man war davon ausgegangen, dass das Sowjetreich zu groß sei, um zu scheitern, zu stabil, um auseinanderzufallen, zu hochgerüstet, um sich vom Westen herumkommandieren zu lassen. Die UdSSR hatte viele turbulente Jahrzehnte praktisch unbeschadet überstanden. Wie konnte sie ohne Vorwarnung in einem Moment, als die meisten Menschen im Lande »gar nicht das Gefühl« hatten, »das Land zerfalle«, plötzlich implodieren?[2] Der Historiker Stephen Kotkin formuliert die Frage so: »Warum scheiterte die riesige Sowjetelite, bis an die Zähne hochgerüstet mit loyalen Truppen und Waffen, daran, den Sozialismus oder aber die Union mit ganzer Kraft zu verteidigen?«[3]

Im Westen hielt man die Plötzlichkeit, mit der der »Hauptfeind« – und die wichtigste real existierende Alternative zum liberal-demokratischen Politik- und Wirtschaftsmodell –

verschwunden war, für einen weiteren Beleg dafür, dass das große Zeitalter des ideologischen Konflikts vorbei sei. Mit dem Zusammenbruch des Kommunismus hatte niemand gerechnet, und gerade in dieser Unvorhersehbarkeit sah man den Beweis, dass nicht einfach Amerika oder der Westen, sondern die Geschichte selbst den Kommunismus für tot erklärt hatte. Nachdem der einzige existenzfähige Rivale der liberalen Demokratie das Feld geräumt hatte, konnte es in der Frage der idealen Regierungsform für den Großteil der Welt jetzt keine Überraschungen mehr geben. Der westliche Lebensstil hatte sich durchgesetzt. »Es hat etwas zutiefst Ironisches«, stellte Thomas Bagger fest, dass der Westen »aus der lebensverändernden Erfahrung eines völlig unerwarteten, nicht linearen Ereignisses, wie das Ende des Kalten Krieges es war, eine durch und durch lineare Erwartung für die Zukunft ableitete«.[4] Ironisch oder nicht – damals teilten viele westliche Beobachter Russlands die Überzeugung, dass das Land allmählich auf dem Weg hin zur liberalen Demokratie sei.

Nach dem Ende des Kalten Krieges gingen einige sogar davon aus, Russland werde dem Beispiel Nachkriegsdeutschlands folgen, ein Mehrparteiensystem aufbauen und die Vorteile einer rechtsstaatlichen Marktwirtschaft genießen. Es werde westliche Institutionen und politische Gepflogenheiten übernehmen und daran mitwirken, die westlich dominierte Weltordnung aufrechtzuerhalten, statt sich gegen die Umerziehung durch die Gewinner des Kalten Krieges zu wehren und sich in Opposition zum Geist der liberalen Demokratie zu definieren. In diesem Kapitel wird es darum gehen, warum genau das nicht geschah.

Russlands Verhalten im letzten Jahrzehnt ähnelt tatsächlich dem Deutschlands nach dem Krieg – nach dem Ersten Weltkrieg, nicht nach dem Zweiten, als das »Wirtschaftswunder« der Demokratisierung die öffentliche Unterstützung sicherte.

Wie Deutschland nach dem Ersten Weltkrieg ist Putins Russland zu einer zornigen, revisionistischen Macht geworden, die offenbar alles daransetzt, die europäische Ordnung zu zerstören. Die Russen ahmen zwar weiterhin die Amerikaner nach, doch ihr Ziel ist nicht Bekehrung oder Assimilation, sondern Rache und Vergeltung, selbst wenn dies kaum oder gar nicht hilft, die eingebüßte Macht Moskaus wieder zu stärken. Ein typisches Beispiel für eine antiwestliche (im Gegensatz zu einer pseudo-verwestlichenden) Mimikry des Kreml waren russische Trolle, die sich im Internet als Amerikaner ausgaben, um im amerikanischen Präsidentschaftswahlkampf 2016 Verwirrung zu stiften, Trumps Chancen zu steigern und das Land zu spalten.

Die Nachahmung westlicher Formen und Normen spielte in den Erfahrungen Russlands nach dem Kalten Krieg eine wichtige Rolle. Der Stil der Nachahmung entwickelte sich im Laufe der Zeit, doch ganz sicher ging es nicht um *Bekehrung*. Russlands einziger früherer Versuch, nicht nur industrielle Technologien und Methoden aus dem Westen zu entleihen, sondern ein politisches Vorbild von dort zu importieren, fand in der kurzen Übergangsregierung unter Kerenski statt, die mit der bolschewistischen Revolution endete. Die jüngste Generation russischer Gegner der Verwestlichung sieht darin ein warnendes Beispiel.

Die Nachahmungspolitik im postkommunistischen Russland teilt sich in drei klar unterscheidbare Phasen. Schon in den 1990er-Jahren war die Vorstellung, dass gewählte Politiker ihren Bürgern verpflichtet seien, eine inszenierte Täuschung. Wenn das Jelzin-Regime dem Wählerwillen gefolgt wäre, hätte es 1993 nicht das Haus des Obersten Sowjet mit Granaten beschossen, 1996 nicht die Wahl manipuliert, nicht sorgfältig vermieden, das Volk über das Gaidar-Programm abstimmen zu lassen, und nicht zugelassen, dass Russlands nationaler Wohlstand »von einer kleinen Gruppe zukünftiger Oligarchen mit voller Zustimmung Boris Jelzins und seines Teams von ›Reformern‹ geplündert« wurde.[5]

Es erwies sich für den Kreml allerdings als nützlich, Demokratie zu *simulieren*, um den Druck westlicher Regierungen und NGOs zu reduzieren, während sich die Führung mit umfassenden Wirtschaftsreformen beschäftigte, die kaum öffentlichen Rückhalt hatten. Putins Vertrauter Wladislaw Surkow sieht das wie folgt:

> Die vielschichtigen politischen Institutionen, die Russland vom Westen übernommen hat, gelten gelegentlich als ein Stück weit ritualisiert. Man sagt, sie seien nur eingerichtet worden, damit wir aussehen wie alle anderen und die Besonderheiten unserer politischen Kultur nicht allzu sehr die Aufmerksamkeit unserer Nachbarn erregen, sie nicht reizen oder ihnen Angst einjagen. Sie sind wie ein Sonntagsanzug, den man anzieht, wenn man einen Besuch macht, während wir zu Hause tragen, was man eben zu Hause so trägt.[6]

Diese Trickserei half ihnen, eine turbulente und anstrengende Dekade zu überstehen. Die zweite Phase, die sich reibungslos an die erste anschloss, begann etwa zur Jahrtausendwende, als Putin Präsident wurde. Er ließ weiterhin wählen, vor allem, um die russischen Bürger davon zu überzeugen, dass es keine gangbaren Alternativen zu den vorhandenen Machthabern gab. Die dritte Phase, diesmal nach einem klaren Bruch, kann in den Jahren 2011/2012 verortet werden. Etwa zu dieser Zeit ging der Kreml aus Gründen, über die wir noch sprechen werden, zum selektiven *Spiegeln* beziehungsweise einer brutalen Parodie westlicher Außenpolitik über, um die relative Schwäche des Westens im Angesicht der russischen Aggression offenzulegen und die normativen Grundlagen der von Amerika angeführten liberalen Weltordnung zu untergraben.

Hier stehen wir heute.

Das Leben nach dem Ende der Geschichte ist keine von »bourgeoisem Ennui« geprägte »traurige Zeit« (Fukuyama) mehr – es ähnelt jetzt eher der legendären Spiegelkabinett-Szene im Orson-Welles-Klassiker *Die Lady von Shanghai* aus dem Jahr 1947, einer Welt voller Paranoia und eskalierender Gewalt.

Die Quellen des russischen Revisionismus

Die Münchner Sicherheitskonferenz ist ein jährliches Treffen von Verteidigungsministern, Parlamentariern und Experten für nationale Sicherheit aus aller Welt. Zum ersten Mal fand sie Anfang der 1960er-Jahre statt, nicht lange nach jenem schicksalhaften Sonntagmorgen im August 1961, als die Berliner aufwachten und ihre Stadt praktisch über Nacht grausam in zwei Hälften geteilt fanden. Wladimir Putins Rede am 10. Februar 2007 schockierte die Konferenzteilnehmer fast genauso wie damals der Mauerbau die Berliner. Putins ätzende Worte signalisierten das Ende der russischen postkommunistischen Ehrerbietung gegenüber den Westmächten. Er informierte seine Zuhörerinnen und Zuhörer, die sich noch in ihrer ungerechtfertigten Selbstgefälligkeit suhlten, dass da gerade eine neue, vor unfreundlichen Absichten strotzende Barrikade zwischen Ost und West entstand.[7]

In der ersten Reihe, unangenehm nahe am Rednerpult, wirkten Kanzlerin Angela Merkel bestürzt, CIA-Direktor Robert Gates peinlich berührt und US-Senator John McCain einfach nur wütend. Die Spitzenpolitiker des Westens hatten natürlich ebenso wie die Kommentatoren der Medien geahnt, dass der russische Präsident ein gewisses Missfallen in Anbetracht der unipolaren, US-dominierten internationalen Ordnung äußern werde. Sie hatten aber nicht damit gerechnet, sich im Zentrum eines geopolitischen Wirbelsturms wiederzufinden. Putins aggressive Rede war eine Art Kriegserklärung, ein scharfer Angriff auf die von den Westmächten errichtete globale Sicherheitsarchitektur, durchsetzt von bitter-sarkastischen Seitenhieben mit dem Ziel, die ungeschriebenen Verhaltensnormen für nicht westliche Bittsteller, die sich Gunsterweise von westlichen Regierungen erhofften, über den Haufen zu werfen. Natürlich erwähnte er die Expansion der NATO und zitierte sogar Wort für Wort ein schon lange vergessenes offizielles Versprechen, eine solche Erweiterung nach Osten niemals zu dulden. Doch seine Liste mit Klagen gegen den Westen ging noch viel weiter. Er beschuldigte die Vereinigten Staaten der »globalen Destabilisierung« und einer offenen »Nichtbeachtung des internationalen Rechts«. Amerikas Bemühen, das »eine Zentrum der Macht, … Zentrum der Stärke, … Entscheidungs-Zentrum« der Welt zu sein, das anderen Staaten diktiert, wie sie sich verhalten sollen, war skandalös fehlgeschlagen. Washingtons »fast unbegrenzte, hypertrophierte Anwendung von Gewalt – militärischer Gewalt – in den internationalen Beziehungen«, löse, so erklärte er, »eine Sturmflut aufeinander folgender Konflikte in der Welt« aus.

Besonders trotzig wurde Putins Rhetorik, als er über die arrogante Einstellung sprach, dass alle Staaten außerhalb des Westens moralisch verpflichtet seien, sich die »Einhaltung internationaler Normen auf dem Gebiet der Menschenrechte« zu eigen zu machen. Auf die moralische Verpflichtung aller Nationen der Welt, mit ganzer Kraft die angeblich universalen westlichen Ideen und Institutionen zu kopieren, hatten die Westmächte immer wieder hingewiesen. Die Amerikaner rechtfertigten die »Einmischung in die inneren Angelegenheiten anderer Staaten« mit dem Hinweis auf die weltweite Erwünschtheit und Nachahmbarkeit ihres politischen und ökonomischen Systems. Die Heuchelei westlicher Anführer, die die Welt über edle Werte belehrten, während sie doch eigentlich von egoistischen geopolitischen Interessen getrieben wurden, war zu einer nagenden Obsession Putins geworden, übertroffen nur noch von seiner Wut über den Mangel an »Achtung«, mit dem der Westen Russland seiner Meinung nach üblicherweise behandelte. Aus seiner Sicht war das Zeitalter der Nachahmung nach dem Ende des Kalten Krieges nichts anderes als ein Zeitalter westlicher Heuchelei. Die sogenannte liberale internationale Ordnung, so deutete Putin an, sei nichts anderes als eine Projektion des amerikanischen Willens, die Welt zu beherrschen. Der westliche Universalismus sei ein notdürftig getarnter Partikularismus. Und die Vereinigten Staaten gerierten sich als Vorkämpfer der Freiheit, um damit die Erweiterung ihrer Einflusssphäre zu verschleiern. Was der Westen als vom Volk ausgehende demokratische Revolutionen feierte, seien schlicht und einfach vom Westen finanzierte Staatsstreiche.

Das Auffallendste an Putins Rede war nicht, dass er die gängigen Kreml-Klagen darüber recycelte, wie schäbig Russland nach dem Ende des Kalten Krieges behandelt worden sei. Schockiert zeigten sich seine Zuhörer auch nicht von der heftigen Sprache dieser antiwestlichen Hetzrede. Vielmehr überraschte sie die Art, wie sich der russische Präsident in den Mantel eines allsehenden Propheten hüllte. Im Kalten Krieg hatten die Sowjets gesprochen, als wüssten sie genau, was die Zukunft bringen werde. In München nahm Putin auf den ersten Blick eine ähnliche Haltung ein. Doch anders als seine sowjetischen Vorgänger sprach er nicht im Namen einer Ideologie, die sich ihrer künftigen Überlegenheit sicher war.

Seine neue Bestimmtheit entsprang im Gegenteil einer unausgesprochenen Überzeugung, dass nicht der Sieger, sondern der Besiegte am besten begreife, welche Gefahren die Zukunft bereithalte. Seiner Ansicht nach war Moskaus Niederlage in den Jahren 1989 bis 1991 im Nachhinein ein Segen, der sein Land für die enorm konkurrenzorientierte und amoralische Welt der Zukunft gestählt hatte.

Die Vorstellung, dass die Besiegten ein klareres Bild von der Zukunft haben als die Sieger, ist nicht neu. Einem angesehenen deutschen Historiker zufolge betrachten Gewinner internationaler Konflikte ihren Erfolg gewöhnlich siegestrunken als einen Triumph der Gerechtigkeit und als einen vorherbestimmten Kulminationspunkt langfristiger historischer Entwicklungen. Die Besiegten sehen genauer die entscheidende Rolle der Kontingenz in der Geschichte. »Dadurch mag eine Suche nach mittel- oder langfristigen Gründen in Gang gesetzt werden, die den Zufall der einmaligen Überraschung einfasst und vielleicht erklärt.«[8]

Deshalb war Putins Münchner Rede von 2007 ein so entscheidender Wendepunkt in der internationalen Politik. In München zwang der Kreml die aufgeblasenen Gewinner, endlich einmal den aus Schaden klug gewordenen Verlierern des Kalten Krieges zuzuhören. In München tat Russland erstmals nicht mehr so, als glaube es an das Märchen vom gemeinsamen Sieg des russischen Volkes und der westlichen Demokratien über den Kommunismus. Und in München machte Putin deutlich, dass Russland sich nicht so verhalten werde wie Westdeutschland nach 1945, das seine Sünden bereute und darum bat, in den westlichen Club aufgenommen zu werden, wo man ihm Benehmen beibrachte. 1985 hatte Bundespräsident Richard von Weizsäcker Hitlers Niederlage bekanntermaßen als einen »Tag der Befreiung« auch für das deutsche Volk beschrieben.[9] Von Putin würde man solche Worte nicht hören. Er war 1989 auf einem Dresdner Außenposten des KGB stationiert gewesen und hatte den Fall der Mauer als nationale Demütigung, nicht als nationale Befreiung erlebt.[10] In München beschrieb der russische Präsident sein Land als eine Macht, die nach einer unglücklichen Niederlage im Kalten Krieg jetzt auf einen Gegenschlag aus war. Schamlos ließ Putin die ältere, legendäre Wut Deutschlands nach dem Vertrag von Versailles anklingen, den die Siegermächte dem Land nach dem Ersten Weltkrieg aufgezwungen hatten, und er tat dies vor einem historisch beschlagenen Publikum im Kernland der blutigsten Tragödien Europas im 20. Jahrhundert. Die Provokation der Ortswahl steigerte die elektrisierende Wirkung der herausfordernden Botschaft noch. »München« als Inbegriff der Appeasementpolitik des Westens gegenüber Hitler 1938 war nach dem Fall der Mauer eine stark überstrapazierte Metapher im westlichen außenpolitischen Diskurs. Die NATO berief sich zur Rechtfertigung ihrer Militärintervention im ehemaligen Jugoslawien auf ihre Verpflichtung, kein zweites »München« zuzulassen. Auch die Vereinigten Staaten begründeten ihren Krieg im Irak damit. Die historische Analogie lag auf der Hand. In München informierte Putin seine westlichen Gegenspieler, dass Russland entschlossen war, die liberale Ordnung, die nach dem Kalten Krieg Einzug gehalten hatte, zu zerstören. Der Schock war deutlich spürbar. Der Westen war in keinster Weise auf diese antiwestliche Wende des Kreml vorbereitet. Er hatte das postkommunistische Russland zwei Jahrzehnte lang missverstanden.

Es ist leicht nachzuvollziehen, warum die russische Gesellschaft nach einigen anfänglichen Hoffnungsmomenten weder bereit noch in der Lage war, die Vorstellung vom Ende des Kalten Krieges als eines »unblutigen Wandels« zu akzeptieren, aus dem die Russen wie die Menschen im Westen siegreich hervorgegangen seien. Was in Osteuropa anfangs als

Befreiung und Unabhängigkeit – sichtbar durch den Abzug der russischen Truppen – gefeiert wurde, beklagte man in Russland als einen Verlust an Territorium, Bevölkerung und globaler Größe. In Russland selbst war die »Unabhängigkeit« der Russischen Föderation von der Sowjetunion ein bitterer Scherz. Darin liegt ein Grund für die absolute Unbeliebtheit der »demokratischen Reformer«, die sich schon in den Parlamentswahlen von 1993 und 1995 zeigte. Ansonsten sagten diese Wahlen wenig darüber aus, wie die Russen regiert werden wollten.

Obwohl wir uns den Kalten Krieg gewöhnlich als wirtschaftlichen und politischen Wettkampf ohne direkte militärische Konfrontation vorstellen, offenbarte der Fall der Mauer, dass bei einem Zusammenbruch von Wirtschaftssystemen und Erwartungen ebenso erbarmungslos Menschen sterben wie in einem offenen Krieg. Russlands soziale und ökonomische Indikatoren ähnelten im letzten Jahrzehnt des 20. Jahrhunderts denen eines Landes, das gerade einen Krieg verloren hatte. Anfang der 1990er-Jahre, direkt nach dem kommunistischen Zusammenbruch, sank die Lebenserwartung in der ehemaligen Sowjetunion und in Osteuropa dramatisch. Man schätzt, dass allein in Russland zwischen 1989 und 1995 1,3 bis 1,7 Millionen Menschen vorzeitig starben. Die durchschnittliche Lebenserwartung fiel zwischen 1989 und 1995 rapide von 70 Jahren auf 64 Jahre. Zu den unmittelbaren Ursachen zählte eine signifikante Zunahme der Suizide sowie ein erhöhter Drogen- und Alkoholmissbrauch, der zu einer Welle von Herz-, Kreislauf- und Lebererkrankungen führte. Die ersten Opfer waren Männer und Frauen mittleren Alters. Bei genaueren Untersuchungen ergab sich, dass weder direkte Entbehrungen noch Verschlechterungen im Gesundheitssystem für diese Todesfälle verantwortlich waren.[11] Sie ließen sich vielmehr auf psychischen Stress zurückführen, höchstwahrscheinlich ausgelöst durch den Schock einer massiven wirtschaftlichen Umwälzung. Nach dem Zerfall der Sowjetunion fanden sich 25 Millionen Russen plötzlich in einem fremden Land wieder. Sie lebten gestrandet in der Diaspora, unfreiwillig ausgebürgert, als ihr Staat kleiner wurde. Karrieren und persönliche Netzwerke zerbrachen, Familien wurden finanziell ruiniert und moralisch gebrochen. Fast ein Jahrzehnt lang ächzte das Land unter Chaos und Kriminalität. Wenn man das Leben in diesen Jahren untersuchen will, muss man eher auf die Traumatologie als auf die sogenannte Transitionsforschung zurückgreifen – eine Wissenschaft, die sich mit dem Wechsel politischer Systeme beschäftigt. Die russische Welt war bis ins Mark erschüttert, Lebenspläne und Erwartungen irreparabel zerrüttet. Wladimir Jakunin, ein Freund und Verbündeter Putins, ehemaliger KBG-Offizier und zwischen 2005 und 2015 Direktor der russischen Eisenbahngesellschaft, schrieb in seinen Memoiren: »Dieses Gefühl des Verlustes und der Verletzung, das viele Menschen nostalgisch auf die kommunistische Zeit zurückblicken ließ, ist von anderen Nationen nie wirklich gewürdigt worden.« Er selbst leugnet zwar jegliches Heimweh nach der Sowjetunion, fährt aber mit der Behauptung fort, dass »jemand, der nicht den Versuch unternimmt, Russland zu verstehen, wie es damals, in den harten Jahren nach 1991, war, Schwierigkeiten haben wird, Russland, wie es jetzt ist, zu verstehen«.[12] Und niemand, der heute das Ende des Kalten Krieges als einen Triumph des höchsten moralischen Strebens der Menschheit beschreibt, wird Russlands aktuellem, eher rachsüchtigem als strategischem Schwenk zu antiwestlicher Kriegslust je einen Sinn abgewinnen.

Im Westen ist es üblich, den Untergang des Kommunismus und das Ende der Sowjetunion als ein einziges Ereignis zu sehen. Für die Russen jedoch, und nicht nur für treue Putin-

Anhänger, sind dies zwei ganz verschiedene Dinge. Die meisten Russen sind froh, dass der Sowjetkommunismus und die Parteidiktatur aus und vorbei sind. Aber sie sind untröstlich über den unerwarteten und nicht herbeigesehnten Zerfall der Sowjetunion, ihres Geburts- und Vaterlandes. Die aufgestaute Wut angesichts der nationalen Zwangsenteignung erklärt, warum so viele ehemalige Sowjetbürger grundsätzlich Putin darin beipflichten, das Ende der UdSSR sei »die größte geopolitische Katastrophe« des 20. Jahrhunderts gewesen.[13]

Nach Ansicht des führenden russischen Dissidenten und Anti-Putin-Aktivisten Alexei Nawalny »hat man dem russischen Volk die Vorstellung verkauft, ein normales Leben aufzugeben – zugunsten einer völlig idiotischen und sinnlosen Konfrontation mit dem Westen«.[14] Er hat recht, aber anders, als er denkt. Tatsächlich hat der Kreml viele Russen davon überzeugt, dass der Westen im Namen einer trügerischen »Normalität« hinter dem idiotischen und sinnlosen Zusammenbruch der UdSSR stecke.

Dass der politische Kollaps der Jahre 1989 bis 1991 so vollkommen friedlich verlief, verstärkte das Trauma. Dieses Paradox wird im Westen selten wahrgenommen. Die Sowjetunion war ohne einen Angriff von außen kampflos untergegangen. Eine militärische Supermacht, die das Leben auf der Erde hätte auslöschen können, verschwand einfach wie das Trugbild eines Illusionisten. Die Kernwaffen, die die Menschheit mit einem Armageddon bedroht hatten, erwiesen sich als nutzlos, als es darum ging, den inneren Niedergang des Systems aufzuhalten. Die erschütternde Wirkung dieses »Zusammenbruchs ohne Niederlage« wird klar, sobald wir uns ins Gedächtnis rufen, dass die sowjetische Identität vom Heldentum geprägt war. Sie gründete nicht auf illusorischen zukünftigen Zielen, sondern auf früheren Opfern und der Verteidigung des Vaterlandes. Die Erinnerung an den epischen Kampf des Sowjetvolkes im Großen Vaterländischen Krieg von 1941 bis 1945 bildete das Herzstück dieser Identität. Die konfuse Planung und Ausführung des gescheiterten Staatsstreichs vom August 1991, der dieses Vaterland angeblich hätte retten sollen, machte das Ganze nur noch schlimmer. Niemand bemühte sich ernsthaft, dieses System zu verteidigen, für das so viele so viel geopfert hatten. Es gab kaum Suizide,[15] denn offenbar fühlten sich nur wenige durch den Widerwillen der Elite, für das Überleben der UdSSR zu kämpfen, tief genug in ihrer Ehre getroffen – vielleicht, weil das kommunistische Dogma, auf dem der Staat vorgeblich gründete, zu einem leeren Ritual verkommen war, an das niemand mehr glaubte. Jedenfalls trat kein einziger Funktionär aus Protest zurück, als Gorbatschow Jelzins Drängen auf eine Auflösung der Union nachgab.

Der italienische Autor Curzio Malaparte, der Sowjetrussland Ende der 1920er-Jahre besuchte, schrieb damals: »Die Qual, unter der die Massen in einer Revolution leiden, ist ihre manische Angst vor Verrat. Die revolutionären Massen sind wie Soldaten, die immer den Verrat ihrer Anführer fürchten … Sie fühlen sich nicht so sehr vom Feind besiegt, als vielmehr von ihren Anführern verraten … Sie spüren den Verrat schon im Ansatz.«[16] 1991, mehr als sechs Jahrzehnte später, empfanden vielleicht einige wenige Russen Trauer beim Ende des Kommunismus – weitaus mehr ihrer Landsleute jedoch fühlten sich von ihren Anführern verraten, die ohne militärische Gegenwehr einfach zuschauten, wie die Sowjetunion auseinanderfiel.

Die Sowjetrussen verloren den Kalten Krieg kampflos. Das verwestlichende Gerede vom gemeinsamen Sieg für die Menschheit konnte diese Demütigung nicht verschleiern. Die Notwendigkeit, das unergründliche Mysterium eines Zusammenbruchs ohne Niederlage zu erklären, gab Verschwörungstheorien im postkommunistischen Russland, auch bei der politischen und intellektuellen Elite, gewaltigen Auftrieb.[17] Das historische Scheitern des kommunistischen Systems, ganz offensichtlich ein wichtiger Grund für den Kollaps, trat durch die endlos wiederholten Geschichten von Verrat im Inneren und Einmischung von außen in den Hintergrund. Zudem beweist der Aufstieg des kommunistischen China zur Großmacht nach dem Ende des Kommunismus angeblich, dass die Implosion der Sowjetunion ganz und gar nicht historisch unausweichlich, sondern nur die unbeabsichtigte Folge einer Reihe unbeholfener politischer Entscheidungen gewesen sei. Nicht der Kommunismus, sondern die Schwäche und Naivität Gorbatschows und anderer wichtiger Sowjetführer war dieser Logik zufolge schuld daran. Im heutigen Russland ist »Naivität« wahrscheinlich der übelste Vorwurf, den man einem Politiker machen kann, viel schlimmer als Korruption oder Skrupellosigkeit. Und »naiv« zu sein heißt auch, zu glauben, dass argloses politisches Handeln ohne Hintergedanken möglich ist oder dass aus früheren Feinden irgendwie enge Freunde werden können.

Wenn man den Verlust des schwer erarbeiteten Supermacht-Status Moskaus politischer Naivität zuschreibt, heißt das zugleich, dass man in prinzipienlosem Zynismus und Rücksichtslosigkeit Russlands Weg zurück zu alter geopolitischer Größe sieht. Das ist kein besonders weitsichtiger Weg in eine bessere Zukunft. Im Dezember 2011, auf dem Höhepunkt der Proteste gegen den Kreml auf den Straßen Moskaus und nachdem Putin Hillary Clinton vorgeworfen hatte, sie ermutige die Protestierenden, die Regierung zu stürzen, erklärte er seinen Anhängern: »Wir sind doch alle erwachsen hier. Wir wissen alle, dass die Organisatoren nach einem altbekannten Drehbuch handeln und in ihrem eigenen, von Geldgier getriebenen politischen Interesse.«[18] Russlands innere Unzufriedenheit ist in Wirklichkeit eine amerikanische Verschwörung. Die wichtigste Lektion aus dem unerwarteten Ende der Sowjetunion war für die meisten Russen vielleicht, dass die Geschichte eigentlich eine Abfolge verdeckter Operationen ist. Ganz offenbar treiben nicht die revolutionären Massen, sondern die mysteriösen Geheimdienste im Osten wie im Westen die Geschichte voran.

Anders als die Osteuropäer konnten die Russen sich nicht über den Zusammenbruch ihres Systems hinwegtrösten, indem sie die kommunistischen Machthaber als ausländische Besatzung darstellten. Für sie war der Kommunismus keine Fremdherrschaft. Noch befremdlicher war, dass mit dem Kollaps der UdSSR der Sieg einer Gruppe von Ex-Kommunisten über eine andere einherging. Boris Jelzin, der Anführer der Revolution, war noch vor sehr Kurzem Mitglied des Politbüros der Kommunistischen Partei gewesen. Während sich fast alles andere in Russland nach 1991 zu ändern begann, blieb die herrschende Klasse mehr oder weniger dieselbe. Nicht die Anti-Kommunisten, sondern die Ex-Kommunisten profitierten am deutlichsten vom Ende des kommunistischen Systems.

Unter bestimmten Umständen wären die Russen vielleicht bereit gewesen, die Niederlage des Kommunismus als einen Sieg für sich selbst zu betrachten, auch wenn sie nicht wie die Polen und andere von einer Fremdherrschaft befreit worden waren. Doch dann hätte entweder ihr Lebensstandard deutlich steigen oder ihr riesiges Reich erhalten bleiben müssen. Letztes geschah in den 1920er-Jahren, als es den Bolschewiki, während sie unter kommunistischen Parolen ihren Parteistaat aufbauten, gelang, den allergrößten Teil des Zarenreiches zu bewahren. Doch dieses Wunder, der Austausch des politischen Systems unter Beibehaltung der größten Teile des Staatsterritoriums, wiederholte sich in den 1990er-Jahren nicht. Und für die meisten Russen rückte auch eine deutliche Verbesserung des Lebensstandards in weite Ferne. Der Regimewechsel erwies sich vor allem deshalb als nicht besonders beliebt, weil er mit einem gewaltigen Verlust an Territorium und Bevölkerung verbunden war. Entsetzt mussten die Russen zusehen, wie sich ihr einst mächtiger Staat in einen geografisch wie demografisch stark zurechtgestutzten internationalen Bettler verwandelte, dessen Überleben vom Wohlwollen des Westens abhing. Letztendlich weigerten sich die Russen, dem Westen dessen eigennützig erzählte Geschichte von 1989-1991 als einem gemeinsamen Sieg ohne Verlierer abzunehmen. Ein Monarch des Ancien Régime wie Ludwig XIV. unterschied sich von einem modernen populistischen Tyrannen wie Napoleon dadurch, dass Ersterer das Volk »nur« unterdrückte, während Letzterer es gleichzeitig auch noch zwang, zu beteuern, dass es frei sei.[19] Die Russen erlebten nach 1991 Ähnliches. Sie hatten den Eindruck, der Westen fordere sie auf, Russlands wundersame »Befreiung« von den Ketten der Sowjetherrschaft zu feiern, während gleichzeitig ihr Land um sie herum zusammenbrach. Dieser liberale Mummenschanz konnte sich einige Jahre lang halten. Doch die Wirtschaftskrise von 1998 und die Bombardierung Jugoslawiens durch die NATO trotz der scharfen Kritik Russlands entlarvte den westlichen Schwindel, das Ende des Kalten Krieges sei eigentlich ein gemeinsamer Sieg, auch für das russische Volk. Diese tief gefühlten Enttäuschungen – und nicht einfach die Anziehungskraft der angeblich autoritären DNA des Landes – erklären, warum »Putin ins Amt kam, entschlossen, Russland die Demokratie nicht aufzuzwingen«.[20]

Das westliche Narrativ wird umgedreht

In seiner Münchner Rede erklärte Putin 2007 seine Absage an die Version des historischen Ablaufs, wie sie die Sieger des Kalten Krieges selbstverliebt erzählt hatten. Das russische Volk hatte die Auflösung der Sowjetunion am 25. Dezember 1991 nicht als Befreiung wahrgenommen. Es war kein gemeinsamer Triumph, sondern ein demütigendes Debakel, dass nur die Todfeinde feierten. Indem Putin jetzt ohne jedes Schönreden anerkannte, dass der Sieg des Liberalismus über den Kommunismus Moskaus definitive Niederlage im Kalten Krieg bedeutete, verweigerte er sich öffentlich der offiziellen westlichen Lesart der Ereignisse von 1989 bis 1991. Die Geste mag banal wirken, aber sie hatte gewaltige Folgen. Indem er offen von Russlands tragischer *Niederlage* sprach, entzog sich Putin dem Zugriff jener Mitglieder des Jelzin-Clans, die seinen Aufstieg zur Macht eingefädelt hatten und allgemein als moralisch kompromittierte Kollaborateure des Westens galten. Bald wurde er als Befreier seines Volkes gefeiert. Er befreite sie von liberaler Heuchelei. Seine Landsleute durften jetzt aufhören, so zu tun, als sei »die Wende« etwas Gutes für sie. Anfang der 2000er-Jahre hatte er sie von der erniedrigenden »Made in America«-Wertehierarchie befreit, die seit 1991 galt.[21] Als er 2014 die Krim annektierte, feierten sie sein Draufgängertum, denn damit machte er Russlands Unabhängigkeit vom moralischen Provinzialismus einer unipolar beschränkten Weltordnung unter amerikanischer Führung für alle sichtbar.

Nach den Vorstellungen der Fürsprecher der westlichen Demokratie wollte Russland wie alle ehemals kommunistischen Staaten den Westen nachahmen, weil es so sein wollte wie der Westen. Angeblich sehnten sich die Russen nach freien und fairen Wahlen, nach Gewaltenteilung und einer Marktwirtschaft, weil auch sie darauf hofften, frei und wohlhabend zu werden wie die Menschen im Westen. Doch die überoptimistischen Westler hatten zwar recht, dass es Russland nach 1991 vorgezeichnet war, den Westen zu imitieren, doch sie irrten sich, wenn sie glaubten, der Wunsch des Nachahmers, so zu werden wie sein Vorbild, sei der einzige Grund der Nachahmung. Russland war zweifellos schwach, doch seine Eliten waren, abgesehen von einer Handvoll gesellschaftlich isolierter und nicht repräsentativer Liberaler, nicht bereit, jene Art von moralischer Unterordnung zu akzeptieren, die man von willigen Nachahmern eines klar überlegenen Vorbildes einfordert.[22] Viele Angehörige der russischen politischen Elite träumten heimlich von Vergeltung, wobei es ihnen völlig egal ist, ob sie damit strategische Gewinne erzielen oder nicht. Der deutsche Kulturhistoriker Wolfgang Schivelbusch spricht in seinem ebenso eleganten wie aufschlussreichen Buch *Die Kultur der Niederlage* von einem »Reflex« der »Orientierung der Verlierer am Erfolgsmodell der Sieger«. Doch eine solche Nachahmung muss nicht unbedingt respektvoll sein: »Nicht zur Disposition stehen die Seele, der Geist, die kulturelle Identität des Entleihers.«[23] Im Gegenteil, nachahmende Politik kann zutiefst kompetitiv und konfliktbeladen sein. Der Besiegte entleiht die Strategien, Verfahren, Institutionen und Normen der Feinde, ganz zu schweigen vom Diebstahl ihrer Durchbrüche in der Kernwaffentechnik, womöglich mit dem langfristigen Ziel, sich die nötigen Mittel zum Sieg zu verschaffen und sich gegen seine ehemaligen Bezwinger zu wenden.

Nach den umstrittenen Wahlen 2011/2012 bewertete der Kreml die Simulation einer westlichen Demokratie nicht mehr als provisorische Strategie, um die westliche Forderung nach ernsthaften institutionellen Reformen abzuwehren oder um die Unterstützung im Inneren zu sichern, indem man politische Rivalen kaltstellte und die Verlässlichkeit lokaler Funktionäre testete. Russland gab die Politik der Nachahmung zwei Jahrzehnte nach dem Zusammenbruch der Sowjetunion nicht völlig auf, doch statt weiter die innere Ordnung des Westens zu simulieren, ging man jetzt dazu über, das internationale Abenteurertum Amerikas zu parodieren. Mit diesem Schachzug funktionierte der Kreml die Nachahmung des Westens zu einer Kriegserklärung an den Westen um. Das war eigentlich leicht nachzuvollziehen, denn Krieg ist, wie ein bekannter Militärtheoretiker erklärt hat, »eine der menschlichen Tätigkeiten, bei denen die Nachahmung eine wesentliche Rolle spielt«.[24]

Zu Kriegszeiten werden üblicherweise vor allem die Mittel, Methoden und Ziele des Konfliktes nachgeahmt. Ein folgenreiches Beispiel, das zudem einen wichtigen Hintergrund für unsere Darstellung liefert, ist Amerikas bewusste Nachahmung der heimlichen Unterstützung Moskaus von Aufständen in der Dritten Welt in den späten 1960er- und frühen 1970er-Jahren. Die Amerikaner ließen den afghanischen Mudschahedin Ende der 1970er- und Anfang der 1980er-Jahre Militärhilfe zukommen, um den Russen »ihr Vietnam« zu bereiten.[25] Da Moskau an Amerikas Vietnam, der zermürbendsten militärischen Niederlage des Landes nach dem Zweiten Weltkrieg, mitgewirkt hatte, wurde diese Operation explizit als Retourkutsche verstanden, die der Kreml nicht so schnell vergessen würde. Dass Moskau den Kreislauf der Vergeltung womöglich fortsetzen würde, ahnte man damals vermutlich, doch man ignorierte es einfach.[26]

In Kriegszeiten gibt es verschiedene Formen der Nachahmung. Man kann die feindlichen Strategien kopieren. Oder man kann – worauf wir uns hier konzentrieren werden – dem Feind einen Spiegel vorhalten, in dem er die Unmoral und

Scheinheiligkeit des eigenen Tuns erkennt. Ein solches *Spiegeln* ist eine ironische und aggressive Art, die Anliegen und Verhaltensweisen eines Rivalen zu imitieren. Das Ziel besteht in unserem Falle darin, den Westen zu demaskieren und zu zeigen, dass auch die Vereinigten Staaten im Widerspruch zu ihrem sorgfältig gepflegten Image ihr Recht des Stärkeren in der internationalen Arena durchsetzen.

Aus Moskauer Perspektive hatte der Westen es darauf angelegt, die Sowjetunion (und den Warschauer Pakt) zu zertrümmern. In München schwor Putin, sich zu revanchieren. Unter seiner Führung hat der Kreml tatsächlich im Geheimen alles getan, um die westliche Allianz und die NATO aufzulösen. Dabei spielen Geheimdienstoperationen eine wesentliche Rolle. Die Tatsache, dass Putins Vorwürfe gegen die NATO und den Westen heute wortwörtlich vom Weißen Haus wiederholt werden, lässt – egal, ob Erpressung und Schmiergelder mit im Spiel sind oder nicht – unbedingt vermuten, dass *Spiegeln* eine effektive geopolitische Taktik ist. Heute vertritt der amerikanische Präsident öffentlich Moskaus zynische antiamerikanische Meinung, dass die Vereinigten Staaten international ohne jede Rücksicht auf das Wohl der Menschheit agieren.

Der Kreml experimentierte schon mehrere Jahre vor den Wahlen 2011/2012 erstmals damit, dem Westen einen Spiegel vorzuhalten. Im Februar 2008, ein Jahr nach seiner provokativen Rede in München, nannte Putin die Anerkennung des Kosovo durch den Westen einen »schrecklichen Präzedenzfall«, der »de facto das ganze System der internationalen Beziehungen zerschlägt, die nicht nur Jahrzehnte, sondern Jahrhunderte Bestand hatten. Und er wird zweifellos eine ganze Kette von Folgen nach sich ziehen.« Die westlichen Mächte, die das Kosovo anerkannten, »verkalkulieren sich da gerade«, sagte er und fügte hinzu: »Letztlich ist das ein Stock mit zwei

Enden, und das andere Ende wird sie eines Tages treffen.«[27] Es traf den Westen ein paar Monate später, als Russland nach dem russisch-georgischen Krieg im August 2008 Südossetien und Abchasien besetzte. Moskau, das die Ironie voll auskostete, übernahm zur Rechtfertigung seiner Intervention die strahlende liberale Rhetorik Amerikas und berief sich auf die Menschenrechte. Diese aggressive Parodie der US-Strategie setzt sich bis zum heutigen Tage fort:

> Um die russische Politik in Bezug auf Syrien und die Ukraine zu rechtfertigen, stützten sich Putin und seine Anhänger ausdrücklich auf Argumente, die die Clinton-Regierung im Kosovo verwendete. Wenn die NATO sich in den jugoslawischen Bürgerkrieg einmischen kann, warum kann Russland dasselbe nicht in Syrien tun? Russland ist ein Verbündeter Syriens und hat vertraglich garantiert, dessen Regierung zu schützen. Und wenn Saddam Husseins Völkermord an den Kurden ein Grund war, ihm die Macht zu entreißen, warum sollte Russland dann nicht in Georgien und der Ukraine verfolgte ethnische Russen schützen?«[28]

Russland hatte in den 1990er-Jahren Potemkinsche Kopien westlicher Institutionen, etwa ein Verfassungsgericht, ins Leben gerufen, um gelehrig zu wirken und sich bei den damals dominierenden Mächten einzuschmeicheln, indem man so tat, als teile man liberal-demokratische Ziele. Es war wahrscheinlich tatsächlich die einzig mögliche Haltung, um in einer vom Westen beherrschten Welt zu überleben. Während Putin seine Macht festigte, ging Russland von der Nachahmung des Westens zu einem sehr viel aggressiveren Stil über. Diese neue, vergeltende Form der Nachahmung sollte das in den Himmel gelobte Vorbild des Westens diskreditieren und die westlichen Gesellschaften an der Überlegenheit ihrer eigenen Normen und Institutionen zweifeln lassen. Das Versprechen der liberalen Hegemonie stellte in Aussicht, dass eine um die Nachahmung des Westens herum organisierte Welt eine liberale Welt wäre, die sich amerikanischen Interessen gegenüber offen zeigen würde. Putin machte sich daran, dieses Narrativ radikal umzuschreiben, und verwandelte die Nachahmung des Westens in eine Waffe, um ebenjene Welt, die Amerika nach dem Zweiten Weltkrieg so mühsam geschaffen hatte, in Trümmer zu legen.

Demokratie-Simulation zur Konsolidierung der eigenen Macht

In den letzten Tagen des kommunistischen Regimes forderten Millionen Russen Veränderungen. Viele begrüßten das Demokratisierungsversprechen, doch die meisten normalen Leute fürchteten sieben Jahrzehnte nach der Russischen Revolution die Folgen eines Regimewechsels und eines historischen Bruchs. Eine berechtigte Angst ging um, dass die privilegierten Sowjeteliten sich wehren und das Ende der Geschichte für die allgemeine Bevölkerung sehr blutig gestalten würden. Glücklicherweise passierte das nicht. Marx' letztes Geschenk an die Sowjeteliten war seine Überzeugung, dass nicht nur der Kapitalismus der räuberischen Selbstbereicherung einiger weniger dienen sollte, sondern dass auch die westliche Demokratie ein raffiniert konstruiertes System sei, um die Klassenherrschaft aufrechtzuerhalten. Demokratie hatte in diesem zynischen Licht nichts mit der Verantwortlichkeit der Politiker gegenüber den Bürgern zu tun. Im Gegenteil, die demokratische Illusion der Verantwortlichkeit trug dazu bei, die Autonomie einer politischen Clique zu tarnen und zu bewahren, die niemals in einer fairen Wahl mit mehreren Kandidaten gewählt worden war.

In den 1990er-Jahren bestand die herrschende Klasse natürlich großteils noch aus der alten kommunistischen Nomenklatura. Vage Erinnerungen an einen lupenreinen Marxismus waren das Handbuch, mit dessen Hilfe sie Kapitalismus und Demokratie im postkommunistischen Russland etablierten. Diese Opportunisten fürchteten das Kabuki-Theater der Scheindemokratie nicht, sondern machten es sich freudig zu eigen. Zugegeben, sie mochten es nicht, wenn die Leute auf den Straßen protestierten. Doch sie hielten fingierte Wahlen für einen klugen Weg, ohne kostspieligen Unterdrückungsapparat und mit der stillschweigenden Verheißung, ihre Macht und Privilegien auch an ihre Kinder weitergeben zu können, zu regieren. Diese Feigenblatt-Demokratie half den postsowjetischen Eliten, einen heuchlerisch freundlichen Umgang mit den globalen Eliten zu pflegen – die ihnen schnell vergaben – und ihre Familien ebenso wie ihr Geld sicher außer Landes zu bringen. Ausländische Besucher Russlands in den 1990er-Jahren waren überrascht, auf der Straße Leute zu treffen, die sich nach dem alten Regime zurücksehnten, vor allem nach seiner Sicherheit, während die alte Elite, die eine ganze Welt neuer Möglichkeiten entdeckt hatte, begeistert über die »Demokratie« sprach. Daraus ergab sich die Frage: Würde dieses Simulieren von Demokratie wirklich zur Demokratisierung Russlands beitragen oder vielmehr zum Fortbestehen des russischen Autoritarismus und der russischen Oligarchie?

Der Moskauer Politikwissenschaftler Dmitry Furman war im Kontext eines zerfallenden Landes und eines furchteinflößenden Machtvakuums überzeugt davon, dass die Russen auf kurze Sicht zwar nur eine »imitierte Demokratie« erwarten konnten, dass sich aber auf lange Sicht durch das Vortäuschen von Demokratie demokratische Gewohnheiten einschleifen würden, unabhängig von den Absichten der regierenden Eliten. Wie der britische Historiker Perry Anderson feststellte, »sah« Furman »Demokratie einfach als ein normales Attribut eines vorgegebenen Zeitalters der Menschheit, wie Lesen und Schreiben, Feuerwaffen oder Eisenbahnen Attribute anderer Zeitalter gewesen waren«. In seinen Augen »konnte man nicht wissen, wie sich die Russen in der Zukunft kleiden, wie sie essen, leben, arbeiten oder wovor sie sich fürchten würden, aber man konnte mit einiger Sicherheit sagen, dass sie ihre Herrscher an der Wahlurne wählen, Mehrheitsentscheidungen treffen und die Rechte der Minderheit wahren würden«.[29] Auf lange Sicht war Furman also Optimist, doch er hegte schreckliche Befürchtungen, wenn es um die nahe Zukunft, den demokratischen Übergang ging.

Anders als für westliche und zum Westen tendierende Optimisten war der Zerfall der UdSSR in seinen Augen weniger eine goldene Gelegenheit als vielmehr ein ernstes Hindernis für den allmählichen Demokratisierungsprozess auf dem zuvor von der Sowjetunion kontrollierten Territorium. In diesem Zusammenhang entwickelte Furman sein Konzept der »imitierten Demokratie«: Gesellschaften verlegen sich auf eine Politik der Nachahmung, wenn sie die Normen, die sie in der Theorie loben, in der Praxis nicht umsetzen können. Diese Definition impliziert, dass eine »imitierte Demokratie« dort entstehen wird, wo die gesellschaftlichen und kulturellen Voraussetzungen für eine Demokratie fehlen, aber keine ideologische Alternative zur Demokratie existiert. Dieses Zwischending ist keine notwendige Stufe in allen Demokratisierungsprozessen, sondern vielmehr ein eigener Regime-Typ, der seinen Platz in der Geschichte in der Nähe des Zarismus und Kommunismus hat, aber sicher nicht so langlebig ist. In imitierten Demokratien ist die Politik ein ständiger Kampf zwischen demokratischen Formen und nicht demokratischen

Inhalten. Letztendlich, so glaubte Furman, fördere die demokratische Fassade wegen der von ihr ausgehenden psychologischen Erwartungen die Entstehung und Stabilisierung einer dem Wahlvolk verantwortlichen Regierung. Seiner Theorie zufolge waren also die verschiedenen »Farbrevolutionen« (vor allem die Rosenrevolution in Georgien und die Orangene Revolution in der Ukraine)[30], die das postsowjetische Territorium zu Beginn des 21. Jahrhunderts erschütterten, eine logische Folge der imitierten Demokratie. Es mag manchmal Jahrzehnte dauern, aber irgendwann gehen die Menschen auf die Straße, um gegen Regime zu protestieren, die die Normen, die sie öffentlich befürworten, dreist verletzen.

Gleb Pawlowski war kein Theoretiker der imitierten Demokratie, sondern einer ihrer bekanntesten Praktiker. Seine Lebensgeschichte liest sich wie ein Roman von Dostojewski. Pawlowski kam zwei Jahre vor Stalins Tod in Odessa zur Welt. Als Nonkonformist stieß er in den 1970er-Jahren zur Dissidentenbewegung. Er saß seine Zeit im Gefängnis ab und schloss seine nicht immer ruhmreichen Kompromisse mit der Sowjetmacht. Nach 1991 sah er in der Polittechnologie, verstanden als die Kunst, den Anschein in Realität zu verwandeln, die einzige Möglichkeit, die unerträgliche Schwäche des postkommunistischen russischen Staates und die damit einhergehende Regierbarkeitskrise zu überwinden. Seine Rolle dabei sah er nicht darin, der Macht zu dienen, sondern darin, die Illusion heraufzubeschwören, dass es überhaupt eine Macht gebe. Für diesen Spin-Master war das Nachahmen der Demokratie für den unausgereiften postkommunistischen russischen Staat und jene, die ihn führten, eine hilfreiche Strategie, um zu überleben – und zwar auf der Höhe der Zeit und mit den nötigen Kapazitäten für die durchzusetzenden Entscheidungen, obwohl es keinen gut finanzierten und professionell besetzten Beamtenapparat gab.

1994 gründete Pawlowski seine Stiftung für effektive Politik (SEP), eine Denkfabrik, die 1996 eine entscheidende Rolle in Jelzins Präsidentschaftswahlkampf spielte, ebenso wie später bei den Wahlen Wladimir Putins in den Jahren 2000 und 2004 und schließlich bei Medwedews Wahl 2008. Nach den katastrophalen Wahlergebnissen von 2011 und 2012 verlor die Polittechnologie zugegebenermaßen ihre herausragende Rolle in der russischen Staatskunst, und heute scheint der Kreml wenig Interesse an der Illusion eines politischen Wettbewerbs zu haben, den Putin dann triumphal »gewinnen« kann. Und doch kann uns ein Rückblick auf die Glanzzeit der Polittechnologen wie Pawlowski helfen, die vorgetäuschte Verwestlichung, die Putins erstes Jahrzehnt an der Macht prägte, zu erkunden und zu erklären.

In seinem skandalträchtigen Politthriller *Der Politologe*, in bester Tradition des Verschwörungsrealismus geschrieben und 2005 erschienen, liefert uns Alexander Prochanow, seinerzeit ein Führer der patriotischen Opposition und jetzt ein treuer Putin-Mann, das finsterste und gleichzeitig profundeste psychologische Porträt eines russischen Polittechnologen vom Schlage Pawlowskis.[31] Dieser Mann ist eine Ausgeburt der Hölle: begabt, zynisch, illoyal, ehrgeizig und gierig – gleichzeitig überaus kreativ und ein übler Betrüger. Er ist Geisel seiner Lust, andere zu manipulieren. Er ist der perfekte Strippenzieher, aber gleichzeitig auch ein Instrument der Kreml-Politik. Und er ist eine tragische Gestalt – verwirrt, ängstlich und unsicher. Der Polittechnologe sieht sich als Retter der russischen Demokratie. Andere sehen ihn als ihren Totengräber.

Die politischen Berater im Westen unterscheiden sich insofern von den russischen Polittechnologen, als sie eng mit unabhängigen Medien zusammenarbeiten und die Beeinflussung von Nachrichtenorganisationen, die sie nicht direkt kontrollieren können, zu ihrem Handwerk gehört. Polittechnologen betreiben ein anderes Geschäft. Sie sind Fachleute darin, politisch abhängige Medien zu manipulieren. Politische Berater im Westen sind Fachleute darin, Wählerstimmen für ihre Kandidaten zu gewinnen. Die Polittechnologen russischer Prägung gehen noch einen Schritt weiter. Sie spezialisieren sich zusätzlich auf das »kreative Auszählen« von Wählerstimmen. Ein politischer Berater arbeitet für eine der Parteien, die zur Wahl stehen, und tut sein Bestes, damit diese Partei gewinnt. Der russische Polittechnologe ist nicht so sehr am Sieg seiner Partei interessiert als vielmehr am Sieg »des Systems«. Sein Ziel liegt nicht einfach darin, die Stimmenauszählung für seinen Kandidaten zu optimieren, sondern darin, ein Wahlergebnis zu erhalten, das so nahe wie möglich an den Prozentzahlen liegt, die der Kreml für den Kandidaten oder die Parteiliste vorgegeben hat.

Polittechnologen wurden zur Zeit ihres größten Einflusses mit der Aufgabe betraut, die Illusion des Wettbewerbs in der russischen Politik aufrechtzuerhalten. Andrew Wilson beschreibt dies so: »Postsowjetische Polittechnologen« sahen sich »als politische Metaprogrammierer, Systemdesigner, Entscheidungsträger und Kontrolleure in einem, die alle möglichen Technologien einsetzen, um Politik in ihrer Gesamtheit zu konstruieren«.[32] Ihre Rolle in der russischen Politik erinnerte an die von Gosplan-Apparatschiks in der Sowjetwirtschaft. Sie waren die Ideologen und Ikonen der gelenkten russischen Demokratie. Sie arbeiteten

> in einer Welt von »Klonen« und »Doubles«, von »administrativen Ressourcen«, »aktiven Maßnahmen« und »kompromat« (kompromittierenden Informationen); von Parteien, die zur Wahl stehen, aber weder Mitarbeiter noch Mitglieder oder ein Büro haben … von gut bezahlten In-

> sidern, die sich als die lautstärksten Gegner des Regimes gerieren, von nationalistischen Strohmännern und fingierten Staatsstreichen«.[33]

Polittechnologen waren und sind in begrenztem Maße auch heute noch entschiedene Feinde von Wahlüberraschungen, echtem Parteienpluralismus, politischer Transparenz und der Freiheit des gut informierten Bürgers, an der Wahl seiner Führer teilzuhaben.

Sie spielen zudem eine Fülle institutioneller Rollen gleichzeitig. Als »graue Eminenz« drängte Pawlowski den Kreml zu neuen Gesetzen, um eine Körperschaft namens »Gesellschaftliche Kammer« zu schaffen, die Russlands NGOs kontrollieren und alle NGOs an den Rand drängen und ersetzen sollte, die es wagten, autonom, also ohne Einmischung des Staates zu handeln. Als politischer Berater unterstützte er diesen Schachzug, um dann in seiner Rolle als unabhängiger politischer Kommentator der Öffentlichkeit zu erklären, was für eine kluge Strategie der Kreml da gefahren sei. Schließlich wurde er Mitglied der Gesellschaftlichen Kammer. So schloss sich der Kreis.

Für Pawlowski war Demokratie im postkommunistischen Russland vorrangig eine Technologie, um eine im Grunde unregierbare Gesellschaft wenigstens locker unter Kontrolle zu halten, ohne auf exzessive körperliche Gewalt zurückgreifen zu müssen. Er sah sich ganz offen als einen Nachahmer westlicher Methoden. Aber er hatte kein Interesse am idealisierten Demokratiemodell, das die Menschen im Westen und besonders in Amerika seiner Meinung nach so selbstgerecht predigten. Er wollte tun, was man im Westen tat, und deshalb hörte er nicht auf die Anweisungen aus dem Westen. Er brüstete sich damit, das ganze trügerische Tamtam zu durchschauen und das Wesentliche im Blick zu haben. Er aß das Bonbon und warf das Papier weg, um Putins Berater und Pawlowskis Chef Wladislaw Surkow zu zitieren. Pawlowski ließ sich von der »real existierenden« Demokratie (wie er sie verstand) inspirieren, nicht von der Schulbuchidealisierung, wie politische Kinder sie feierten. Er war der Ansicht, er könne von einem zynischen Spin-Doctor wie Paul Manafort mehr lernen als von weltfremden Theorien zur demokratisch-verantwortlichen Regierung.

Um die komplexe Natur postkommunistischer Nachahmungsspiele zu durchschauen, muss man auch die Interaktionen der Polittechnologen mit den westlichen Politikberatern, die kamen, um in Russland »Demokratie-Aufbau« zu betreiben, verstehen. Nach der Einmischung des Kreml in die amerikanischen Präsidentschaftswahlen 2016 beschuldigte die amerikanische Politikkommentatorin Anne Applebaum den Politikberater Paul Manafort, russische, in KGB-Laboren entwickelte Polittechnologien in die amerikanische Politik eingeführt zu haben. Tatsächlich aber war das Ganze keine Einbahnstraße. Die Russen lernten umgekehrt durchaus einige schmutzige Tricks von amerikanischen Beratern, die ihnen Politikmarketing beibrachten. Natürlich waren schon Stalin und andere Sowjetführer versierte Lügner, doch sie setzten ihre Fähigkeiten selten in der Wahlpolitik ein. Bevor diese raffinierte Form postfaktischer Demokratie *aus* Russland nach Amerika zurückkam, hatte Amerika sie zunächst *nach* Russland exportiert.

Russische Polittechnologen verstanden sofort die zentrale Rolle von Werbetechniken aus der Wirtschaft in Wahlkampagnen zeitgenössischer Demokratien. Unterbewusste Reize sollen die kritischen Fähigkeiten der Wähler einlullen – man schmiert Rivalen, bläht Ängste auf und verspricht viel mehr, als man je wird halten können –, um so die Stimmenzahl für den Kandidaten oder die Partei zu steigern. Kandidaten werden nicht von ihren Kollegen überprüft und ausgewählt, die jahrzehntelang mit ihnen zusammengearbeitet haben, sondern stattdessen frei von schlecht informierten und leicht manipulierbaren Wählern bestimmt, die sie ein paar Monate zuvor im Fernsehen zum ersten Mal gesehen haben. Damit ist der ganze »demokratische« Prozess hinter der Bühne allen möglichen Manipulationen ausgesetzt – genau so, wie Polittechnologen es brauchen und lieben. Rachel Boyntons Dokumentarfilm *Our Brand is Crisis* aus dem Jahr 2005 zeigt sehr deutlich, wie amerikanische Politikberater die Demokratie in postautoritären Regimen fördern, indem sie »jene zwielichtigen Praktiken ..., von denen Wahlen nur zu oft getragen sind«, exportieren.[34] Es geht in diesem Film um Bolivien, doch seine Lehren sind problemlos auf das postkommunistische Russland übertragbar.

Die neue antiamerikanische Ausrichtung der russischen Regierungsbehörden, die sich bisher großzügig bei den Wahlkampftipps und -tricks der US-Politikberater bedient haben, ist ein gutes Beispiel für Hannah Arendts »Bumerangwirkung«.[35] Amerikanische Politikberater halfen Russlands Polittechnologen, jene zwielichtigen Praktiken zu erlernen, von denen Wahlen nur zu oft getragen sind. Damit stärkten sie die Legitimität der Kremlmacht, die jetzt wiederum mit offensichtlichem Erfolg gegen die amerikanische Demokratie in Stellung gebracht wird. Die Russen, die die Jedi-Psychospiele der amerikanischen Experten für politisches Marketing nachahmten und weiterhin geheime Operationen orchestrieren, um US-Wahlen zu beeinflussen, lassen sich vermutlich durch Vorwürfe, sie würden die heilige Integrität der amerikanischen Demokratie verletzen, kaum beeindrucken.

Es ist verlockend, die »imitierte Demokratie« – oder wie der Kreml sie nennt, die »gelenkte Demokratie« – einfach als ein zynisches Komplott postkommunistischer Eliten zu betrachten, um das Volk seiner politischen Repräsentation zu berauben. Wenn man jedoch mit Pawlowski spricht, gewinnt man eine sehr viel komplexere Sicht auf ihre Ursprünge.[36] Der Zusammenbruch des Kommunismus war gleichzeitig der Zusammenbruch des Sowjetstaates. Damit wurde die russische Gesellschaft enthauptet; sie war allein auf informelle Netzwerke zurückgeworfen und im Vergleich zum vergangenen halben Jahrhundert im Grunde formlos. Selbst wenn russische Eliten an politische Repräsentation geglaubt hätten, wäre es ihnen unmöglich gewesen zu erkennen, um welche gesellschaftlichen Gruppierungen es dabei gehen sollte. Dazu wäre eine Gesellschaft nötig gewesen, die nicht so sehr durch jahrzehntelange kommunistische Herrschaft zerrieben und klarer umrissen war als das damalige Russland.

Die imitierte Demokratie war laut Pawlowski eine Antwort auf die beispiellose politische Herausforderung, in einer demoralisierten, desorganisierten und misstrauischen Gesellschaft, in der die Eliten auf mysteriöse Weise fabelhaften Reichtum anhäuften, das Vertrauen der Bevölkerung in die Elitenherrschaft wiederherzustellen. Gazprom (eine riesige, staatlich kontrollierte Erdgasgesellschaft) und der Erste Kanal des Russischen Staatsfernsehens waren die einzigen beiden organisierten Kräfte, die das Land zusammenhielten. Die imitierte Demokratie war daher nicht einfach die Kopfgeburt von Zynikern. Sie war ein allerletzter Versuch, eine aus der Verzweiflung geborene Strategie.

Bei der Lektüre von Meinungsumfragen zur Vorbereitung auf Jelzins Wiederwahlkampagne 1996 stellte Pawlowski zu seiner Verblüffung fest, dass die Polarität von Demokratie und Autoritarismus, die westliche Beobachter der russischen Politik aufzuzwingen versuchten, in den Köpfen der russischen Wähler gar nicht existierte. Was die Leute wollten, war eine Kombination aus Demokratie und Autoritarismus. Sie wollten eine sehr starke Regierung, die Russland territorial zusammenhalten und seinen Großmachtstatus wiederherstellen konnte, aber gleichzeitig einen Staat, der seine Bürger respektierte und sich nicht in ihr Privatleben einmischte. Pawlowski beschloss, sich dem Aufbau eines solchen Staates zu widmen. Die Regierung würde gar nicht übermäßig kompetent sein müssen, da die meisten Russen sowieso nicht an die Politik als ein Mittel zur Verbesserung ihres Lebens glaubten.[37] Wichtig war vielmehr eine imposante Außenwirkung. Vier Jahre später bestand sein Projekt nicht nur darin, Jelzins auserkorenem Nachfolger zur Regierung zu verhelfen. Für ihn war die Präsidentschaftswahl 2000 eine von Gott gesandte Gelegenheit, den russischen Staat neu zu erfinden. Ziel war es, ein politisches Regime zu schaffen, in dem die Machthaber weniger durch die Fähigkeit legitimiert waren, das Volk zu repräsentieren und greifbare Ergebnisse zu liefern, als vielmehr dadurch, dass es schlicht keine Alternative zur derzeitigen politischen Führung gab, auch wenn sich die Politik des altgedienten Führers hin und wieder unvorhersehbar veränderte.

Pawlowski erzählt, wenn es um die Inspiration für seine Strategie geht, gern von einer einfachen Wählerin, die er im Vorfeld der Wahl von 1996 befragt hatte. Sie sagte, sie unterstütze eigentlich Gennadij Sjuganow, den Kandidaten der Kommunistischen Partei, wolle aber jetzt für Jelzin stimmen. Als er sie fragte, warum sie nicht Sjuganow wähle, antwortete sie: »Wenn Sjuganow Präsident ist, werde ich ihm meine Stimme geben.«[38] Offenbar unterstützen oder akzeptieren die Menschen ihre Herrscher oft nicht für das, was sie tun, sondern einfach wegen der Ämter, die sie innehaben, oder wegen der Titel, die sie besitzen. »Popularität« ist in Russland eine Folge und keine Ursache der Macht. Wahlen repräsentieren nicht die Interessen der Wähler, sondern registrieren ihren

Willen, diejenigen Amtsinhaber zu bestätigen, die in der Lage sind, jegliche Konkurrenz kaltzustellen.

Da dafür gesorgt wurde, dass überzeugende Alternativen fehlen, ist es unmöglich, Putins »Popularität« nach einem absoluten Maßstab zu messen, obwohl man ihre Höhen und Tiefen im Laufe der Zeit mitverfolgen kann. Zugegebenermaßen gründete die öffentliche Akzeptanz von Putins Herrschaft in seinen ersten zehn Regierungsjahren ebenso stark auf dem Wohlstand und der Stabilität, die er nach einem Jahrzehnt des Elends und der Turbulenzen bot, wie auf dem Eindruck der »Alternativlosigkeit«,[39] den die Polittechnologen vermittelten. Die Menschen schätzten diese Stabilität – wie es wohl jede Nation getan hätte – und sind auch heute noch misstrauisch gegenüber politischen »Unruhestiftern«, weil ihrer Ansicht nach ein langsam sinkender Status quo dem experimentellen Wandel vorzuziehen ist.[40] Es ist wohl diese Mentalität, die Putins Anhänger mit dessen Legitimationsformel der Alternativlosigkeit versöhnt.

Wie Wahlmanipulation funktioniert

In einem Versuch, Lady Ottoline Morrell die Russische Revolution zu erklären, meinte der britische Philosoph Bertrand Russell einst, der bolschewistische Despotismus, so entsetzlich er auch sein möge, sei offenbar die richtige Art Regierung für Russland. »Wenn Sie sich überlegen, wie die Figuren Fjodor Dostojewskis regiert werden sollten, werden Sie das verstehen«, war sein nicht allzu feinsinniges Argument. Viele Kommentatoren berufen sich auch heute wieder auf Russlands autoritäre, für die liberale Demokratie angeblich unwirtliche politische Kultur, wenn sie das jüngste Wiederaufleben des Autoritarismus in Russland erklären.[41] Wie immer man auch zum kulturellen Determinismus stehen mag – er erklärt jedenfalls nicht die zentrale Rolle, die manipulierte Wahlen in Putins politischem System spielen. Und das ist kein geringer Mangel, da man sich Putins Russland ohne Wahlen gar nicht vorstellen kann.

Der Vergleich von manipulierten Wahlen im postkommunistischen Russland und Schauprozessen in der Sowjetunion unter Stalin mag weit hergeholt scheinen, erweist sich jedoch als ziemlich aufschlussreich. Warum waren Revolutionshelden bereit, Verbrechen zu gestehen, die sie nicht begangen hatten, und wie trug diese juristische Scharade zu Stalins Macht bei – das sind zentrale Rätsel der 1930er-Jahre, am besten eingefangen in Arthur Koestlers *Sonnenfinsternis*.[42] Die »Schauprozesse« sollten die allumfassende Loyalität und Liebe des Gefolterten zu seinem Folterer zeigen. Im heutigen, relativ weichen Regime sind die wegen politischer Verstöße Verfolgten aufsässig und haben gute Anwälte, weshalb ihre Gerichtsprozesse kein erbauliches Spektakel für die allgemeine Öffentlichkeit liefern. Also greift man stattdessen auf Schauwahlen zurück. Um diese zu verstehen, sollten wir fragen: Warum brauchte Putin Wahlen, wenn nur eine Minderheit der Russen glaubte, dass Russland eine Demokratie würde, und wenn fast niemand außerhalb Moskaus glaubte, dass Russland schon eine Demokratie war?[43] Warum manipulierte Putin regelmäßig Präsidentschafts- und Föderationsratswahlen, obwohl er auch bei einem freien und fairen Wettbewerb gute Chancen auf einen Sieg gehabt hätte? Und warum manipulierte der Kreml Wahlen so offensichtlich, dass niemand an dieser Manipulation beziehungsweise dem Kreml als deren Urheber zweifeln konnte (etwa indem missliebige Kandidaten ausgeschlossen wurden)? Genau das ist nämlich das Faszinierende an dieser demokratischen Maskerade – sie ist gar nicht auf Täuschung angelegt.

Zwischen 2000 und 2012 schuf Putin ein politisches Regime, in dem Wahlen ebenso bedeutungslos wie unverzichtbar waren. Dass Wahlen »gelenkt« wurden, wie Julia Ioffe angemerkt hat, ist »etwas, das alle in Russland, unabhängig von ihrer geäußerten oder tatsächlichen politischen Überzeugung, wissen und akzeptieren«.[44] Das zweifelhafte Aussortieren von angeblich ungültigen Unterschriften und die Disqualifizierung von Kandidaten, das Füllen der Wahlurnen mit gefälschten Wahlscheinen, die Falschauszählung von Stimmen, das Medienmonopol, die Hetzkampagnen – all dies war bei allen russischen Wahlen in den drei postkommunistischen Jahrzehnten üblich.

Zu Beginn des 21. Jahrhunderts wussten die meisten Russen also, dass Wahlen eigentlich immer schon im Voraus gelaufen waren. Der Kreml hatte ein Monopol auf die politische Berichterstattung des Fernsehens. Er entschied auch, welche politischen Kräfte russische Geschäftsleute finanzieren durften. Aber die meisten Menschen spürten, dass Putin dank des Wohlstands und der Stabilität, die er gebracht hatte, bei einem freien und fairen Wahlprozess ohnehin an die Spitze gekommen wäre. Das reichte aus, um die meisten Wähler mit dem Strudel aus Korruption, Ungleichheit, Ungerechtigkeit und im Vorhinein festgelegten Wahlergebnissen zu versöhnen. Indem der Kreml all dies »normal« erscheinen ließ, konnte er außerdem potenzielle Reformer als gefährlich utopische Träumer darstellen. Ein führender Sprecher der russischen Menschenrechtsbewegung, der Putin als »die finsterste Gestalt der russischen Zeitgeschichte« bezeichnete, musste vor einigen Jahren widerwillig gestehen, dass »Putin die Wahlen 2000 und 2004 auch dann gewonnen hätte – wenn auch nicht mit so ungebührlich großem Abstand –, wenn sie frei von Wahlmanipulationen und der illegalen Nutzung der sogenannten ›administrativen Ressourcen‹ der Regierung gewesen wären und wenn die Kandidaten tatsächlich über Fernsehen und Presse gleichen Zugang zu den Wählern gehabt hätten«.[45]

Dennoch hätte Putin seine Macht ohne regelmäßige manipulierte Wahlen nicht erringen und bewahren können. Dieses Paradox ist vielleicht sogar das bestgehütete Geheimnis des postkommunistischen Russlands. Kein Historiker wertet die regelmäßigen Wahlen als wichtige oder auch nur bemerkenswerte Ereignisse in der Geschichte der Sowjetunion. Kein Russe erinnert sich an etwas, das mit den Wahlergebnissen im Kommunismus zu tun hätte. Dagegen ist die Geschichte des postkommunistischen Russlands in einem vielleicht grundlegenden Sinn die Geschichte seiner Wahlen und der starken politischen Veränderungen, die sie dokumentierten und hervorbrachten, auch wenn die Wahlen der Ära Putin grundsätzlich antidemokratisch sind: Statt aktiven Bürgern eine Mitsprache bei der Machtausübung zu geben, sollten sie die Macht des Kreml über im Wesentlichen passive Bürger stärken.

Während der Machtausübung des Kreml zwischen 2000 und 2010 übernahmen fingierte Wahlen verschiedene wichtige Funktionen, die faire Wahlen, selbst wenn Putin sie gewonnen hätte, nicht so erfolgreich hätten ausfüllen können. Russlands manipulierte Wahlen waren erkennbar inadäquate Nachahmungen der westlichen Demokratie. Aber sie waren nicht nur eine schmückende Fassade. Und sie sollten auch nicht einfach nur den ahnungslosen westlichen Beobachtern zeigen, dass Russland allmählich den Übergang zur Demokratie vollzog, oder Argumente liefern, anhand derer sich der Westen selbst davon überzeugen konnte, dass Russland schon so eine Art Demokratie sei. Manipulierte Wahlen waren vielmehr wichtige Zahnräder in der Maschinerie, mit der Putin seine Macht ausübte und aufrechterhielt.

Zunächst einmal trugen regelmäßige Wahlen, wie Pawlowski voraussah, dazu bei, das »alternativlose« Grundprinzip von Putins Herrschaft zu konstruieren und immer wieder zu verdeutlichen. Eine Umfrage des Levada-Center ergab 2007, dass 35 Prozent der Befragten Putin »trauten«, weil sie »niemanden sonst sahen, auf den man sich verlassen könnte«.[46] Skeptiker fragten damals zu Recht, wie viel die Wahlergebnisse tatsächlich über Putins Abschneiden an der Wahlurne aussagten, da doch niemals ernsthafte Alternativen zur Abstimmung zugelassen worden waren. Tatsächlich bestätigte 2011 eine Umfrage die These, dass Putins »Beliebtheit« öffentliche »Trägheit« und »einen Mangel an Alternativen« widerspiegele.[47] Doch genau dies ist der Punkt. Wenn man die Wähler davon überzeugen konnte, dass es keine plausible Alternative zur gegenwärtigen Staatsführung gab, akzeptierten sie fatalistisch den Status quo. Das erklärt, warum die Polittechnologen im Kreml so viel Zeit damit verbrachten, alle auch nur vage überzeugenden Alternativen zu Putin zu disqualifizieren und so sicherzustellen, dass er nur gegen ganz offenkundig unattraktive Scheingegner wie Wladimir Schirinowski und Gennadij Sjuganow antrat. Ihre übertriebene Angst vor schwachen Herausforderern, die über keine unabhängige politische Basis verfügten, spiegelte ihre Unsicherheit in Bezug auf Putins »Beliebtheit« wider. Sie wollten unbedingt verhindern, dass irgendeine Gegenelite jemals die Chance bekam, eine Wählerbasis zu gewinnen oder aufzubauen. Öffentliche Enttäuschung über das System konnte nicht einfach mit Einschüchterung oder Gewalt unterdrückt werden, sondern musste raffiniert gemanagt werden, indem man die Beschränkungen kollektiven Handelns, mit denen Regimegegner zu kämpfen hatten, steigerte. Betrügerische Wahlen lieferten den »Schauplatz« oder den Kontext für dieses brisante Management – dazu gehörte das ständige Aufspalten politisch feindlicher Wählergruppen, das zyklische Auftauchen und Verschwinden konkurrierender Koalitionen und die regelmäßige

Säuberung von potenziell glaubwürdigen Konkurrenten, bevor sie eine Eigendynamik entwickeln konnten.

Manipulierte Wahlen boten der vordergründig mächtigsten Partei auch regelmäßig die Möglichkeit, sich selbst neu zu erfinden. Mit neuen Slogans und frischen Gesichtern konnte Putins Einiges Russland sich als die Partei der Stabilität wie auch des Wandels präsentieren.[48] Politisches Marketing beruht auf der Erkenntnis, dass Verkäufer die Käufer nur bei der Stange halten können, wenn sie gelegentlich neue – oder zumindest neu verpackte – Produkte anbieten. »Die Menschen wählen das Spektakel, nicht die Routine«, stellte der französische Marketing-Guru Jacques Séguéla fest. »Alle Wahlen sind dramaturgisch komponiert.«[49] Im Falle Russlands hat sich dies spektakulär bewahrheitet.

Manipulierte Wahlen bildeten auch den Kern des von Putin ständig neu ausgehandelten Vertrages mit den regionalen Eliten. In Ermangelung einer alteingesessenen Parteimacht (wie die Kommunistische Partei Chinas sie bietet) oder einer gut organisierten und effizienten Bürokratie dienten die Wahlen als das vorrangige Instrument, um die politische Elite des Landes zu kontrollieren und neue Kader zu rekrutieren, möglichst ohne dabei gefährliche Spaltungen in ihren Rängen zu riskieren. Russlands *vybori bez vybora* (Wahlen ohne echte Wahl) funktionierten wie Militärmanöver in Uniform oder Generalproben für einen echten »Kampf« – mit Schüssen auf simulierte Ziele und der Gewissheit, dass die Regierung siegreich aus diesem Kampf hervorgehen wird. Mit manipulierten Wahlen ließ sich die Bereitschaft der Kerntruppen beurteilen, und testen, welche Regionalführer kompetent und zuverlässig waren und welche nicht. Funktionäre auf Gemeindeebene mussten nicht nur einfach ihre Loyalität bekunden, sondern auch unter Beweis stellen, dass sie alles im Griff hatten, indem sie die gewünschten Wahlergebnisse lieferten. Man konnte ihre Begabung, Wahlurnen mit zusätzlichen Stimmzetteln zu füllen oder Tabellen zu fälschen, ebenso in der Praxis testen wie ihre Fähigkeit, Studenten zu regierungsfreundlichen Märschen auf die Straße oder Staatsangestellte an die Wahlurnen zu bringen. Das Regime erhielt durch eine manipulierte Wahl Informationen darüber, ob rangniedere Funktionäre und Parteimitglieder die ihnen zugewiesenen Rollen meisterten oder vermasselten.

Im ersten Jahrzehnt des 21. Jahrhunderts sollten regelmäßige Wahlen auch Russlands nationale Einheit demonstrieren (sprich: überhöhen) und den angeblichen Zusammenhalt und die Solidarität im Putin-Land dramatisieren. Seiner Verfassung nach ist Russland ein geordneter Bundesstaat, der Kreml-Rhetorik zufolge ein stark zentralisierter Staat und gemessen daran, wie die Macht in vielen Regionen des Landes ausgeübt wird, ein chaotisch gespaltenes, uneiniges und feudales Gebilde. Russlands betrügerische Wahlen waren entscheidend, nicht nur um die lokalen Kader des Einigen Russland zu disziplinieren und einen politischen Raum zu schaffen, in dem Putin und sein Kreis als die einzige überzeugende Wahl erscheinen konnten. Sie förderten vor allem die ansonsten zweifelhafte politische Einheit der Nation genau in dem Moment, als viele Russen die gegenwärtigen Landesgrenzen als nur vorläufig ansahen, sie sorgten psychologisch für Auftrieb, als eine Mehrheit den Nationalfeiertag Russlands nicht kannte oder nicht sagen konnte, was an diesem Tag passiert war, und als die einzige kollektive Erfahrung, an die sich die Menschen mit Stolz erinnern konnten, der Sieg der Sowjetunion über den Nationalsozialismus war. An den regelmäßig angesetzten Wahltagen waren die russischen Bürger – anders als an allen anderen Tagen des Jahres – aufgerufen, im Einklang zu handeln, etwas gemeinsam zu tun. Dabei war es egal, dass die Wahlen manipuliert waren und das

Ergebnis schon im Voraus feststand – überall in den Weiten des Landes gingen Wähler zu den Urnen. Vermutlich taten sie das, um ihre Loyalität nicht nur gegenüber dem Anführer des Landes, sondern auch gegenüber der Einheit dieses außergewöhnlich diversen politischen Raumes auszudrücken. Die geografische Karte Russlands zeigt eine riesige unzusammenhängende Landmasse, die locker aus bunten Flecken zusammengenäht ist. Die Landkarte mit den Wahlergebnissen verwandelt diese Flecken symbolisch, wenn auch nur kurz, in ein zusammenhängendes politisches Ganzes. Die einfachen Russen waren traumatisiert durch die plötzliche Zerstörung des sowjetischen Hauses, in das sie hineingeboren worden waren. Ihnen boten manipulierte Wahlen, in denen etwa Tschetschenien mit 95 Prozent (und mehr) für Putin und das Einige Russland stimmte, die psychologische Sicherheit, dass das Land seine territoriale Integrität bewahrte, wie belastet und ausgefranst auch immer es war. »Die Wählerschaft spalten, das Volk einen« – diese Parole kann als das Leitprinzip des russischen Schein-Mehrparteiensystems gelten.

Russlands manipulierte Wahlen hatten im ersten Putin-Jahrzehnt zudem die Aufgabe, die loyale Opposition von jenen zu trennen, die der Kreml als fünfte Kolonne von Feinden und Verrätern sah. In diesem Zusammenhang ging und geht es beim grundlegenden politischen Kampf in Russland noch immer nicht um Machthaber, die um die Zustimmung des Volkes buhlen, sondern um einige wenige reiche Bürger und viele rangniedere Funktionäre, die um die Zustimmung der Mächtigen rangeln. Sich als Partei oder unabhängiger Kandidat durch die Zentrale Wahlkommission registrieren zu lassen, kam und kommt der Erlaubnis gleich, sich politisch zu betätigen. Wahlen setzen in diesem Sinn eine ausgeklügelte politische Entscheidung darüber voraus, wo genau die Linie zwischen der unbedenklichen (und rechtlich zulässigen) und der gefährlichen (verbotenen) Opposition zu ziehen sei. Die Weigerung der Kommission, eine bestimmte politische Koalition zu registrieren, ist eine deutliche Warnung: Wer eine geächtete Gruppierung finanziert oder unterstützt, sabotiert damit quasi das System. Die größte Herausforderung für Putins Gegner bestand (und besteht) nicht darin, eine Wahl zu gewinnen, sondern darin, überhaupt erst einmal für eine Wahl registriert zu werden.[50] Aus der Perspektive des Kreml boten die Wahlen im ersten Jahrzehnt des 21. Jahrhunderts ideale Gelegenheiten, die Liste lizenzierter Oppositionskandidaten und -parteien zu säubern und aufzufrischen.

Schließlich (und das stellt das bekannte Klischee auf den Kopf) sollten Putins manipulierte Wahlen nicht die Demokratie nachahmen, sondern vielmehr Autoritarismus imitieren. Die Schauwahlen der Putin-Zeit hatten einen Demonstrationseffekt, der auch hier grob, wenn auch weit weniger mörderisch, dem der Schauprozesse der Stalinzeit ähnelte. Anhand der fingierten Wahlen bewies Putin, dass er die Zulassung, die Nominierung und den Wahlprozess geordnet und planbar manipulieren konnte, und damit zeigte er paradoxerweise seine autoritären Referenzen als Mann mit Durchsetzungsvermögen. Manipulierte Wahlen, von denen man wusste, dass sie manipuliert waren, waren nicht nur eine Trotzreaktion auf die westliche Anmaßung, Russlands politische Runderneuerung nach 1991 zu »beaufsichtigen«. Sie waren auch der billigste und einfachste Weg für das Regime, um zu zeigen, dass es keine Angst vor »Farbrevolutionen« hatte. Denn solche eklatanten Manipulationen waren ein Weg, unzufriedene Bürger aus der Deckung zu locken und sie dazu zu bringen, das Regime offen herauszufordern. Wenn bei einer so schamlosen Fälschung der Wahlergebnisse niemand protestierte, akzeptierte die Gesellschaft das gegenwärtige Regime doch offenbar.

Die Manipulation einer Wahl erlaubte es der Regierung auch, eine autoritäre Macht zu demonstrieren, die sie eigentlich gar nicht besaß, und so den schwächelnden Zugriff auf das Land zu stärken oder sich zumindest ein bisschen mehr Luft zu verschaffen. Putins Team, das unbedingt jedes Zeichen von Schwäche vermeiden wollte und wusste, dass man öffentliche Unterstützung künstlich durch die Illusion von Macht aufblähen kann, hatte etwas übrig für Schauspiele, die wenig Bühnenkunst erforderten, den Zuschauern aber einen übersteigerten Eindruck von dem vermittelten, was die Regierung alles erreichen konnte. »Gelenkte Demokratie« simulierte mit anderen Worten nicht Demokratie, sondern Lenkungsmacht. Eine Wahl konnte man mit bescheidenen administrativen Mitteln manipulieren, und das war sicher einfacher, als die tschetschenische Jugend mit qualifizierter Bildung zu versorgen. In einem Land, in dem die »Wahlen« der Sowjetzeit noch als ein Symbol unwiderstehlicher Macht im Gedächtnis waren, erlaubten manipulierte Wahlen dem korrupten Regime, eine gewisse autokratische Autorität zu imitieren. Ein Regime, das nicht fähig war, die Probleme des Landes anzugehen oder eine Politik im öffentlichen Interesse zu machen und durchzusetzen, konnte sich damit als allgegenwärtig und allsehend präsentieren. Im ersten Putin-Jahrzehnt war die Organisation einer Scheinwahl etwa dasselbe, als trüge man einen Schafspelz, um zu beweisen, dass man ein Wolf war.

Putin und seine Clique nutzten gefälschte Wahlen als Werkzeug, um zu herrschen, ohne die gewaltigen administrativen Herausforderungen eines Landes mit so vielen scheinbar unlösbaren Problemen angehen zu müssen. Solche Wahlen waren gut angepasst an das Wesen eines Regime, das die Menschen weder ausbeutete (wie Chinas heutige Exportwirtschaft) noch versuchte, »neue Menschen« aus ihnen zu machen (wie die alte Sowjetunion), sondern sie vielmehr mit relativem Wohlstand und Stabilität beruhigte und sie dann ignorierte, während die Herrschenden astronomische Reichtümer aus dem Verkauf der natürlichen Ressourcen Russlands ins Ausland aufhäuften. Der Kern von Putins Staatskunst war (und bleibt) die Tarnung der Unfähigkeit und nicht der Aufbau von Fähigkeiten. Das hat ihm erlaubt, unkontrollierte Macht mit minimalem Rückgriff auf Gewalt auszuüben. Wie Furman sagte: »Kein Zar oder Generalsekretär besaß jemals eine solche Macht in der Gesellschaft, die so wenig auf Angst gründete.«[51] Innerhalb des demokratischen Rahmens konnte Putin nicht einfach 100 000 Menschen ins Gefängnis werfen, um seine schrankenlose Macht zu sichern. Aber er konnte einige wenige festnehmen und sicherstellen, dass andere potenzielle Herausforderer die Botschaft verstanden.

1953 schrieb Bertolt Brecht, entsetzt darüber, wie die kommunistische Regierung in Ostdeutschland auf die Arbeiterproteste reagiert hatte, ein Gedicht mit dem Titel »Die Lösung«, in dem er vorschlug, die Regierung solle, wenn sie denn so enttäuscht vom Volk sei, dieses existierende Volk doch einfach auflösen und sich ein neues wählen. Die russischen Machthaber haben praktisch genau dies getan. Alle paar Jahre formen und selektieren sie mithilfe von Verwaltungsmaßnahmen ein Wahlvolk nach ihrem Geschmack. Diese manipulierten Wahlen sollen nicht die Wähler repräsentieren, sondern einer gleichzeitig eingeschüchterten und beruhigten Öffentlichkeit die aufgeblähte Effektivität der Staatsmacht vorführen.

Die Nachahmungsfalle

Allerdings ist die imitierte Demokratie, wie Furman feststellte, stärker der Selbstzersetzung preisgegeben, als ihre Architekten in Moskau anfangs ahnten. Wenn eine Regierung die Illusion propagiert, dass die Bürger ihre Führer wählen, lauert das Gespenst der Farbrevolutionen hinter jeder Ecke.

Alexej Slapowskijs Roman *Marsch auf den Kreml* aus dem Jahr 2010 beginnt damit, dass ein Polizist versehentlich einen jungen Dichter tötet. Die Mutter des Dichters, die nicht weiß, wer Schuld hat und was sie tun soll, hebt den Toten auf, wiegt ihren Sohn in den Armen und geht fast unbewusst auf den Kreml zu. Die Freunde ihres Sohnes und verschiedene Fremde schließen sich ihr an. Die Nachricht verbreitet sich über die sozialen Medien, es kommen immer mehr Menschen. Die meisten wissen gar nicht genau, warum sie überhaupt auf die Straße gegangen sind. Sie haben keine gemeinsame Plattform, keinen gemeinsamen Traum oder Anführer. Und doch eint sie die Überzeugung: »Genug ist genug«. Sie sind begeistert, weil jetzt endlich etwas passiert. Die Sondereinsatzkräfte können sie nicht aufhalten. Schließlich erreicht der Marsch den Kreml, und dann … gehen die Leute wieder nach Hause.[52]

In der realen Welt spielten sich solche Vorgänge im Dezember 2011 in Russland ab. Moskau erlebte die größten Proteste seit 1993. Nicht der Tod eines Dichters, sondern manipulierte Parlamentswahlen lieferten den Funken, der den Zorn der Menge entzündete. Doch die Demonstranten teilten ein wichtiges Merkmal mit den unzufriedenen Marschierern in Slapowskijs Roman. Sie tauchten scheinbar aus dem Nichts auf, zur Überraschung fast aller – einschließlich vielleicht ihrer selbst. Die Protestierenden setzten sich zusammen aus einer fast unvorstellbaren Ansammlung von Liberalen, Nationalisten und Linken, die wahrscheinlich noch nie miteinander geredet hatten und die ein paar rauschhafte Wochen lang wagten, sich ein Leben ohne Putin vorzustellen.

Auf die Frage, ob der Kreml von der Entwicklung der Ereignisse überrascht worden sei, antwortete Juri Kotler, ein ranghoher Funktionär der Partei Einiges Russland: »Na ja, stellen Sie sich vor, Ihre Katze käme zu Ihnen und redete mit Ihnen. Zuallererst: Sie ist eine Katze, und sie redet. Zweitens hat die Regierung diese Katze all die Jahre gefüttert, ihr Wasser gegeben, sie gestreichelt, und nun redet sie und stellt Forderungen. Das ist ein echter Schock.«[53] Die Polittechnologie, die davon ausging, dass »Demokratie« einfach eine gewaltfreie Strategie zur Bewahrung der Elitenherrschaft sei, sah sich auf ein Mal mit einer Öffentlichkeit konfrontiert, die unerklärlicherweise glaubte, in einer Demokratie hätten die Menschen das Recht, Widerworte zu geben.

Der plötzlich explodierende Protest erscheint im Rückblick ebenso unausweichlich wie unmöglich. Er ist mit verletztem Stolz, nicht mit sinkenden Lebensstandards zu erklären.[54] Die Protestierer waren wütend, weil Präsident Medwedew und Premierminister Putin im Jahr 2008 ganz dreist im Hinterzimmer beschlossen hatten, die Posten zu tauschen. Natürlich war niemand besonders überrascht, als Putin 2012 beschloss, in den Kreml zurückzukehren – aus der Angst heraus, dass die Beschränkungen des Konstitutionalismus westlicher Prägung allmählich Russlands Interessen (wie er sie verstand) schadeten. Alle wussten, dass Russland Demokratie nur spielte. Die Menschen zogen also nicht durch Moskau, weil sie plötzlich erkannten, dass die Wahlergebnisse vom Kreml manipuliert worden waren, sondern weil Putin und Medwedew ganz nonchalant ein bisher bestehendes politisches Einvernehmen gebrochen hatten. Seit dem Ende der Sowjetunion hatten die Wähler in der Russischen Föderation so getan, als wählten sie ihre Herrscher, und im Austausch hatten die Herrscher so getan, als regierten sie mit Zustimmung des Volkes. Als Putin beschloss, erneut die Präsidentschaft zu beanspruchen, als sei sie sein privates Eigentum, hatte er diese Maske abgelegt. Die Beiläufigkeit, mit der er das tat, war weniger eine Verletzung des Volkswillens als vielmehr ein Affront für die Selbstachtung des Volkes. Die öffentliche Meinung war ihm ganz offensichtlich völlig egal. Die Proteste im Winter 2011/2012 schienen Furmans Aussage zur internen Instabilität der Scheindemokratie zu bestätigen. Sie lieferten verblüffende Belege für seine Voraussage, dass kurzzeitige Regime dieser Art enden würden, sobald das demokratische »Wort« »Fleisch« wurde und ein erwachtes Wahlvolk auf die Straßen strömte, um die überholte autoritäre Maschinerie zu besiegen.

Doch das von Furman erhoffte demokratische Erwachen fand nie statt. In den nächsten Jahren verwandelte sich Russlands Demokratiesimulation nicht in einen Triumph der demokratischen Fassade über den im Verborgenen wirkenden autoritären Apparat. Es war genau andersherum. Wie in Slapowskijs Roman gingen die Protestierenden einfach nach Hause.

Etwa zwischen 1991 und 2011 war eine Simulation der westlichen demokratischen Formen für den Kreml die billigste und reibungsfreiste Strategie gewesen, um eine chronisch schwache Staatsmacht zu überhöhen und den Reichtum der herrschenden Kreise zu schützen. Im ersten postkommunistischen Jahrzehnt war die Trompe-l'œil-Demokratie eine Verteidigungswaffe, die schlecht informierte westliche Missionierer beruhigte und Russland respektabel aussehen ließ, während es mit den Europäern und Amerikanern Geschäfte machte. Die offizielle, ebenfalls für den Westen formulierte Linie lautete, dass das Land durchaus versuche, eine Demokratie zu sein, dies allerdings mehr Zeit in Anspruch nehme als erwartet. Diese Botschaft verbreitete auch Putin in seiner Rede zum ersten Amtsantritt 2000:

> Heute ist wirklich ein historischer Tag, ich möchte noch einmal die Aufmerksamkeit darauf richten. Tatsächlich wurde zum ersten Mal in der Geschichte unseres Landes,

> in der Geschichte Russlands die oberste Macht im Land auf dem demokratischsten und einfachsten Weg übertragen, durch den Willen des Volkes, rechtmäßig und friedlich. Der Machtwechsel – eine Prüfung des Verfassungssystems, ein Test seiner Stärke. Ja, es ist nicht der erste Test und wird sicher nicht der letzte sein, aber es ist ein Test. Wir haben uns dieses Meilensteins in unserem Leben würdig erwiesen. Wir haben bewiesen, dass Russland ein moderner demokratischer Staat wird. Eine friedliche Machtübergabe – ein wesentliches Element der politischen Stabilität, von dem wir mit Ihnen geträumt haben, das wir erstrebt, auf das wir hingearbeitet haben.[55]

Es stimmt, Putins Übernahme der Präsidentschaft lief friedlich ab. Doch die Behauptung, die Macht sei durch den Willen des Volkes übertragen worden, gehört ins Reich der Märchen. Putin wurde vom Team um Jelzin ausgesucht, nachdem er geholfen hatte, einen Aufstand zu unterdrücken, hinter dem nicht nur der damalige Premierminister Jewgenij Primakow stand, sondern auch die unabhängig gewählten Gouverneure sowie Juri Skuratow, der Generalstaatsanwalt, der die Korruption in Jelzins Familie und Entourage untersuchte. Nachdem er seine Vertrauenswürdigkeit im Kampf gegen die Anti-Korruptions-Kampagne, die Jelzins politische Rivalen gestartet hatten, bewiesen hatte, bekam Putin die Präsidentschaft auf dem Silbertablett serviert. Weil dies damals allen klar war, zeigte Putins Kniefall vor dem »Willen des Volkes« nur, wie leicht die demokratische Heuchelei dem Kreml schon damals von der Hand ging.

Im Kontext multilateraler Gipfel umgab die demokratische Fassade Russland mit der vagen Aura einer modernen Macht. Aufgeschreckt durch die weltweite Welle der Farbrevolutionen, erkannte die russische Führung jedoch allmählich, dass ein Regime womöglich irgendwann destabilisiert werden könnte, wenn es allzu schamlos und mutwillig demokratische Formen simuliert.

Das erste Jahrzehnt von Putins Präsidentschaft fiel mit der zweiten Phase der Nachahmung des Westens im postkommunistischen Russland zusammen. In dieser Zeit basierte die Legitimationsformel des Regierungsklüngels auf nachweislich manipulierten, stillschweigend vom Volk gebilligten Wahlen. Diese Legitimation der augenzwinkernden Zustimmung war nach den Protesten gegen die Parlamentswahl von 2011 nicht mehr haltbar. Die absolute Zahl der Protestierenden war zwar nicht hoch, doch in den Meinungsumfragen fanden sie beachtliche Unterstützung. Da der Kreml zudem gerade wegen einer Konjunkturschwäche unter Druck stand, war seine Fähigkeit, mit öffentlicher Unzufriedenheit fertigzuwerden, eingeschränkt. Die hektische Suche nach einer neuen Legitimationsformel als Ersatz für »manipulierte Wahlen ohne Protest« begann sofort nach Putins Rückkehr ins Präsidentenamt im Frühjahr 2012. Sie führt direkt zur Annexion der Krim, die Moskaus Straßen mit Jubel statt mit Protestgeschrei erfüllte, und dann zum blutigen Stellvertreterkrieg in der Ostukraine. Russlands Annexion der Krim war der zentrale (wenn auch nicht der letzte) Akt des Regimeumbaus. Was als »Occupy Abay«-Protest gegen Putin[56] begonnen hatte, verwandelte sich in die Pro-Putin-Feiern von »Re-occupy Crimea«.

Putins improvisiertes Vorgehen in der Ukraine erwuchs nicht so sehr aus der Angst vor NATO-Kriegsschiffen im Schwarzen Meer; vielmehr fürchtete er, desillusionierte Moskauer könnten die seiner Ansicht nach ferngesteuerten Straßenproteste von Kiew nachahmen. Michael McFaul, der Botschafter der Vereinigten Staaten bei der Russischen Föderation, erinnert sich in seinen Memoiren, Putin habe offenbar nie daran gezweifelt, dass die Demonstrationen gegen die Regierung 2011/2012 in Moskau ebenso wie die in der Ukraine 2004 und 2013/2014 vom Westen finanziert und inszeniert gewesen seien. Er glaubte auch, dass sie, wenn schon nicht auf einen vollständigen Regimewechsel, so doch wenigstens auf seine persönliche Entmachtung zielten. McFaul schrieb: »In Putins Welt handelten die Massen nie von sich aus. Sie waren vielmehr Werkzeuge, Instrumente oder Hebel, die man manipulierte.« Tatsächlich sah Putin »die USA als einen Förderer des Regimewechsels überall auf der Welt einschließlich Russland. Putin gab den Vereinigten Staaten die Schuld an allem Schlechten in der Welt und in Russland.«[57] Auch die Bereitschaft seiner alten Elite, darunter einige Kreml-Insider, 2011/2012 offen mit den Protestierenden zusammenzuarbeiten, ärgerte ihn. Putin kam nicht nur wie Furman zu dem Schluss, dass sein scheindemokratisches Regime verletzlich sei, sondern glaubte auch, dass der Westen böswillig intrigiere, um diese Verletzlichkeit auszunutzen. Zufällig ähneln seine Verlautbarungen hin und wieder der Vorstellung des 1954 verstorbenen russischen Publizisten Iwan Iljin, es sei immer Ziel des Westens gewesen, »Russland zu zerteilen, um es unter westliche Kontrolle zu bringen, es auseinanderzunehmen und schließlich verschwinden zu lassen«.[58] Eindämmung war keine neue, in Bezug auf den Sowjetkommunismus nach dem Zweiten Weltkrieg entwickelte westliche Strategie, sondern gehörte laut Iljin schon immer zur Vorgehensweise des Westens gegenüber Russland. Teil davon war auch die Förderung einer kulturell und geografisch ungeeigneten demokratischen Regierungsform, die das Land nur schwächen könne. Nach den politisch peinlichen und aufreibenden Wahlen 2011 und 2012 gehörte die Mimikry der innenpolitischen Institutionen und der Parolen des Westens nicht mehr zu den bevorzugten Methoden des Regimes, um sich vor westlichem Einfluss zu schützen. Jetzt musste es in die Offensive gehen –

nicht, um Russland wieder als globale Supermacht zu etablieren, sondern einfach, um zu überleben. Um dies zu erreichen, träumte das Regime sogar davon, die von Amerika nach 1989 geschaffene liberale Ordnung zu zerstören. Die amerikanische Unterstützung des Arabischen Frühlings der Jahre 2010 bis 2012 und vor allem die von der NATO angeführte Militärintervention in Libyen bestätigten die düstersten Befürchtungen des Kreml, dass die Vereinigten Staaten eine revolutionäre Macht waren, mit der Putins Russland nicht friedlich koexistieren konnte. Doch der Weg, den der Kreml einschlug, war überraschend: Um die westliche Hegemonie zu zersetzen, gab Russland seine Strategie, den Westen zu imitieren, nicht auf, sondern baute sie um, richtete sie anders aus und verwendete sie als Waffe.

Ein wütender Mann mit Krücken

In einer Rede, die über vierzig Jahre lang geheim blieb, hatte der sowjetische Regierungschef Nikita Chruschtschow am 8. Januar 1962 seinen Genossen im Kreml verkündet, die Sowjets seien im Kampf der Supermächte so weit ins Hintertreffen geraten, dass Moskau nur noch die Option bleibe, in internationalen Angelegenheiten die Initiative zu ergreifen. In ein paar Jahrzehnten werden Archivare vielleicht eine ähnliche Rede von Präsident Wladimir Putin an seinen inneren Kreis im Februar 2014 ausgraben. Damals beschloss er, den Westen durch die Annexion der Krim zu schockieren und zu zeigen, dass er damit durchkommen konnte. Mit dieser Blitzaktion verschleierte er zudem die erniedrigende Tatsache, dass Russland gerade die Ukraine verloren hatte. Und vor allem stärkte er damit erfolgreich die bröckelnde Unterstützung des Volkes für sein Regime. Seine damalige öffentliche Rhetorik konnte den Eindruck erwecken, der ethnisch-russische Nationalismus spiele eine wichtige Rolle bei der Entscheidung, die Krim zu annektieren, und natürlich müssen die Ironiker im Kreml die poetische Wende genossen haben, dass jetzt Moskau einer »unterdrückten Nation« zu Hilfe kam. Dennoch sollte man im Hinterkopf behalten, dass Putin bis zu einem gewissen Grad ein Sowjetmensch ist und weiß, dass der Ethnonationalismus eine zentrale Rolle beim Auseinanderbrechen der Sowjetunion spielte – auch wenn er dem Westen die Schuld dafür zuschiebt.

Indem die russische Regierung lange so tat, als wolle sie einem westlichen *politischen* Modell entsprechen, konnte sie sich in einer Zeit großer Schwäche und Verletzlichkeit an der Macht halten und die Wirtschaft umstrukturieren (und sich dabei oft selbst bereichern). Doch diese Überlebensstrategie fühlte sich nicht wie ein Sieg an. In den Augen kurzsichtiger Beobachter als Demokratie durchzugehen, mag helfen, um zu überleben, aber man ist damit dem Westen noch nicht wirklich gewachsen, und man kann keinen nationalen Exzeptionalismus als politische Legitimationsquelle heraufbeschwören.

Die Annexion der Krim war im Grunde der Versuch, ein System neu zu legitimieren, das gerade seine Glaubwürdigkeit verlor. Das Spektakel einer ungehinderten Verletzung internationaler Normen ersetzte das Spektakel einer ungehinderten Verletzung demokratischer Normen. Kleine erfolgreiche Kriege an symbolisch wichtigen Orten wie der Krim waren letztendlich politisch lohnender als der Gewinn manipulierter Wahlen. Putins dreiste Missachtung westlicher Normen und Erwartungen gab seinem Regime einen stärkeren Aufschwung als Ethnonationalismus oder irgendwelche strategischen Gewinne durch die »Rückkehr« der Krim zum Mutterland. Jenen, die »nur ein Ziel verfolgen – Russland als Nation zu zerstören«, wie Putin in seiner Rede nach seinem Wahlsieg 2012 sagte, »haben wir gezeigt, dass niemand uns irgendetwas befehlen kann. Niemand kann irgendetwas erzwingen.«[59] Die Annexion der Krim bewies das. Putin hatte Souveränität auf die Bühne gebracht, eine One-Man-Show unter donnerndem Applaus der Öffentlichkeit. Die Wiederherstellung der russischen Stärke und Souveränität, de facto also die Unabhängigkeit des Landes von westlichen Einflüssen, bleibt für Putin bis heute das Grundthema im öffentlichen Diskurs. »Alle Versuche, Russland zu kontrollieren, sind gescheitert. Begreift das endlich!«, wiederholte er 2018. »Niemand hat uns zugehört. Hört jetzt zu.«[60]

Diese Überempfindlichkeit einerseits und Ellenbogenmentalität andererseits lassen vermuten, dass Russlands geopolitische Abenteuer nach 2012 vor allem in einer tief sitzenden Angst seiner Führung gründen. Russland ist seiner »weichen Macht« beraubt, seine Wirtschaft ist nicht wettbewerbsfähig, seine durch Petrodollars gestützten Lebensstandards stagnieren oder sinken drastisch und seine Bevölkerung altert und schrumpft. Die Menschen auf der Straße misstrauen der weit über allem schwebenden Elite zutiefst. Kernproblem der Führung ist und bleibt es also, die Staatsmacht emotional bei den Menschen zu verankern. Dem Kreml wurde bewusst, dass entflammbare Gefühle ebenso wichtig für seine Legitimität sind wie entflammbare Kohlenwasserstoffe. In seinem ersten Interview als Präsident erhob Putin unter anderem folgenden Anspruch: »Es gibt in der internationalen Arena harte Konkurrenz, nicht nur auf dem Markt, sondern auch unter den Regierungen. Es tut mir sehr leid, das zu sagen – denn es ist sehr besorgniserregend –, aber wir stehen in diesem Wettbewerb nicht auf einem Spitzenplatz unter den Führern der Welt.«[61] Putins selbst zugewiesene Aufgabe bestand deshalb von Anfang an darin, Russlands Rolle als wichtiger Protagonist im Großen Spiel, aus dem Moskau 1991 so wenig feierlich herausgeworfen worden war, wiederaufleben zu lassen. Der russisch-georgische Krieg von 2008 war eine Generalprobe. Ernsthaft verfolgte Putin dieses Ziel durch außenpolitisches Abenteurertum aber erst nach 2012.

Moskaus relative Schwäche als Weltmacht bedeutet nicht, dass man Russland nicht ernst nehmen sollte oder dass die erfolgreichen Bemühungen des Landes, seine globale Bedeutung wenigstens zum Teil – als Assads Sicherheitsgarantie und Deutschlands Gaslieferant – wiederzuerlangen, unterschätzt werden sollten. Anders als China ist Russland jedoch keine klassische aufstrebende Macht. Sein Gewicht in der Welt ist minimal, verglichen mit dem Einfluss, den die Sowjetunion einst hatte. Es ist ihm zwar gelungen, seine Position kurzfristig zu verbessern, doch die langfristigen Perspektiven als globales Schwergewicht sind fraglich. Die Annexion der Krim stärkte Putins Legitimität, die Intervention in Syrien jedoch hat die meisten Russen nicht besonders interessiert, und Russlands noch kleines, aber wachsendes (und teures) Engagement in Afrika und Lateinamerika ist in der breiteren Öffentlichkeit nicht bekannt oder wird nicht gewürdigt. Nicht zweifeln kann man jedenfalls an der Fähigkeit des Kreml, auf der Weltbühne den Spielverderber zu geben.

Nun ist relative Macht wegen der »Revolte der Schwachen«, wie der Wirtschaftsjournalist David Brooks sie nennt,[62] heutzutage zugegebenermaßen frustrierend schwer zu messen. Amerikas überwältigende militärische Überlegenheit hat seine Herausforderer nicht in eine fügsame Unterwerfung getrieben, sondern zu Strategien asymmetrischer Kriegsführung angeregt, die die Kämpfe sehr wirksam dorthin verlegen, wo die militärische Macht der USA irrelevant ist. Laut einer bemerkenswerten Harvard-Studie erreichte die schwächere Seite in asymmetrischen Kriegen zwischen 1800 und 1849 ihre strategischen Ziele in nur 12 Prozent der Fälle. (Die Forscher messen »Stärke« nach der Zahl der Soldaten und der Größe der Feuerkraft.) In den Kriegen, die zwischen 1950 und 1998 ausbrachen, siegte dagegen die schwächere Seite in verblüffenden 55 Prozent.[63] Die gängigste Erklärung für diesen Aufstieg der Schwachen lautet, dass die weniger mächtige Seite ihren Feind – besonders in der zweiten Hälfte des 20. Jahrhunderts – gar nicht schlagen oder vernichten, sondern nur ausharren musste, gewöhnlich auf heimischem Terrain. Sie musste nur Sand ins Getriebe der feindlichen Maschinerie werfen und darauf warten, dass der nominell überlegene Feind den Spaß an diesem Konflikt verlor. Offenbar ist nicht der Eroberer, sondern der Vereitler die prägende Figur des modernen Krieges.

In der Konfrontation mit dem Westen ist Russland zweifellos die schwächere Seite. Aber es hat sich sehr wirksam als Spielverderber betätigt, indem es die Initiative ergriff und dadurch den Konflikt in Übereinstimmung mit eigenen Interessen und eigener Weltsicht definierte und formte. Dies gelang auch wegen der relativen Passivität und Interesselosigkeit des Westens – schon vor Trumps Präsidentschaft. Das verwirrende Spiel um Eskalation und Deeskalation in der Ostukraine und die Militärintervention in Syrien haben gezeigt, dass Putin Verschleppungstaktik und Unberechenbarkeit als Waffen der Wahl einsetzt.

Bis zur Annexion der Krim konzentrierte sich Russlands Nachahmungspolitik auf die Mimikry westlicher Institutionen, vor allem regelmäßiger Wahlen. Diese Strategie hatte unbeabsichtigt die nicht gerade willkommene Nebenwirkung, dass in der Öffentlichkeit Hoffnungen auf Transparenz und Verantwortlichkeit keimten, mit denen man eine Regierung, die sich mit manipulierten Wahlen an der Macht hielt, kritisieren und angreifen konnte. Sie setzte das Regime einem deutlich hörbaren Murren über die Scheinheiligkeit der Regierung aus, über die unverschämte Kluft zwischen dem scheinbaren Respekt für die Wähler und dem Fehlen einer wirklich politischen Gesellschaft, in der Bürger mit »Würde« behandelt werden. Dies führte 2011/2012 zu den massiven Protesten wegen Wahlmanipulation. Die staatsbürgerliche Würde (достоинство) war eine wichtige Forderung der Demonstranten; sie diskreditierte die Legitimationsformel, auf die sich das Regime bisher verlassen hatte.

Nach 2012 warf der Kreml alle Versuche, seine Legitimität nach innen durch eine Nachahmung der Demokratie westlicher Prägung zu stützen, über Bord. Wahlmanipulationen finden noch immer statt, aber sie dienen nicht mehr als tragende Säulen der Beliebtheit und Autorität des Regimes. Durch die Verschiebung der Nachahmungspolitik in die internationale Arena ersparte sich der Kreml öffentliche Unzufriedenheit und den Vorwurf der Scheinheiligkeit, weil er seinen demokratischen »Ansprüchen« nicht gerecht werde. Das neue Ziel bestand darin, die vom Westen dominierte internationale Ordnung zu diskreditieren, indem man deren fundamentale Heuchelei entlarvte. Der Ton war sarkastisch: Für das internationale Recht, erfahren wir, hätten die Amerikaner nichts als Lippenbekenntnisse, ansonsten gelte für sie das Recht der Waffe. Putins spottende Antwort auf westliche Kritik an der Krim-Annexion lautete: »Sie sagen, wir würden das internationale Recht verletzten. Gut, dass sie sich immerhin daran erinnern, dass es so etwas wie das internationale Recht gibt. Besser spät als nie.«[64] Moskaus rebellische Massen waren nicht mehr darauf aus, Putin die Leviten zu lesen – jetzt schickte sich Putin mit den Massen im Rücken an, dem Westen eine Lektion zu erteilen. Indem er auf Russlands kultureller und politischer Ausnahmestellung beharrte, lieferte dieser neue Ansatz auch eine moralische Basis, um all die herablassenden Lektionen, die der Westen den Russen seit 1991 gegeben hatte, kurz und knapp zurückzuweisen. Ein pensionierter russischer Offizier, stolz darauf, dass Putin Russlands Ansehen durch die Annexion der Krim und den Kampf an der Seite der Separatisten im Donbass gegen die ukrainische Regierung wiederhergestellt hatte, erklärte einem Journalisten: »Ich will ein russisches Konzept für das russische Volk; *ich will nicht, dass uns die Amerikaner sagen, wie wir leben sollen.* Ich will ein starkes Land, eines, auf das man stolz sein kann. Ich will, dass das Leben wieder einen Sinn hat.«[65] Dank Putin ließ sich Russland jetzt nichts mehr von den Vereinigten Staaten sagen, was bedeutete, dass es keine »imitierte Demokratie mit Minderwertigkeitskomplex« mehr war.[66] Der Minderwertigkeitskomplex war ganz sicher nicht verschwunden, doch der Kreml bekämpfte ihn nicht mehr, indem er Demokratie simulierte. Stattdessen griff er auf »waghalsige Aggression« zurück, »um Schwäche zu kaschieren, tief sitzende Ressentiments zu rächen und um jeden Preis zu überleben«.[67]

Fünf Jahre zuvor, im Jahr 2007 (in dem Putin auch seine verstörende Rede in München hielt), veröffentlichte der bekannte russische Filmregisseur und Putin-Freund Nikita Michalkow einen faszinierenden Film. *12*, eine Neuverfilmung des Sidney-Lumet-Klassikers *Die zwölf Geschworenen* aus dem Jahr 1957, ist eine Art Ouvertüre der nächsten, aggressiveren Phase der russischen Nachahmung des Westens, einer Phase, die so richtig erst nach dem Protestwinter 2011/2012 anbrechen sollte und, wie wir dargestellt haben, auf Umwegen zur Annexion der Krim führte.

In Lumets *Die zwölf Geschworenen* steht ein achtzehnjähriger Puerto Ricaner, der seinen Vater erstochen haben soll, vor Gericht. Im Falle eines Schuldspruchs wird er hingerichtet. Elf Geschworene, ungeduldig, die Urteilsberatung hinter sich zu bringen, sind der Ansicht, die Schuld des Jungen sei offensichtlich, während sich der zwölfte Geschworene (Henry Fonda) gegen diese Übermacht stellt und mit der Aussage, er habe »einen begründeten Zweifel«, anfängt, die Beweise der Staatsanwaltschaft zu zerpflücken, bis der Junge nach vielem Hin und Her schließlich freigesprochen wird.

Der Film, der regelmäßig auf Listen der größten Hollywood-Filme aller Zeiten auftaucht, ist ein klassischer Ausdruck des amerikanischen Liberalismus. Er rühmt die Kraft freier Individuen, für die Wahrheit und gegen soziale und ethnische Vorurteile zu kämpfen. Er ist ein filmischer Tribut an rationale Argumentation, Faktenorientierung und eine neutrale Justiz. Kurz nach Ende der McCarthy-Ära produziert, bleibt er bis heute eine machtvolle, wenn auch stark stilisierte Verteidigung amerikanischer liberaler Werte.

Sein russisches Remake *12*, das beim heimischen Publikum ebenfalls sehr erfolgreich war, ist ein künstlerischer Ausdruck des Bemühens, mithilfe der Nachahmungen des Westens die Unabhängigkeit des Landes von ebendiesem Westen zu erklären. Es geht um einen tschetschenischen Jugendlichen, der des Mordes an seinem Adoptivvater angeklagt wird. Als Offizier der Sondereinsatzkräfte hatte dieser den Jungen, dessen Eltern in den Tschetschenien-Kriegen zu Tode gekommen waren, mit nach Moskau gebracht. Wie in Lumets Original beginnt der Film damit, dass sich die Geschworenen, alles Männer, versammeln und sich grundsätzlich über die Schuld des Angeklagten einig sind. Auch hier sät ein Einzelner hartnäckig Zweifel, die Geschworenen offenbaren ihre Persönlichkeit, und schließlich bitten sie um eine Neubewertung der Beweise.[68] Nicht durch abstrakte Argumente, sondern durch konkrete Erfahrung ändern sich die Ansichten der Geschworenen allmählich. Nicht Wahrheit, sondern Mitgefühl hilft ihnen, zu einem gerechten Urteil zu kommen. Doch das

Ende des russischen Films unterscheidet sich stark von dem des amerikanischen Originals. In Michalkows Fassung geht es nicht um abstrakte Gerechtigkeit, sondern um das individuelle Schicksal des Jungen. Es kommt heraus, dass die wahren Täter den Jungen nach seiner Freilassung aufspüren und töten werden. Deshalb stellt die Figur, die Michalkows Alter Ego repräsentiert – ein ehemaliger KGB-Offizier, der versucht, wie Putin auszusehen und zu sprechen –, die Geschworenen vor eine Wahl. Sie sollen den unschuldigen Jungen entweder ins Gefängnis stecken, um sein Leben zu retten, oder sie sollen selbst alles daransetzen, den Jungen zu schützen, wenn er als unschuldig freigelassen wird. Die einzige Person, die bereit ist, sich dieser undankbaren Aufgabe zu stellen, ist natürlich der Ex-KGBler.

Der tschetschenische Junge in Michalkows Film ist eine im Stich gelassene, postimperiale Waise, dazu verurteilt, in der brutalen globalisierten Welt unterzugehen, wenn nicht gerade noch rechtzeitig ein heroischer Beschützer auftaucht. Nachdem Putin Michalkows Neuverfilmung zusammen mit Präsident Ramsan Kadyrow, dem starken Mann Tschetscheniens, in seinem Amtssitz Nowo-Ogarjowo gesehen hatte, soll er gesagt haben, der Film habe ihm »die Tränen in die Augen getrieben«.[69] Putins Tränen zu erklären – das ist die vielleicht letzte Zuflucht des unterbeschäftigten Kremlologen.[70] Doch wenn auch wir einmal frei spekulieren dürfen: In unseren Augen stellt Michalkows ironische Adaption eines klassischen amerikanischen Loblieds auf den Liberalismus für Putin die dramatische Wahl dar, vor der sein Land steht: Entweder wird Russland der Globalisierung unter amerikanischer Führung ein Ende bereiten, oder die Globalisierung unter amerikanischer Führung wird Russland ein Ende bereiten.

Um diese Globalisierung unter amerikanischer Führung herauszufordern, brauchte Russland jedoch eine andere Strategie als vor 2012. Nach 1991 war die Nachahmung des Westens ein Weg gewesen, um die Krise durch Kuscheln mit dem globalen Hegemon zu überstehen. Mimesis war eine natürliche Reaktion auf die chaotische Unsicherheit der Zeit, auch auf die Unsicherheit in Bezug auf die zukünftigen strategischen Ziele des Kreml. Es war mehr als sinnvoll, die Organisationsformen der Westmächte zu kopieren, von denen das kurzfristige Überleben der Regierung abhing. Doch die Anpassung an ein auswärtiges Vorbild ist keine gute Voraussetzung, um einen verlorenen Status als Protagonist in der Weltgeschichte zurückzuerlangen. Ein Sitz im UN-Sicherheitsrat ist keine echte Souveränität, ebenso wenig wie die großzügige Einladung, der WTO beizutreten. Respekt auf der internationalen Bühne ist wertlos, wenn er nur die Freundlichkeit von Fremden widerspiegelt. Man muss ihn sich durch politische Leistungsfähigkeit, wirtschaftliche Dynamik, militärische Stärke und kulturelle Identität verdienen. Moskaus Nuklearwaffenarsenal, so angsteinflößend und erschreckend es auch sein mag, genügt nicht, um wieder jene Art internationalen Respekt zu erringen, nach dem Putin offenbar geradezu lechzt: »Es würde mir gar nicht gefallen, wenn mein Land, Russland, seine Ursprünglichkeit und Identität verlieren würde. Es wäre mir wichtig, die kulturellen, die spirituellen Wurzeln Russlands … zu erhalten.« Das war nach 2012 die offizielle Linie Putins.[71] Russlands neue Strategie bestand aus zwei Elementen: einer konservativen Abwendung von einer Schein-Verwestlichung im Inland und neuen Initiativen aggressiver Nachahmung im Ausland. Unter »souveräner Demokratie« verstand man jetzt das Recht und die Macht, dem Westen rüde die Tür vor der Nase zuzuknallen.

Die angebliche Rückkehr des Kreml zu traditionellen konservativen Werten, die die Ablehnung des westlichen Liberalismus signalisierte und besiegelte, kam nicht völlig unerwartet. Fukuyamas *Das Ende der Geschichte* war in Russland nie ein Bestseller gewesen, Samuel Huntingtons *Kampf der Kulturen* hingegen schon. Russlands nationalistisch denkende Intellektuelle unterstützten begeistert die Behauptung des einstigen Harvard-Professors, dass »die fundamentale Konfliktquelle in dieser neuen Welt nicht vorrangig ideologischer oder vorrangig ökonomischer Natur sein wird. Die großen Trennlinien innerhalb der Menschheit und die wichtigste Konfliktquelle werden kultureller Natur sein.«[72] Dementsprechend war und ist ein abgekapselter Staat, der nur dann sicher in die Weltwirtschaft integriert werden kann, wenn seine nationalen Traditionen, seine Innenpolitik und seine Zivilgesellschaft bis zu einem gewissen Grad vor externen Einflüssen geschützt sind, ein Hauptziel des putinschen Staatsbauprojekts.

Aus Putins Perspektive macht die kulturelle und finanzielle Abhängigkeit der russischen Elite vom Westen sein Regime verwundbar. Putin kontrolliert alles in Russland – nur die wirklich wichtigen Dinge nicht: den Preis von Kohlenwasserstoffen, die Stimmung im Volk (seine Beliebtheit sank 2018 erheblich)[73], und bis zu einem gewissen Grade die Loyalität der Reichen. Sein Einfluss auf eine Wirtschaftselite, die ihre Geschäfte zumeist im Ausland macht, ist zwar erheblich, hat aber doch ihre Grenzen. Dies erklärt, warum die Renationalisierung der weltweit aktiven Schicht von Geschäftsleuten und Unternehmern des Landes schon früh in seiner Präsidentschaft zu einem wichtigen Ziel wurde. Der lange Gefängnisaufenthalt des jetzt im Schweizer Exil lebenden Oligarchen Chodorkowski, der Krieg 2008 in Georgien und die unerhörte Arroganz und Grobheit, mit der er sich regelmäßig über jene ungeschriebenen Verhaltensnormen hinwegsetzt, denen die Führer dieser Welt in feiner Gesellschaft in der Regel folgen – all dies war dazu gedacht, den Westen zu schockieren, um

Russlands wirtschaftliche, politische und kulturelle Distanz von der Welt gegen starke Kräfte wie beispielsweise die Digitalisierung der Kommunikation zu stärken.[74] Aus der Ferne fehlt vielleicht der Zusammenhang zwischen Putins Krieg gegen Homosexuelle, mit dem er russische Konservative, die sich über dekadente Verwestlicher empörten, auf seine Seite ziehen wollte, und seiner Annexion der Krim, die russische Nationalisten begeistern und den liberalen Westen erschrecken sollte. Dennoch entstammt beides demselben aggressiv isolationistischen Drehbuch.

Über die konservative Wende in der russischen Politik ist viel geschrieben worden, doch ohne den Kontext des aggressiven Isolationismus Russlands ist dieser erkennbare Rechtsruck kaum zu verstehen. Die gängige Deutung geht dahin, dass Russland aufgrund der autoritären Haltung seiner Führung beschloss, die konservative Revolution anzuführen. Dementsprechend wird Putins Version des russischen Konservativismus dem ideologischen Einfluss solcher Denker wie Iwan Iljin oder Alexander Dugin zugeschrieben. Doch Putin passt trotz seiner gelegentlichen Verweise auf Iljin nicht so ohne Weiteres zum Bild eines klassischen ideologischen Diktators. Anders als Stalin ist er zum Beispiel nicht als begeisterter Leser bekannt. Fast alle seine Biografen stimmen überein, dass er »von Grund auf sowjetisch« sei. Seine Äußerungen entspringen weniger einer alten slawophilen Tradition als vielmehr einer *ironischen Nachahmung* der Themen, die bei den Feinden der Sowjetunion aktuell waren. Wenn der Kreml heute dem Westen etwas vorwirft, verwendet er sogar dieselben Begriffe, mit denen der Westen die Sowjets in den 1920er-Jahren verhöhnte: Der Westen hat seinen Glauben an Gott verloren, er versucht, die Familie zu zerstören, indem er die freie Liebe und den alles zersetzenden Relativismus fördert. Indem Russland den Spieß so herumdreht, positioniert es sich als Verteidiger und Retter des alten Europas, das vom dekadenten Westen verraten wurde. Der hier zur Schau gestellte »slawophile Konservativismus« ist jedoch nur oberflächlicher Natur, denn auch wenn die russische Führung erzkonservative Werte predigt, ist die russische Gesellschaft alles andere als konservativ. Ehen sind zum Beispiel im heutigen Russland weniger stabil als in der Sowjetzeit mit ihren damals schon berüchtigt hohen Scheidungsraten. In Russland kommen 56 Scheidungen auf 100 Eheschließungen, ein unvollständiger, aber doch aussagekräftiger Indikator schwindender ehelicher Treue und traditioneller Werte.

Nicht nur die Scheidungsraten sind ebenso hoch wie im angeblich dekadenten Westen. Auch Abtreibungen werden häufiger vorgenommen, wenn auch nicht so schockierend oft wie in der Sowjetunion der 1970er- und 1980er-Jahre. Die Zahlen für den Kirchenbesuch liegen niedriger. Wie können wir also Russlands angebliche konservative Wende erklären?

Dazu müssen wir verstehen, dass die russische Führung nicht nur der Albtraum des territorialen Zerfalls umtreibt, sondern auch (wie Osteuropa) das Gespenst des demografischen Niedergangs.

> Zwischen 1993 und 2010 schrumpfte die russische Bevölkerung von 148,6 Millionen auf 141,9 Millionen. Verschiedene demografische Indikatoren ähneln denen von Entwicklungsländern. 2009 wurde die Lebenserwartung von 15-Jährigen in Russland niedriger geschätzt als die in Bangladesch, Ost-Timor, Eritrea, Madagaskar, Niger und Jemen. Die Lebenserwartung von erwachsenen Männern in Russland lag unter der in Sudan, Ruanda und sogar im von AIDS verwüsteten Botswana. Russische Frauen schneiden relativ gesehen günstiger ab, und dennoch lag die Sterblichkeit von Russinnen im arbeitsfähigen Alter 2009 etwas

> höher als bei gleichaltrigen Frauen in Bolivien, dem ärmsten Land Südamerikas. Zwanzig Jahre zuvor lag diese Zahl in Russland um 45 Prozent niedriger als in Bolivien.[75]

Nicht die slawophilen Klassiker in der Kreml-Bibliothek, sondern Russlands einzigartige Kombination aus afrikanischen Sterblichkeits- und europäischen Geburtenraten liefert die beste Erklärung für die konservative Wende in der politischen Rhetorik des Kreml.[76]

Konservative Rhetorik war auch vonnöten, um Putins Mehrheit eine gewisse ideologische Form zu verleihen und eine klare Linie zwischen patriotischen Russen und liberalen Verrätern zu ziehen, die nach Meinung der russischen Führung von den Botschaften anderer Länder aus gesteuert werden. Doch das sind nützliche Slogans ohne moralische Überzeugung dahinter, und ihre Auswirkungen auf das Verhalten sind vernachlässigbar. Effektiv hingegen ist es, die Paranoia vor im Ausland geplanten Verschwörungen zu schüren.

In der fiebrigen politischen Fantasie des Kreml ist der demografische Niedergang nicht einfach Russlands unliebsames Schicksal, sondern geht zumindest teilweise auch auf eine böswillige Verschwörung des Westens zurück. 1994 kam im Wright Laboratory in Ohio (dem Vorläufer des heutigen U.S. Air Force Research Laboratory) ein allzu fantasiebegabter Mitarbeiter auf die Idee, eine *gay bomb* zu entwickeln.[77] Hinter dieser angedachten psycho-chemischen Waffe stand das Konzept, weibliche Sexualpheromone über feindlichen Truppen zu versprühen, sodass die Kämpfenden einander sexuell attraktiv fanden und liebestoll übereinander statt kämpferisch über den Gegner herfielen.

Natürlich kam dieser lächerliche Vorschlag nie über die Stufe einer »netten Idee« hinaus, doch die russische Führung tut so, als habe man 1991 eine solche Gay Bomb über ihrem

Land abgeworfen. »Meine Haltung zur Schwulenparade und zu sexuellen Minderheiten ist einfach. Sie hängt mit der Tatsache zusammen, dass eines unserer Hauptprobleme demografischer Natur ist.«[78] In Putins Denken ist Russlands demografische Krise der Spiegel einer weltweiten moralischen Krise. Heute dem Westen zu folgen bedeute, »das Recht jedes Einzelnen auf … Freiheit des Gewissens, der politischen Ansichten und der Privatsphäre, aber auch unbedingt die Gleichwertigkeit von Gut und Böse anzuerkennen«.[79]

Die repressiven Gesetze – auch gegen »Schwulenpropaganda«[80] –, die in Russland in letzter Zeit erlassen wurden, können wir nur verstehen, wenn wir die dramatischen Auswirkungen der Verwestlichung auf die belasteten Beziehungen zwischen den Generationen vor allem in der russischen Elite wahrnehmen. Zu den vorrangigen Gegebenheiten, die die Legitimität des Kommunismus zerfraßen, gehörte, dass die sowjetischen Eliten ihre Privilegien nur eingeschränkt an ihre Kinder weitergeben konnten. Sicher waren die Kinder der Nomenklatura eine *solotaja molodjosch* (Goldene Jugend), und alle wussten um ihre Privilegien, doch erben konnten sie den Status ihrer Eltern von Rechts wegen nicht. Diese Einschränkung einer in der menschlichen Natur angelegten Neigung, die biologischen Nachkommen zu begünstigen, erwies sich als fundamentale Schwäche für ein Regime, das die egalitäre Vorstellung vertrat, Lebenschancen dürften nicht nach dem gesellschaftlichen Status der Herkunftsfamilie verteilt werden.

Nachdem sie diesen Zwängen 1991 entronnen waren, verlegten sich Russlands postkommunistische Eliten mit vollem Elan darauf, ihren Kindern alle möglichen Vorteile im gesellschaftlichen Ringen um Macht, Geld und Ansehen zu verschaffen. Dazu schickten sie sie oft zum Studieren ins Ausland – und viele beschlossen, nicht mehr zurückzukommen.

Wer doch zurückkam, brachte ganz andere, nicht russische Verhaltensweisen und Überzeugungen mit.

Um also die Psychologie der nationalen Eliten in zuvor kommunistischen Ländern nachzuvollziehen, muss man dieses Paradox verstehen: Genau in dem Moment, als diese Eliten die Möglichkeit zurückerlangten, ihre Kinder zu begünstigen, begannen diese, den Einfluss ihrer Eltern abzuschütteln. Nachdem sie sich mit dem normativen Rahmen des Westens *synchronisiert* hatten, waren die im Ausland ausgebildeten Nachkommen der Elite nicht mehr *koordiniert* mit den normativen Erwartungen ihrer Heimat, in der frühere Generationen gelebt hatten. Der Vorwurf, dass der Westen die Kinder der russischen Elite stehle, ist daher ein wichtiger Glaubenssatz des Kreml, der auch die Versuche motiviert, die im Ausland lebenden russischen Unternehmer und Geschäftsleute wieder zurück ins Land zu holen. Die Führung fürchtet, dass Russland wie einst in der Zarenzeit womöglich irgendwann wieder von Menschen regiert werden könnte, die zwar im Lande geboren wurden, aber durch die westliche Kultur verdorben sind und konspirativ den heute privilegierten Gruppen das Recht verweigern könnten, ihren bisherigen Lebensstil fortzuführen. Wenn das Jahr 1968 im Westen für die Revolte der Kinder gegen die repressiven Werte und Entscheidungen ihrer Eltern steht, so repräsentieren die 2010er-Jahre in Russland einen Protest der Eltern gegen die neuen gesellschaftlichen und kulturellen Werte ihrer im Westen ausgebildeten Kinder.

Es ist heute Mode, Putins Strategien als einen Versuch zu deuten, den geopolitischen Einfluss der Sowjetunion, wenn nicht sogar die Sowjetunion selbst, wiederherzustellen.[81] Andere Kommentatoren betonen Russlands Rolle als eine konservative Macht, die Europa nach ihrem eigenen Bilde zu einem vehementen Gegner der modernen Dekadenz umformen will.[82] Alarmierende Aussagen von Alexander Dugin, dem Popstar des russischen Eurasianismus, werden in den westlichen Medien immer wieder aufgegriffen. Dies alles führt in die Irre. Der Kreml macht konservativen Lärm und versucht, zaristisch zu wirken, doch Putins Strategien haben quasi nichts mit Russlands traditionellem Imperialismus oder Expansionismus zu tun. Auch kehren Putins Unterstützer modernem Rationalismus und Individualismus nicht den Rücken, um sich begeistert einer idealisierten Vision mittelalterlicher bäuerlicher Gemeinschaften oder der organischen Einheit des traditionellen Landlebens in die Arme zu werfen. Die Ähnlichkeiten zwischen Putins Antiamerikanismus und der slawophilen Feindseligkeit gegenüber der *sapadnitschestwe* (Westernisierung) im 19. Jahrhundert sind deshalb allenfalls oberflächlich. Für jemanden, der in der Sowjetunion aufwuchs, kann Ethnonationalismus einfach kein so entscheidender Faktor sein, wie diese Kommentatoren meinen. Und obwohl Putin die Annexion der Krim mit nationalistischer Rhetorik rechtfertigte, weiß er nur zu genau, dass der Nationalismus die Sowjetunion zerfallen ließ, und feiert deshalb sicher nicht mit Überzeugung jene Form ethnischer Homogenität, die auch die multiethnische Russische Föderation explodieren lassen würde.

Putin träumt nicht davon, Warschau zu erobern oder Riga wieder zu besetzen. Im Gegenteil, seine Politik ist, wie erwähnt, Ausdruck eines aggressiven Isolationismus, ein Versuch, den eigenen Kulturraum zu konsolidieren. Sie verkörpert seine defensive Reaktion auf die Bedrohung Russlands durch globale ökonomische Verflechtung und Zusammenarbeit sowie durch die scheinbar unaufhaltsame Ausbreitung westlicher sozialer und kultureller Normen. In diesem Sinn spiegelt die Kreml-Politik einen allgemeinen Trend, den man auch im selbst isolierenden, Barrikaden errichtenden und deglobalisierenden Verhalten anderer Global Player im Kielwasser der globalen Finanzkrisen, wie sie sich seit den 1980er-Jahren entwickelt haben, wiederfindet. Zugegeben, oberflächlich ähnelt Putins Handeln der zaristischen Politik des 19. Jahrhunderts. Weitaus besser aber kann man sie als Teil eines weltweiten Widerstandes gegen eine zügellose, wirtschaftsoffene, aber zu wenig geregelte Globalisierung verstehen. Putin hat zwar die Auslandsreisen für Russen, die sie sich leisten können, nicht beschränkt, doch er möchte – Trump darin nicht unähnlich – das Land vom liberalen Westen abschotten. Das ist ihm wichtiger, als Nachbarterritorien zu annektieren. Indem er dem Westen rüde droht, hofft er vielleicht, ihn »für die Mauer bezahlen« zu lassen, ihn also dazu zu bringen, massiv in die Abschottung gegen Russlands Cyber-Einmischungen in die US-amerikanische und europäische Politik zu investieren. Diese Angriffe stellen unter anderem einen zum Scheitern verurteilten Versuch dar, die Informationsbarrieren zwischen Staaten in einem Moment wiederaufzurichten, in dem Regierungen weltweit, als Folge etwa der allmählichen Verbesserungen bei Google Translate, ihr Kontrollmonopol über den nationalen Informationsraum verlieren.

Natürlich können wir über historische Parallelen spekulieren, die Putins Abschottungspolitik erklären. Wann immer Russland sich der Welt öffnet, scheint es einen Punkt zu geben, an dem Panik einsetzt und die autoritäre Führung des Landes ebenso hysterisch wie entschlossen zum Isolationismus zurückkehrt. So etwas geschah nach Russlands Sieg über Napoleon im 19. Jahrhundert. 1946 startete Stalin seine berüchtigte Kampagne gegen den Kosmopolitismus, und Hunderttausende sowjetische Soldaten wurden in Lager gesteckt, weil das Regime fürchtete, sie hätten zu viel von Europa gesehen. Vielleicht erleben wir heute etwas Ähnliches, wenn auch weniger Mörderisches. Andererseits hatte Stalin eine Ideologie und eine Mission, ganz zu schweigen von seiner Lust am Massenmord, die im System Putin kein Gegenstück haben. Man kann dennoch sagen: Auch heute noch ist der Kreml davon überzeugt, dass das Überleben des Regimes von der Aushöhlung der globalen Hegemonie des liberalen Westens abhängt.

Entlarvende Nachahmung

Im Jahr 2012 entdeckte der Kreml nicht nur das gefährlich subversive Potenzial der Nachahmung westlicher Institutionen. Er begann auch, die Nachahmung der amerikanischen Außenpolitik als Angriffswaffe und als Mittel zur Delegitimierung der liberalen Weltordnung zu nutzen. Ein klassisches Beispiel für Nachahmung zur Schwächung des Feindes ist der nationalsozialistische Plan, den Kurs des britischen Pfundes einbrechen zu lassen, indem man das Vereinigte Königreich mit gefälschten Banknoten überschwemmte.[83] Das ist allerdings etwas ganz anderes, als den Feinden »einen Spiegel vorzuhalten«, um ihnen ihre Brutalität und Heuchelei vor Augen zu führen. Die russische Politik nach 2012 zeigt, wie eine viel schwächere Partei diese Art von Nachahmung einsetzen kann, um ihren angeblich stärkeren Gegner anzugreifen, zu verwirren und zu demoralisieren.

Das dramatischste nicht russische Beispiel für eine solche aggressive Nachahmung war die Entscheidung medienerfahrener ISIS-Propagandisten, ihre Gefangenen vor der Hinrichtung in orangefarbene Overalls zu kleiden – ein bewusster Versuch, Amerikas Demütigung muslimischer Gefangener in Guantánamo nachzuahmen.[84] Die Dschihadisten wollten spiegeln, wie Amerika die grundlegende Menschenwürde muslimischer Gefangener verletzt. Sie glaubten offenbar, diese grausame, verächtliche Mimikry könne offenlegen, wie hohl die westlichen Ansprüche auf moralische Überlegenheit waren.[85]

Seit 2014 hat auch Putin wiederholt auf solche brutalen Parodien der US-Außenpolitik zurückgegriffen, um der Welt die Heuchelei Amerikas vor Augen zu führen. Dieser Wechsel von der Simulation zur Verhöhnung – von einer vorgespielten demokratischen Verantwortlichkeit im Inland zum Spiegeln des Fehlverhaltens der USA auf internationaler Ebene – war vermutlich nur möglich, weil mächtige Kräfte in Russland das Bestreben, wie der Westen zu werden, nie wirklich verinnerlicht hatten.

Jedenfalls entlehnte Putin für seine Rede vom März 2014, in der er die Annexion der Krim durch Russland ankündigte, ganze Passagen, mit denen westliche Führer die Aufteilung des serbischen Territoriums gerechtfertigt hatten, aus deren einschlägigen Reden über das Kosovo und übertrug sie auf die Situation auf der Krim.[86] Was die meisten westlichen Beobachter als Putins ersten Schritt zur Wiederherstellung des Moskauer Imperiums werteten, rechtfertigte dieser ausdrücklich mit einer wilsonianischen Rhetorik, die das Grundrecht der Völker auf Selbstbestimmung hervorhob.

Das Besondere an der außenpolitischen Mimikry ist wohl die Art, wie sie uns die Lächerlichkeit schlechter Originale erkennen lassen soll. Indem Moskau sein eigenes gewalttätiges Handeln in eine idealistische Rhetorik kleidet, die es wörtlich aus den USA übernommen hat, will es das Zeitalter der vom Westen kontrollierten Nachahmung als ein Zeitalter der westlichen Heuchelei entlarven. Hochgelobte westliche Werte wie die Selbstbestimmung der Völker bedienen einfach nur trügerisch verschleierte westliche Interessen. Damit deutet sich auch an, dass das gesamte internationale Nachkriegssystem zusammenbrechen wird, wenn andere Nationen anfangen, den *wahren* Westen nachzuahmen. Man könnte sogar vermuten, dass Putin Bushs Amerika aus ähnlichen Gründen imitierte wie Charlie Chaplin Adolf Hitler in *Der große Diktator*. Er will die feindliche Nation schwächen und demoralisieren, indem er ihr einen Spiegel vorhält, der die feindliche Führung ohne ihren heuchlerischen Anspruch zeigt. Wir sagen nicht, dass diese Taktik des *Spiegelns* unbedingt strategisch wirksam ist, sondern nur, dass sie das Selbstbild des Feindes sowie seinen unverdient guten Ruf im Rest der Welt untergraben soll. Als Versuch, dem Westen die liberale Maske herunterzureißen und seine vermeintliche Heuchelei aufzudecken, kostet das Spiegeln jedoch eher eine rückwärtsgewandte Rache aus und dient nicht unbedingt einer zukunftsorientierten Politik.

Das Hauptziel der heutigen Außenpolitik des Kreml besteht darin, den angeblichen Universalismus des Westens als Deckmantel zu entlarven, unter dem sehr spezielle geopolitische Interessen zum Vorschein kommen. Sarkastische Nachahmung ist die effektivste Waffe in dieser Kampagne, die die bösen Absichten des Feindes enthüllen will. Möglicherweise denkt der Kreml, dass er höchste pädagogische Standards bedient, wenn er Amerikas wirkliche oder nur gedachte Missetaten spiegelt. Dieses Spiegeln mag eine süße Rache sein – oder jedenfalls eine Variante davon –, aber es verwandelt die Welt zugleich in einen sehr viel gefährlicheren Ort.

Als Reaktion auf westliche Beschwerden über die aggressiven Interventionen Moskaus im Ausland behaupten die Russen immer wieder, sie behandelten den Westen nur so, wie der Westen auch sie immer wieder beleidigend behandelt habe. Ein kleines, aber aufschlussreiches Beispiel ist das Dima-Jakowlew-Gesetz, benannt nach einem adoptierten russischen Kind, das aufgrund einer kriminellen Fahrlässigkeit seiner amerikanischen Adoptiveltern starb. Dieses Gesetz soll ausdrücklich das amerikanische Magnitsky-Gesetz spiegeln, das russische Funktionäre bestrafte, die 2009 in den Tod eines inhaftierten russischen Steuerberaters involviert waren. Es verhängt Sanktionen gegen »US-Bürger«, die an »Verletzungen der Menschenrechte und Freiheiten russischer Bürger« beteiligt waren.[87] Und es gibt unzählige weitere Beispiele. Wie die NATO 1999 die territoriale Integrität Serbiens verletzte, missachtete Russland 2008 die territoriale Integrität Georgiens. Wie die Vereinigten Staaten Langstreckenbomber an den Grenzen Russlands fliegen lassen, zeigt Russland jetzt mit Langstreckenbombern nahe den amerikanischen Grenzen Präsenz. Wie die amerikanische Regierung einige prominente Russen auf die schwarze Liste gesetzt hat und sie daran hindert, in die USA einzureisen, so hat der Kreml einigen prominenten Amerikanern ein Einreiseverbot erteilt. Wie Amerikaner und Europäer den Zerfall der Sowjetunion feierten, so feiern Russen nun den Brexit und den möglichen Zerfall der EU. Wie der Westen liberale NGOs in Russland unterstützte, finanzieren Russen rechts- und linksextreme Gruppen im Westen, um die NATO zu untergraben, US-Raketenabwehrprogramme zu blockieren, die Unterstützung für Sanktionen zu unterminieren und die europäische Einheit zu schwächen. Und wie der Westen (nach Ansicht Moskaus) Russland unverschämt über seine Pläne zur NATO-Erweiterung und über den von den Vereinten Nationen sanktionierten Angriff auf Libyen angelogen hat, so lügt Russland gegenüber dem Westen dreist in Bezug auf seine militärischen Invasionen in die Ukraine. Und wie die USA das Militär der Ukraine unterstützen (traditionell in Moskaus Einflussbereich), so unterstützt Russland das Militär Venezuelas (traditionell in Washingtons Einflussbereich). Das Endergebnis dieses Spiegelns sind tiefstes Misstrauen, Verschwörungstheorien und der Verlust jeglicher Basis für eine gegenseitige Verständigung.

Damit kommen wir zu der Behauptung, Russland habe bei den Präsidentschaftswahlen 2016 in den Vereinigten Staaten interveniert, was der Kreml offiziell (wenn auch nicht durchgängig) leugnet, während amerikanische Geheimdienstler es entschieden bekräftigen. Dass sich die Vereinigten Staaten regelmäßig in ausländische Wahlen eingemischt haben, ist bekannt.[88] Dazu gehört mindestens ein wichtiger russischer Fall: die Wahl von 1996, die Jelzin wieder ins Präsidentenamt zurückführte. Ohne die Hilfe eines Teams amerikanischer Politikberater und vor allem ohne ein von Clinton arrangiertes Darlehen des IWF am Vorabend der Wahlen hätte Boris Jelzin die Wiederwahl sehr wahrscheinlich nicht geschafft.[89] Im Zuge einer gegen die Vereinigten Staaten gerichteten Politik der aggressiven Nachahmung wäre es für den Kreml durchaus sinnvoll, sich auf die Einmischung in eine amerikanische Wahl zu konzentrieren. Da Putin »private« amerikanische Organisationen, die im russischen Wahlkampf mitmischen, als langen Arm des amerikanischen Staates betrachtet,[90] hat er wahrscheinlich mit heuchlerischer Empörung der US-Seite über die russische Einmischung in die amerikanische Demokratie keine Geduld. Tatsächlich wäre es aus russischer Sicht eine wohlverdiente Vergeltung für das, was Washington Moskau heimlich und vermutlich ohne Gewissensbisse angetan hat, wenn man mithilfe sogenannter »*cut-outs*« (das sind eigentlich von beiden Seiten anerkannte, vertrauensvolle Vermittler oder Kommunikationsmethoden) peinliche E-Mails der Demokratischen Partei heimlich hacken und veröffentlichen würde – und so dem Kreml die Möglichkeit geben würde, seine Beteiligung zu leugnen. Laut den US-Geheimdiensten, die mit der Beurteilung der russischen Einmischung in die Präsidentschaftskampagne 2016 beauftragt wurden, »verwies Putin öffentlich auf die Bekanntmachung der Panama Papers und den olympischen Doping-Skandal als von den USA gelenkte Bemühungen, Russland zu diffamieren«, und deutete an, dass Russland seinerseits »Enthüllungen nutzen wird, um das Image der Vereinigten Staaten zu diskreditieren und sie als heuchlerisch darzustellen«.[91] Für die Russen stellt sich die Frage, warum die Weitergabe der Panama Papers gut und das Hacken von E-Mails der Demokratischen Partei schlecht sein soll – so willkürlich der Vergleich auch aus westlicher Sicht erscheinen mag. Die heimliche und abstreitbare Einmischung in die amerikanischen Wahlen war vermutlich Putins Weg, die am Ende des Kalten Krieges entstandene asymmetrische Beziehung zwischen Washington und Moskau zu korrigieren. Anstatt eine bröckelige demokratische Fassade in Russland zu stützen, beschloss der Kreml, der Welt zu zeigen, dass die amerikanische Demokratie selbst nichts anderes als eine bröckelige Fassade war. Deshalb hatte der Kreml auch nicht unbedingt etwas dagegen, dass seine Wahleinmischung »bekannt« wurde, obwohl er sie pro forma leugnete. Mit anderen Worten, Russland hat sich nicht so sehr in die amerikanischen Wahlen eingemischt, weil es hoffte, die Wahl Donald Trumps durchsetzen zu können, sondern weil eine solche Einmischung – das zu tun, was Amerika auch mit ihnen machte – eine billige Möglichkeit für Moskau war, seinen verlorenen Status als eine Weltmacht, mit der man rechnen muss, zurückzuerobern. Wie Nina Chruschtschowa, Professorin für internationale Politik an der New School und Urenkelin des sowjetischen Ministerpräsidenten Nikita Chruschtschow, der *New York Times* sagte: »Diese Operation sollte den Amerikanern zeigen – ihr Bastarde seid genauso verkorkst wie wir anderen.«[92]

Putins antiamerikanische Außenpolitik hat – wie hier die Einmischung in die amerikanischen Beziehungen – meist eher expressiven und vergeltenden als instrumentalen oder strategischen Wert. Putin versucht den westlichen Führern mitzuteilen, dass der Westen eine Welt fürchten sollte, die von Kopien des »real existierenden« Westens bevölkert ist.

Die Sackgasse der subversiven Nachahmung

Im März 2014 verstieg sich die Regierung der Vereinigten Staaten in ihrer Empörung zu geradezu poetisch anmutenden Betrachtungen: »Russland erfindet hier ein falsches Narrativ, um seine illegalen Handlungen in der Ukraine zu rechtfertigen« – so las man in einer Pressemitteilung des Außenministeriums –, »und die Welt hat seit Dostojewskis ›Die Formel zwei plus zwei gleich fünf ist nicht ohne Reiz‹ nicht mehr so verblüffende russische Fiktion gesehen.«[93] Aber nicht nur Washington fühlte sich poetisch inspiriert. Am Sonntag, dem 2. März 2014, rief Bundeskanzlerin Angela Merkel nach einem Gespräch mit Präsident Putin Präsident Obama an, und durchgesickerten Informationen zufolge bezweifelte sie, dass Putin noch Bezug zur Realität habe. Er lebe, so Merkel, »in einer anderen Welt«.[94] Im Konflikt zwischen Russland und dem Westen ging es nun nicht mehr darum, wer in einer besseren Welt lebte und wem die Zukunft gehörte – das war die Konfrontationslogik des Kalten Krieges. Jetzt ging es darum, wer in einer realen und wer in einer Scheinwelt lebte.

Washington schien schockiert: Russland leugnete eindeutige Fakten! Amerikanische Amtsträger verstanden einfach nicht, warum Putin behauptete, es seien »›Volksmilizen‹, nicht russische Streitkräfte, die Infrastruktur und militärische Einrichtungen auf der Krim besetzt haben«,[95] oder warum Putin leugnete, dass Russland etwas mit dem Hacken von E-Mails der Demokratischen Partei zu tun habe. Welchen Sinn hatte es, solche Dinge zu sagen, wenn Bilder von russischen Spezialeinheiten, die gerade die öffentlichen Gebäude auf der Krim einnahmen, überall in den Fernsehkanälen und im Internet zu sehen waren? Und wenn das FBI genau benennen konnte, welcher Geheimdienstmitarbeiter die Computer gehackt hatte? Putins Lügen schienen im Zeitalter der unfreiwilligen Transparenz absurd. Warum also logen russische Amtsträger so unverhohlen, wenn sie doch genau wussten, dass ihre Falschaussagen ein paar Stunden später widerlegt werden würden? Putins unverschämte Verlogenheit stand im Widerspruch zu einer Grundannahme der Realpolitik, nämlich dass »Lüge … nur dann effektiv« ist, »wenn das potenzielle Opfer glaubt, dass der Lügner die Wahrheit sagt«, und dass »niemand … sich gerne einen Lügner schimpfen lassen« möchte, »selbst wenn es um einen guten Zweck geht«.[96]

Putins Lügen in Bezug auf die russischen Soldaten auf der Krim wurden unverblümt ausgesprochen und mühelos widerlegt. Aber er hatte keine Angst, als »Lügner« bezeichnet zu werden, denn die westliche Empörung machte die praktische Ohnmacht des Westens angesichts der nur dünn verschleierten Missetaten Russlands unübersehbar. In den 1990er-Jahren hatte Russland selbst erlebt, wie frustrierend es ist, wenn Empörung zu nichts führt. Jetzt war Amerika an der Reihe.

Putins Strategie, die Verantwortung Russlands strikt zu leugnen, kann nicht als einfacher Akt der Täuschung verstanden werden. Vielmehr ähnelt sie stark einem für Schwerkriminelle typischen Verhalten: Sie zeigen, wenn sie zu Gefängnisstrafen verurteilt werden, oft stolz ihre völlige Missachtung zivilisierter Regeln und Normen, und ihr Ruf in der Unterwelt hängt davon ab, dass sie jede noch so minimale Zusammenarbeit mit den Gefängnisbehörden ablehnen. Im russischen Verbrecherjargon heißt ein solches Verhalten »отрицалово«, grob übersetzt als »Mauern« mit einem Hauch »Omertà«.

Aber Putins Unwahrheiten dienten noch einem weiteren Zweck. Jeder Gegenangriff, den seine unverhohlenen Lügen provozierten, war aus seiner Sicht ein Weg, die Welt und insbesondere Amerika daran zu erinnern, wie oft der Westen Russland in der Vergangenheit belogen hatte. Es ging weniger darum, einen strategischen Vorteil zu erzielen, als darum, die Geisteshaltung und das Selbstbild des Hauptfeindes zu verändern, die Amerikaner also schmerzhaft an die Dinge zu erinnern, die sie bequemerweise vergessen hatten. Wenn man in einem solchen Kontext ganz ausdrücklich das Verhalten des Feindes wiederholt, ist damit immer auch ein abfälliger Kommentar in Bezug auf das Original verbunden.

James Jesus Angleton, von 1954 bis 1975 Chef des CIA, war sicher weniger entsetzt über Putins Verhalten als seine Nachfolger. Seiner Überzeugung nach »ist Täuschung eine Geisteshaltung (*state of mind)* – und die Haltung des Staates (*mind of the state*)«. Seine freie Zeit verbrachte er in seinem Orchideenhaus. Diese Blumen interessierten ihn besonders, weil »bei den meisten Orchideenarten nicht der Stärkste überlebt, sondern derjenige, der am raffiniertesten täuscht«. Die meisten Orchideen wachsen im Dschungel mit so viel Abstand zueinander, dass der Wind die Pollen nicht von einer zur anderen tragen kann; sie brauchen Insekten oder Vögel zur Bestäubung. Da sie aber diesen Bestäubern keine Nahrung oder andere Nährstoffe zu bieten haben, müssen sie sie austricksen, um die eigene Spezies zu erhalten. Die Orchideenpflege wie auch die Enttarnung sowjetischer Doppelagenten brachte Angleton zu einer wichtigen Erkenntnis: »Das Wesen der Desinformation ist Provokation, nicht Lüge.«[97] Als Putin die gut dokumentierte Anwesenheit russischer Spezialkräfte auf der Krim und in der Ostukraine leugnete, log er nicht. Er provozierte, sprich, er reizte den Westen, um eine irrationale, stammelnde Reaktion hervorzulocken. Er versuchte, den Westen zu destabilisieren und zu demoralisieren, indem er ihn zwang, die Grenzen seiner Macht anzuerkennen.

Nach der Annexion der Krim waren die westlichen Kommentatoren besessen von der »hybriden Kriegführung« des Kreml, dem Einsatz einer noch nie da gewesenen Mischung aus militärischen, geheimdienstlichen und anderen Ressourcen, um den politischen Willen des Feindes zu brechen. Analysten führten diese neue Strategie auf sowjetische »Drehbücher« zurück. Damit lagen sie falsch. Die »hybride Kriegführung« war das Ergebnis einer umgekehrten Manipulation. Die Russen machten mit dem Westen das, was der Westen (ihrer Meinung nach) mit ihnen machte. Sie hatten bis ins kleinste Detail rekonstruiert, wie der Westen ihrer Meinung nach die »Farbrevolutionen« inszeniert hatte, und daraus eine Gebrauchsanweisung zur Organisation ähnlicher Revolutionen destilliert. Nach 2012 kam Russlands Führung zu dem Schluss, dass in der Zeit nach dem Kalten Krieg die größte Schwäche der russischen Politik darin gelegen habe, nicht den *realen* Westen nachzuahmen. Bei genauem Hinsehen waren ihre Nachahmungen der westlichen Demokratien oberflächlicher und kosmetischer Natur. Jetzt aber waren sie wild entschlossen, die westliche Heuchelei eins zu eins nachzuahmen. Während sich Russland zuvor immer nur mit seiner eigenen Verletzlichkeit beschäftigt hatte, entdeckte es nun die Verletzlichkeit des Westens, und der Kreml mobilisierte alle seine Ressourcen, um diese Verletzlichkeiten vor aller Welt offenzulegen. Das Paradoxe dabei ist, dass die russischen Führer nach Maßgabe ihrer Verschwörungstheorien handelten und es ihnen damit gelang, die Weltpolitik insgesamt als eine riesige Verschwörung darzustellen.

Am besten erfasst die absurde Novelle »Operation ›Burning Bush‹« (2010)[98] des russischen Satirikers Viktor Pelewin dieses Verständnis von Weltgeschichte als einer Reihe verdeckter Intrigen und hinterhältiger Machenschaften. Die Geschichte folgt einem kleinen russischen Englischlehrer mit einer dröhnenden Stimme, der für eine Geheimdienstoperation rekrutiert wird, bei der er durch ein Zahnimplantat im Mund des Präsidenten mit George W. Bush spricht. Den Anweisungen des Kreml folgend, ermutigt der Lehrer, der sich bemüht, wie Gott zu klingen, den 43. Präsidenten, in den Irak einzumarschieren. Später in der Novelle entdecken wir, dass die CIA in den 1980er-Jahren eine ähnliche Operation durchgeführt hatte – sie hatten Lenins Geist auferstehen lassen, um Michail Gorbatschow davon zu überzeugen, die Perestroika ins Leben zu rufen, was eine Ereigniskette in Gang setzte, die mit dem Zerfall der Sowjetunion endete. Wie du mir, so ich dir.

Doch es ist nicht nur der Wunsch nach Vergeltung, der Russland dazu treibt, die westliche Aggression und besonders die westliche Scheinheiligkeit zu spiegeln. Der Kreml hofft auch, zumindest oberflächlich die Symmetrie zwischen Russland und den Vereinigten Staaten wiederherzustellen, die mit dem Ende des Kalten Krieges verloren ging. Diese Hoffnung erklärt (besser als die Sehnsucht nach der Rückerlangung des verlorenen Status als globale Supermacht), warum Russland auf Formen asymmetrischer Kriegführung zurückgreift, die schon in der Vergangenheit ihre Wirksamkeit in den Händen der schwächeren Kriegspartei bewiesen haben. Washington nahm das Ende des Kalten Krieges als Sieg und Rechtfertigung wahr, während Moskau es als Orientierungsverlust, Demoralisierung und Niedergang seines Weltmachtstatus erlebte. Russland war ein besiegtes Land, noch bevor Putin beschloss, dies einzuräumen. Allerdings standen sich nicht wie nach 1945 zwei Siegermächte gegenüber. Vielmehr kontrollierte nach 1989-1991 ein selbstzufriedener Gewinner die schleppende Erholung eines durch geopolitische Demütigung und territoriale Amputation verstörten Verlierers. Diese instabile Asymmetrie wurde durch die wenig überzeugende Geschichte vom Sieg ohne Verlierer überkleistert, aber nicht überwunden.

Den im Kalten Krieg geschulten westlichen Analysten fällt es besonders schwer zu verstehen, dass Putin die von Amerika ausgehende Weltordnung nicht im Namen irgendeiner ideologischen oder organisatorischen Alternative attackiert. Anders als der Kommunismus ist der Autoritarismus keine Ideologie. Er ist einfach eine Regierungsform, die unter verschiedenen ideologischen Rahmenbedingungen existieren kann. Putin attackiert liberale Demokratien also ohne jeden Ehrgeiz, aus ihnen autoritäre Staaten nach russischem Vorbild zu machen. Er greift die internationale liberale Weltordnung aus pädagogischen Gründen an, um etwas klarzustellen und dem Westen eine Lektion zu erteilen. Damit will er die Heuchelei und versteckte Verwundbarkeit des Westens aufdecken und seine Verteidiger noch weiter schwächen. Der nicht ideologische Putin fordert die internationale Ordnung auf ähnliche Weise heraus wie der zutiefst ideologische ISIS – mit demselben Mangel an Realismus hinsichtlich eines positiv zu erreichenden Ziels. Es geht ihm um Subversion durch Imitation.

Putin spielt sein schwaches Blatt zugegebenermaßen durchaus geschickt, aber es ist und bleibt nachweislich ein schwaches Blatt. Das wirft die Frage auf, warum der Westen so besessen von Putins Russland ist, obwohl die Neugestaltung der geopolitischen Landschaft des 21. Jahrhunderts vom Aufstieg Chinas ausgeht? Die Antwort auf diese Frage kann vielleicht ein Stück weit erklären, warum sich Putin im Moment als Sieger in seinem Nachahmungskrieg fühlt.

Ein Hinweis findet sich in der klassischen russischen Literatur, in Dostojewskis Roman *Der Doppelgänger*. Er erzählt die Geschichte eines kleinen Beamten, der im Irrenhaus landet, nachdem er seinen Doppelgänger getroffen hat. Der Mann sieht aus wie er, spricht wie er, aber besitzt zudem all den Charme und die Selbstsicherheit, die dem gequälten Protagonisten, an dessen Stelle der Doppelgänger allmählich tritt, völlig fehlen.

Wenn es um Russland geht, fühlt sich der Westen wie Dostojewskis Protagonist in Anwesenheit seines Doppelgängers. Allerdings gibt es deutliche Unterschiede zwischen dem Roman und unserer Wirklichkeit. Bei Dostojewski sieht der Doppelgänger aus wie jemand, der der Protagonist immer sein wollte. Russland dagegen ist zu dem Doppelgänger geworden, der den schlimmsten Befürchtungen des Westens entspricht. Vor einigen Jahren noch wurde Russland von der westlichen Öffentlichkeit als ein Museumsstück aus der Vergangenheit wahrgenommen – heute wirkt es wie ein Zeitreisender aus der Zukunft. Amerikaner und Europäer bekommen es mit der Angst zu tun, dass das, was heute in Russland passiert, morgen in westlichen Ländern passieren könnte.[99] Die Politik der Nachahmung hat die Wahrnehmung, dass wir in einer gemeinsamen Realität leben, zerstört, dafür aber die Furcht wachsen lassen, dass wir einander sehr viel ähnlicher – also gleich prinzipienlos und zynisch – werden könnten, als wir je zuvor geglaubt hätten.

In den Tagen des Kalten Krieges behauptete der britische Historiker Robert Conquest beharrlich: »Eine Science-Fiction-Haltung ist eine große Hilfe, um die Sowjetunion zu verstehen. Es geht nicht so sehr darum, ob sie gut oder schlecht sind; sie sind nicht schlecht oder gut, wie wir schlecht oder gut sind. Es ist viel besser, sie als Marsianer zu betrachten, nicht als Menschen wie uns.«[100] Heute wirkt dieser Ratschlag überholt. Wir erkennen jetzt nicht nur, dass die Russen den Menschen im Westen ähnlicher sind, als Conquest ahnte, sondern auch, dass die Westler den Russen stärker ähneln, als wir fürchteten.

Russland war in den ersten beiden Jahrzehnten nach dem Ende des Kommunismus ein klassisches Beispiel einer Nicht-

Demokratie, die hinter der institutionellen Fassade der Demokratie funktionierte – ein politisches Regime, in dem regelmäßig Wahlen abgehalten wurden, ohne dass die regierende Partei je Gefahr lief, die Macht zu verlieren. Das gilt noch heute, jedenfalls in einem gewissen Maße. Im System Putin dienen regelmäßige pseudokompetitive Wahlen noch immer als Instrumente der Selbstentmächtigung, nicht der Selbstermächtigung der Bürger. Deshalb illustriert die Geschichte der inszenierten russischen Wahlen sehr anschaulich, wie Institutionen und Praktiken, die die Bürger ursprünglich aus der Willkür nicht rechenschaftspflichtiger Herrscher befreiten, zu pseudodemokratischen Institutionen umgemodelt werden können, die den Bürgern praktisch ihre Rechte nehmen. Das bringt uns zur »ansteckenden Nachahmung« zurück. Viele Westler, die von ihren Demokratien enttäuscht sind, halten allmählich ihre eigenen politischen Systeme für im Grunde nicht sehr viel demokratischer als das russische. Eine neuere Untersuchung hat gezeigt, dass in den entwickelten Demokratien des Westens im letzten Jahrzehnt das Vertrauen in die Demokratie gesunken und gerade unter jüngeren Leuten das Misstrauen gegenüber der Demokratie als politischem System am größten ist.[101] Ein zentraler Pfeiler der antiwestlichen Politik Putins besteht darin, diese aufkeimenden Zweifel zu nähren und amerikanischen wie europäischen Bürgern immer neue Gründe für die Frage zu geben, ob die regelmäßigen Wahlen im Westen wirklich der Allgemeinheit nutzen. Dass zum Beispiel die Stimme des Volkes beim Brexit-Referendum gehört wurde, heißt nicht, dass die Folgen der Entscheidung im Vorfeld durchdacht wurden. Ob russische Einmischung in westliche Wahlen einen signifikanten Einfluss auf die Ergebnisse hatte, ist umstritten. Sicher ist dagegen, dass der Westen jetzt die in Russland nach dem Kalten Krieg aufgekommenen Ängste der Polarisierung, Unregierbarkeit und Desintegration teilt. Auch in diesem Fall scheint sich die Beziehung zwischen Nachahmer und Nachgeahmten, wie sie sich direkt nach dem kommunistischen Zusammenbruch darstellte, umgekehrt zu haben.

Mit seiner Einmischung in amerikanische Wahlen wollte der Kreml vor allem zeigen, dass kompetitive Wahlen im Westen – geprägt durch die manipulierende Macht des Geldes, entstellt durch wachsende politische Polarisierung und bedeutungsleer durch den Mangel an echten politischen Alternativen – den vom Kreml inszenierten Wahlen stärker ähneln, als die meisten Menschen im Westen wahrhaben wollen. So versucht Putin gerade, das Narrativ vom Sieg des Westens zu beseitigen, das nach 1989 aufkam. Die weltweite Verbreitung der Demokratie signalisiert nicht die Befreiung der aufgeklärten Massen von einer Elitenherrschaft, sondern die Manipulation der Massen durch hinter den Kulissen arbeitende dunkle Mächte. Putins Anstrengungen wurden durch eine sich radikal wandelnde Wahrnehmung der Rolle der sozialen Medien in der Politik begünstigt. Während in den ersten euphorischen Tagen des Arabischen Frühlings die sozialen Medien als »Befreiungstechnologien«[102] verstanden wurden und Facebook, Google und Twitter als Zeichen der anbrechenden demokratischen Zukunft der Welt galten, bringt man ebendiese sozialen Medien heute allgemein mit postfaktischer Zersplitterung, Polarisierung und dem Anfang vom Ende der Demokratie in Verbindung.

Das postkommunistische Russland zeigt, wie es eine Handvoll politisch nicht rechenschaftspflichtiger und sich selbst bereichernder Herrscher trotz interner Rivalitäten geschafft hat, sich an der Spitze der fragmentierten Gesellschaft des Landes zu halten, ohne auf Massengewalt im historisch signifikanten Ausmaß zurückgreifen zu müssen. Der französische Wirtschaftswissenschaftler Gabriel Zucman hat für das

Jahr 2015 ausgerechnet, dass sich 52 Prozent des russischen Reichtums außerhalb des Landes befanden.[103] Dieses politische Modell, das weder demokratisch noch autoritär ist, das weder im marxistischen Sinne eine Arbeitermehrheit ausbeutet noch im liberalen Sinne alle individuellen Freiheiten unterdrückt, ist ein Bild von der Zukunft, das uns nachts wach liegen lassen sollte. Das ist der Albtraum, den der Kreml uns bereiten will.[104]

Bei einigen westlichen Liberalen kursiert nicht so sehr die Angst, dass Russland die Welt regieren wird, sondern vielmehr die Angst, dass ein Großteil der Welt so regiert werden wird wie Russland heute schon. Verstörend ist, dass der Westen bereits begonnen hat, Putins Russland stärker zu ähneln, als wir es wahrhaben wollen. Zu dieser Ähnlichkeit gehört es, die Abwärtsspirale der Demokratie im Westen tendenziell als das Ergebnis einer Verschwörung der Feinde des Westens zu sehen. Wie viele andere Länder ist Amerika schon immer für Verschwörungstheorien empfänglich gewesen. Einige Forscher meinen sogar, dass der Mythos der nationalen Ausnahmestellung zu einem Verschwörungsdenken geradezu einlädt: Wenn eine Nation eine Mission hat, ist es nur logisch, dass ihre Feinde alles daransetzen werden, diese Mission zum Scheitern zu bringen.[105] Doch während Verschwörungstheorien früher gewöhnlich dem untersten Niveau der amerikanischen Politik überlassen blieben, heißt man sie heute im gesamten politischen Spektrum mit offenen Armen willkommen (wobei sie in manchen Fällen mehr für sich haben als in anderen).

Allerdings erreicht Moskaus von Ressentiments befeuerte Politik – wie emotional befriedigend sie für die Führung im Kreml auch sein mag und welche Revanchegelüste sie vielleicht erfüllt – nicht die Stufe einer gut durchdachten, langfristigen Strategie. Es kann sogar sein, dass Russlands Politik der ironischen Mimikry und des Spiegelns amerikanischer Heuchelei die Welt ganz langsam Richtung Abgrund schiebt.

Die aggressive Nachahmung geht selbsterfüllend davon aus, dass jegliche Voraussetzung für einen vertrauensvollen Umgang zwischen Russland und dem Westen unwiderruflich zerstört sei. Alternative Erklärungen dafür, warum der Westen den eigenen Idealen nicht gerecht werden kann – etwa schlechte Planung, schlichte Unfähigkeit und ein Mangel an professioneller Koordination – werden heruntergespielt, um nicht hilfreiches Verhalten vonseiten Amerikas als unversöhnlich böswillig hinzustellen. Heuchelei zu entlarven schreibt dem Gegner üble Absichten (statt Naivität, Selbsttäuschung, bürokratisches Machtgerangel oder Inkompetenz) zu. Öffentliche Rechtfertigungen von verborgenen Motiven zu trennen, ist nur vernünftig. Sich aber dogmatisch und obsessiv auf diese Unterscheidung zu konzentrieren, wie Putin das offenbar tut, ist eine heikle Sache.

Jedenfalls hat die obsessive Konzentration auf die Heuchelei des Westens eine wachsende, strategisch witzlose Boshaftigkeit auf der russischen Seite gefördert. Weil sie hinter jeder amerikanischen Beschwörung humanitärer Ideale Zynismus wittert und beweisen will, dass sie nicht mehr so naiv ist wie damals – als sie Amerikas doppelzüngigem Versprechen, die NATO nicht nach Osten auszuweiten, Glauben schenkte –, hat sie sich darauf verlegt, arrogant die elementaren humanitären Werte zu missachten. Offenbar glaubt der Kreml, dass er zum würdigen Gegenspieler des amoralischen, von ihm so gern geschmähten Amerika werde, wenn er etwa bei der Belagerung von Aleppo alle moralischen Hemmungen über Bord werfe.

Indem man seine eigenen aggressiven Handlungen mit der Heuchelei des Feindes rechtfertigt, kann man die bestehende Weltordnung angreifen, ohne eine positive Alternative anzubieten. Dies ist keine Formel für eine nüchterne Außenpolitik, die begrenzte Mittel für erreichbare Ziele einsetzt. Zugegeben, Putin kann die USA brüskieren und damit davonkommen oder die US-Außenpolitik parodieren, um ihre Heuchelei zu enthüllen. Aber er kann dies alles nicht zum Vorteil der Entwicklung Russlands nutzen. Russland wurde in seiner Amtszeit zwischen 2000 und 2008 reicher und stabiler, weil Putin seinen Wunsch, den westlichen Einfluss zu begrenzen (ohne dabei Russland vollständig zu isolieren), gegen eine lukrative Zusammenarbeit mit dem Westen abwog. Seit 2012 ist dieses Gleichgewicht verloren gegangen. Eine rückwärtsgewandte, nicht an der Zukunft orientierte Politik, die im Wesentlichen darauf abzielt, Amerika den Zeigefinger ins Auge zu stechen, ist das Ergebnis. Interventionen in Syrien und der Ostukraine, die zeigen sollten, dass ein erneuertes Russland alles tun kann, was Amerika auch tut, haben das russische Militär in blutige Kämpfe verwickelt, die ganz offenbar nichts zur nationalen Sicherheit des Landes beitragen. Dabei ist weder ein klar umrissenes Ziel noch eine Exit-Strategie zu erkennen.

Der Versuch Russlands, seine aggressiven Aktionen im Ausland als bloße Nachahmungen westlicher Aggression zu rechtfertigen, hat dazu geführt, dass der Westen jetzt zum Selbstschutz beginnt, seinerseits russische Aktionen nachzuahmen. So verabschiedete das Europäische Parlament im November 2016 eine Resolution, die darauf abzielte, der russischen Propaganda entgegenzuwirken. Darin heißt es, dass

> die russische Regierung eine große Bandbreite an Werkzeugen und Instrumenten einsetzt, darunter Denkfabriken […], mehrsprachige Fernsehsender (zum Beispiel Russia Today), Pseudo-Nachrichtenagenturen und Pseudo-Multimediadienste (zum Beispiel Sputnik), […] soziale Medien und Trolle im Internet, um die demokratischen Werte in-

> frage zu stellen, Europa zu spalten, inländische Unterstützung zu gewinnen und in den Ländern der östlichen Nachbarschaft der EU den Eindruck zu erwecken, als hätten sich ihre staatlichen Strukturen aufgelöst.[106]

Auf der Grundlage dieser Vorwürfe forderte das Parlament die EU-Mitgliedstaaten zum Handeln auf. Es ist sehr wahrscheinlich, dass die europäischen Regierungen in gleicher Weise reagieren werden, also mit einer Politik, die im Wesentlichen Russlands Gesetzgebung gegen »ausländische Agenten« kopiert. Beschränkungen des ausländischen Eigentums an Medien, die Russland vor einigen Jahren als Reaktion auf die angeblich subversiven Aktivitäten des Westens auf dem Gebiet der Russischen Föderation beschloss, werden darin nicht fehlen. Die Sanktionspolitik der Vereinigten Staaten zielt zwar auf Russland ab, trägt aber auch dazu bei, die Infrastruktur des offenen Welthandels zu demontieren, womit sie wiederum Russland in die Hände spielt.

Die »Konvergenz-Theorie« des Kalten Krieges ging von der Hypothese aus, dass technische Entwicklungen die Kluft zwischen Kapitalismus und Sozialismus schließen würden, indem sie alle Industriegesellschaften in dasselbe Format pressten. Diese Voraussage scheint sich zu bewahrheiten, allerdings aus anderen Gründen und in einem ironischen Sinne. Russland und Amerika fangen tatsächlich an, einander zu ähneln. Diesmal ist es allerdings Amerika, das sich nach den Vorgaben von Putins Russland umgestaltet. Diese umgekehrte Nachahmung ist nicht einfach nur schockierend. Sie mag zwar im Moment einigen im Kreml ein Lächeln ins Gesicht zaubern, aber sie wird wohl kaum weltweite Stabilität und Frieden garantieren. Sehr viel wahrscheinlicher wird sie eine eskalierende Rivalität und wachsende Gewalt anheizen. Anders als die Sowjetunion kann die Russische Föderation nicht darauf hoffen, den

Westen zu schlagen. Sie hofft vielmehr, den Westen so weit zu bringen, dass er in Stücke bricht wie zwischen 1989 und 1991 der Ostblock und die Sowjetunion. Dass daraus eine stabile Welt hervorgeht, in der Russlands Interessen gewahrt werden, ist kaum vorstellbar.

3
Nachahmung als Enteignung

They say »America First«, but they mean »America Next!«

WOODY GUTHRIE

In Agatha Christies Kriminalroman *Mord im Orient-Express*[1] aus dem Jahr 1934 enträtselt der bekannte Privatdetektiv Hercule Poirot brillant das Geheimnis hinter dem Mord an einem sehr unangenehmen amerikanischen Passagier, dessen mit zahlreichen Messerstichen traktierte Leiche im Zug gefunden wurde. Bei einer genauen Untersuchung erfährt er nicht nur, dass alle Mitfahrenden persönliche Gründe haben, den Mann, der sich Samuel Ratchett nannte, tot zu sehen, sondern dass sie sich auch wissentlich zu einem Komplott zusammentaten, bei dem jeder Verschwörer nacheinander auf das Opfer einstach.

In den beiden vorausgehenden Kapiteln haben wir verschiedene Schuldige unter die Lupe genommen, die am seltsamen Tod der »liberalen Weltordnung«, wie wir sie genannt haben, Verantwortung tragen.[2] Wir haben die Ressentiments, Ziele und Täuschungsmanöver der mitteleuropäischen Populisten und Wladimir Putins analysiert. Aber ganz offensichtlich sind sie nicht die einzigen Akteure. Man braucht nun wirklich kein Poirot zu sein, um zu erkennen, dass der gegenwärtige Präsident der Vereinigten Staaten ihr williger Komplize ist.[3] Seine Motive für die Abwendung von den Verbündeten Amerikas, für die Auflösung multilateraler Verträge und für den Versuch, die von den USA nach dem Zweiten Weltkrieg ins Leben gerufenen internationalen Institutionen zugrunde zu richten, sind umstritten. Doch unabhängig von seinen Motiven war und ist er ein überaus wichtiger Komplize beim gemeinschaftlichen Mord an der »liberalen Hegemonie«, die die internationale Politik seit 1989 prägte.

Nun haben kriminelle Verschwörungen ihre Faszination, doch wir fragen nicht wie Poirot: Warum hat Trump das getan? Vielmehr wollen wir wissen: Warum haben sich erhebliche Teile der US-amerikanischen Öffentlichkeit und der US-amerikanischen Geschäftswelt sowie die meisten führenden Persönlichkeiten der Republikaner so unkritisch dem Projekt der Demontage dessen angeschlossen, was der neokonservative Historiker Robert Kagan aus gutem Grund »die Welt, die Amerika gemacht hat«, nannte?[4]

Um solche politischen Fragen zu beantworten, genügt es (anders als bei Poirots kriminologischen Fragen) nicht, die Trump-Revolution in einem konspirativen und ausschließlich amerikanischen Rahmen zu untersuchen. Die Einbettung in den Kontext der verschiedenen antiliberalen Bewegungen und Tendenzen in anderen Regionen der Welt hilft uns, ansonsten zufällig und unerklärlich wirkenden Phänomenen auf den Grund zu gehen. Das gemeinsame Thema, das eine vergleichende Analyse möglich und fruchtbar macht, ist die Nachahmungspolitik mit all ihren unbeabsichtigten Folgen. Auch Trump kam an die Macht, indem er Enttäuschungen und Ressentiments ausnutzte, die im unipolaren Zeitalter der Nachahmung entstanden waren.

Trumps Bereitschaft, mit dem weißen Nationalismus zu flirten, hat ganz offenbar zu seiner Beliebtheit beigetragen. Doch wir wollen den Blick weiten und fragen, wie seine Unterstützer den Rest der Welt sehen. Warum haben so viele

Bürger der vorherrschenden westlichen Macht unter einem »nach Recht und Gesetz« gewählten Präsidenten ein solches Misstrauen gegen Länder entwickelt, die Amerika traditionell als Vorbild begreifen und die liberale Demokratie lange als *das* nachahmenswerte politische Modell schlechthin gesehen haben? Der aufgestaute Groll der Nachahmer gegenüber den Nachgeahmten ist relativ leicht zu erklären, vor allem, wenn die in der Nachahmungsbeziehung angelegte moralische Hierarchie durch einen Mangel an Alternativen, moralinsaure Überwachung und zweifelhaften Erfolg verschärft wird. Warum aber sollten die Nachgeahmten einen Groll gegen ihre Nachahmer hegen?

Diese fruchtbare Frage führt zu verschiedenen weiteren Aspekten: Warum begreifen Trumps Anhänger die Amerikanisierung der Welt eigentlich als eine Katastrophe für Amerika? Warum sind sie mit Trump der Meinung, die Vereinigten Staaten hätten von der zentralen Rolle, die das Land im globalen Handel, in internationalen Organisationen und im atlantischen Bündnis spielte, nicht profitiert, sondern furchtbar unter ihr gelitten? Und warum haben sich so viele Amerikaner um einen Präsidenten geschart, der die Selbstzerfleischung des Westens und die Deglobalisierung der amerikanischen Wirtschaft als Amerikas Rache für Jahrzehnte nationaler Demütigung beschreibt?

Selbst nachdem Trump die engsten Verbündeten Amerikas angegriffen und öffentlich politische Führer umarmt hat, die regelmäßig in den schrillsten Tönen gegen Amerika hetzen, findet er noch immer ein nicht unerhebliches Maß an Unterstützung bei vielen seiner Mitbürger. Noch rätselhafter ist, dass viele Amerikaner die Führung eines Mannes akzeptieren und sogar feiern, der in einem außergewöhnlichen Akt der umgekehrten Nachahmung seine öffentliche Rhetorik aus dem fremdenfeindlichen Nativismus Mitteleuropas und dem aggressiven Antiamerikanismus des Kreml zu schöpfen scheint. Wie lassen sich diese Kuriositäten erklären?

Die Achse der Verbitterung

Ein Haupthindernis für die richtige Einschätzung der politischen Bedeutung Donald Trumps ist sein grober, opportunistischer und bösartiger Charakter, der praktisch alle Kommentatoren ästhetisch oder moralisch abstößt. Die Beleidigung, die er der Moral und dem Geschmack gut ausgebildeter Analytiker antut, ermutigt sie, ihn als pathologischen Idioten und Narren zu verunglimpfen. Dieses Hohngelächter hindert sie allerdings auch daran, die Quellen seines schockierenden politischen Erfolges auszuloten.

Wir können das ganze Durcheinander besser überblicken, wenn wir die Trump-Revolution in den Kontext einer gleichzeitigen weltweiten Revolte gegen die liberale Demokratie und den liberalen Internationalismus einordnen. Im Mittelpunkt steht die Frage, wie sich die Trump-Bewegung in die globale Kultur des Grolls und der Opferrolle einfügt, die die Führer der ehemals kommunistischen Länder, insbesondere Viktor Orbán und Wladimir Putin, pflegen. Dieser Ansatz wird nicht das letzte Wort zur Ära Trump sein, doch er kann uns helfen, den amerikanischen Präsidenten nicht als eine kurze Abweichung von einer vermeintlich normalen Ordnung zu verstehen, die nach seiner Amtszeit zurückkehren wird, sondern als die radikal transformative politische Gestalt, die er ist. Die Veränderungen, die Trump herbeigeführt hat, werden schwer rückgängig zu machen sein, weil sie nicht im anrüchigen und rechtsfeindlichen Verhalten eines Einzelnen wurzeln, sondern in einer globalen Revolte gegen das, was weithin als ein liberaler Nachahmungsimperativ wahrgenommen wird. Trump ist nur ein greller Ausdruck dieser Revolte unter vielen.

Weil Trump antiintellektuell bis an die Grenze zum Analphabetentum und erratisch in seinen politischen Äußerungen ist, gehen liberale Kommentatoren auch davon aus, dass er kein kohärentes Projekt hat, das als solches theoretisch durchdrungen und bekämpft werden müsste. Doch eine Weltsicht muss nicht ideologisch und philosophisch, sie kann auch intuitiv sein. Und eine Strategie muss nicht unbedingt klar durchdacht, sondern kann auch instinktiv sein. Daraus ergibt sich eine weitere Begründung für unseren vergleichenden Ansatz. Nicht Trumps Hinterzimmerintrigen und Tricks, um sich die Taschen zu füllen, erklären seine anhaltende Popularität, aufschlussreich ist vielmehr seine exzentrische Art, über Amerikas Stellung in der Welt zu denken. Seine intuitive, unideologische Weltsicht rückt klarer ins Blickfeld, wenn man seine Aussagen und Aktionen mit denen seiner postkommunistischen »Kollegen« vergleicht. Es zeigt sich, dass sie auf einen ihnen allen gemeinsamen Groll gegen die unipolare Neuordnung der Welt nach 1989 zurückgeht.

Während der US-Präsident die Verbündeten seines Landes instinktiv herabwürdigt, kritisiert er nur sehr ungern autoritäre Herrscher, selbst wenn sie ihre Bürger hinter sich sammeln, indem sie das amerikanische Modell der liberalen Demokratie angreifen. Es geht nicht nur darum, dass er sich mit »harten« Diktatoren besser versteht als mit »weichen« Verbündeten, wie er es ausdrückt.[5] Er blüht geradezu auf in der Gesellschaft autoritärer Herrscher, die sich der Verunglimpfung der Vereinigten Staaten verschrieben haben, denen sie Doppelmoral und Heuchelei vorwerfen.

Ein politisches Establishment, das es gewohnt war, sich in seiner globalen Führungsrolle zu sonnen, hatte natürlich Probleme mit Trumps Vorstellung von Amerika als dem größten

»Opfer« der Welt. Ob Trump sich als welthistorisch wichtige Figur erweisen wird oder nicht – er mag durchaus, in den Worten des britischen Kolumnisten Gideon Rachman, »die Art instinktiv handelnder Staatsmann sein, … der Kräfte genutzt und verkörpert hat, die er selbst nur halb versteht«.[6] Die Herausforderung für uns besteht nicht darin, Beweise für irgendwelche betrügerischen Absprachen auszugraben, sondern die Quellen der gegenwärtigen Macht des Illiberalismus offenzulegen. Wir alle spüren, dass sich tief unten in der globalen politischen Architektur und Atmosphäre etwas verschiebt, und die Tatsache, dass ein solcher Zerstörer das amerikanische Präsidentenamt erobern konnte, ist Teil dieser Verschiebung. Wenn Napoleon der heroische Weltgeist zu Pferde war, könnte man Trump vielleicht als den antiliberalen Zeitgeist auf Twitter bezeichnen.

Wenn es Trumps Wahlverwandtschaft mit dieser breiteren antiliberalen Revolte nicht gäbe, wären wir vielleicht versucht, seine Präsidentschaft als Zufall ohne Mehrheitsunterstützung oder längerfristige historische Bedeutung abzutun. Das wäre ein Fehler. Die Veränderungen, die er in Amerikas Selbstverständnis und Ansehen in der Welt bewirkt hat, sind nicht nur radikal. Sie offenbaren auch das gleiche Ethos provinzieller Ressentiments gegenüber einer sich kosmopolitisch gebenden Welt, die Menschen einlädt, ohne sie wirklich hineinzulassen, wie wir es schon für Mitteleuropa beschrieben haben. Wie Orbán und Putin lehnt Trump zudem das traditionelle Selbstverständnis Amerikas als Nation mit Vorbildfunktion entschieden ab. Mit großer öffentlicher Unterstützung ist er auf einen Dünkel losgegangen, der sich bis auf die Staatsgründung zurückverfolgen lässt, dass nämlich »die Welt … unser Beispiel … segnen und nachahmen wird«.[7] Die Trump-Revolution ist daher weit mehr als nur ein Politikwechsel. Sie ist Vorbote und Zeichen einer nur schwer wieder umkehrbaren

Transformation dessen, wie Amerika sich selbst und seine historische Rolle definiert.

Obwohl man seine Fähigkeit, vorauszudenken, nicht überbewerten sollte, scheint Trump sich vorgenommen zu haben, Ungarn, Russland und andere illiberale Regime zu »normalisieren« – aber nicht wie frühere Präsidenten, indem er sie ermutigt, liberal-demokratische Normen zu übernehmen, sondern im Gegenteil, indem er Amerika ermutigt, ihr Doppelgänger zu werden. Man könnte sogar sagen, er organisiert einen umgekehrten »Regimewechsel« und setzt so viele informelle Normen außer Kraft, dass er die US-Verfassung Stück für Stück nach illiberalen Gesichtspunkten neu gestaltet. Und wenn seine innenpolitische Agenda der ungarischen entspricht, so folgt seine internationale Agenda der russischen. Auch Trump hat die mögliche Demontage der EU bejubelt. Und er flirtet weiterhin mit dem Kreml-Traum eines amerikanischen Rückzugs aus der NATO, der Trump und Putin zu Co-Revolutionären machen würde, unabhängig davon, ob sie sich als Kumpane in einer gemeinsamen Verschwörung erweisen oder nicht.[8]

Trumps ausdrückliche Sympathie für den mitteleuropäischen Illiberalismus und seine kindliche Ehrfurcht vor Putins Image als starker Mann spiegeln zweifellos sein persönliches Unbehagen mit der Idee der rechenschaftspflichtigen Regierung im liberalen Verfassungsstaat wider. Doch er wertet die Rechtsstaatlichkeit nicht nur ab, weil sie ihn persönlich bedroht.[9] Er lehnt sie auch ab, weil allein schon die Idee der unparteiischen Gerechtigkeit Amerika historisch einzigartig, moralisch überlegen und als ein »leuchtendes« Vorbild für die Welt wirken lässt.

Was glauben wir, wer wir sind?

In einem Gastkommentar, den die *New York Times* 2013 veröffentlichte, nahm Wladimir Putin mit augenzwinkernder Frömmigkeit die naive Legende von der amerikanischen Ausnahmestellung aufs Korn:

> Es ist äußerst gefährlich, Menschen dazu zu ermutigen, sich selbst als außergewöhnlich zu sehen, egal, welche Motivation dahintersteckt. Es gibt große Länder und kleine Länder, reiche und arme, jene mit langer demokratischer Tradition und jene, die ihren Weg zur Demokratie noch suchen. Auch ihre Politik ist unterschiedlich. Wir sind alle verschieden, doch wenn wir um den Segen des Herrn bitten, dürfen wir nicht vergessen, dass Gott uns gleich geschaffen hat.[10]

Es ist nichts Ungewöhnliches daran, dass der Führer einer rivalisierenden Nation Amerikas übertriebenen Sinn für die eigene Einzigartigkeit und moralische Überlegenheit kritisiert. Seltsam und bemerkenswert war in diesem Fall die Begeisterung, mit der der Privatmann Donald Trump Putins Ohrfeige für einen hochgeschätzten amerikanischen Mythos lobte und wiederholte. Der Begriff des amerikanischen Exzeptionalismus sei, so Trump, »sehr beleidigend und Putin hat [Obama] das wirklich deutlich gemacht«.[11] Auslöser dieser sensationellen Äußerung war ursprünglich sicher das kleinliche Bedürfnis, Obama zu kritisieren, und dennoch verschafft sie Einblicke in Trumps intuitive Wahrnehmung des politischen Lebens wie auch in die psychologischen Quellen seiner Beliebtheit.

Wie wichtig dieser Angriff auf das amerikanische Gefühl, etwas Besonderes zu sein, für Trumps Weltbild ist, wird deutlich, wenn man sieht, wie häufig und begeistert er sich darauf bezieht. Im Jahr 2014 fasste er auf die Frage eines Reporters nach der Bedeutung des amerikanischen Exzeptionalismus seine beiden Haupteinwände gegen die Idee zusammen. Seine typisch mäandrierende, an einen Bewusstseinsstrom erinnernde Antwort ist so wichtig für unsere Argumentation, dass es sich lohnt, sie ausführlich zu zitieren:

> Nun, ich denke, es ist ein in mancher Hinsicht sehr gefährlicher Begriff, denn ich habe Putin sagen hören: »Was denken sie, wer sie sind, wenn sie sagen, dass sie außergewöhnlich sind?« Man kann das Gefühl haben, etwas Besonderes zu sein, doch wenn man anfängt, das anderen Ländern an den Kopf zu werfen oder anderen Menschen, dann glaube ich tatsächlich, dass es ein sehr gefährlicher Begriff ist. Also, ich habe gehört, dass Putin zu jemandem sagte … »Was denken sie, wer sie sind, wenn sie sagen, dass sie außergewöhnlich sind?«, und ich verstehe das. Wissen Sie, er sagte: »Warum sind sie außergewöhnlich? Sie haben Straßenmorde. Schauen Sie, was in Chicago und an anderen Orten passiert. Sie haben dieses ganze Chaos, all das, was hier so passiert.« Und ich kann Ihnen sagen, dass es viele Länder überall auf der Welt gibt, die extrem wütend sind über diesen Begriff des amerikanischen Exzeptionalismus. Länder, denen es besser geht als uns – viel besser als uns. Man versucht, gut mit der Welt auszukommen, und sagt dann, man sei etwas Besonderes? Ich habe das Wort daher nie besonders gemocht. Ich finde, man kann vielleicht so denken, aber ich bin mir nicht sicher, dass man darüber unbedingt so viel reden sollte.[12]

In diesem abschweifenden, mit erfundenen Putin-Zitaten gespickten Monolog führt Trump zwei überraschend gute

Gründe für seine Ablehnung des amerikanischen Exzeptionalismus an. Zunächst einmal ist es beleidigend, Ausländern zu erklären, das eigene Land sei ihrem Heimatland überlegen. Zu sagen, dass Amerika das bei Weitem beste Land sei, das je auf Gottes schöner Erde existiert habe, ist unhöflich und muss zu unschönen Gegenmaßnahmen führen. Als ein überflüssiger Affront gegenüber den Empfindlichkeiten anderer Länder erschwert es unnötig die Bemühungen, international günstige Ergebnisse zu erzielen.[13] Zweitens und irgendwie im Widerspruch dazu werden die Vereinigten Staaten ja auch gar nicht mehr von der ganzen Welt beneidet und sollten deshalb auch nicht mehr so tun, als wäre das anders. Ein großer Teil von Amerika ist weit von der von Reagan propagierten »strahlenden Stadt auf dem Hügel« entfernt – die zerbröselnde Infrastruktur ähnelt viel eher der eines Dritt-Welt-Staates. Tatsächlich ist der amerikanische Traum zum Gespött all jener Länder geworden, »denen es besser geht als uns – viel besser als uns«.

Trump versteht vollkommen, warum es der russische Präsident so hasst, belehrt zu werden – vor allem von Amerikanern: »Ich weiß nicht, ob wir das Recht haben, jemanden zu schulmeistern.« Als einen Hauptgrund dafür, aus dem Predigtgeschäft auszusteigen, führt er die Gewalt auf den Straßen an, ein eher gefühltes als reales Problem: »Schauen Sie nur, was mit unserem Land passiert. Wie sollen wir andere belehren, wenn hier Polizisten kaltblütig erschossen werden? Wie sollen wir gute Ratschläge geben, wenn man die Unruhen und die furchtbaren Dinge sieht, die in unserem eigenen Land passieren?«[14] Um zu erklären, warum die Amerikaner kein Recht haben, Ausländer zu belehren, schafft es Trump, gleichzeitig berechnend alarmistisch und untypisch selbstvergessen zu klingen. Doch wir sollten das Revolutionäre dieser Aussage nicht übersehen. Er verkündet, er werde der erste Präsident in der amerikanischen Geschichte sein, der nicht daran glaubt, dass die anderen von Amerika lernen können. Amerika groß zu machen, heißt für ihn, sicherzustellen, dass Amerika nicht für etwas Erhebendes und Inspirierendes steht. Das ist ein kluger Schachzug, denn ein Land, das sich treulich einer Moral verschreibt, wird Nachahmer und Mitläufer anziehen, was später sicher einmal Ärger bedeuten wird.

Trumps Prahlerei, Amerika an die erste Stelle zu setzen, passt durchaus zu seiner Ablehnung der amerikanischen Sonderstellung. »America First« bedeutet, sich nicht um das Wohlergehen anderer Länder zu scheren, während man versucht, sie bei internationalen Handelsvereinbarungen zu übervorteilen. Das hat nichts Außergewöhnliches an sich. »Gewinnen« ist das Gegenteil von »Führen durch Vorbild«. Letzteres ist für Trump mehr als nur Zeitverschwendung. Es bedeutet, dass man anderen beibringt, besser zu sein als man selbst.

Trumps Radikalismus basiert auf der Vorstellung, die Amerikanisierung anderer Länder, insbesondere früherer Feinde, sei schlecht für Amerika. Das ist völlig neu und beinhaltet auch eine vollständige Absage an die Idee, Amerika sei eine außergewöhnlich gute und unschuldige Nation und habe deshalb das Recht und die Pflicht, Einfluss auf das Ausland zu nehmen.[15] Trump – und kein anderer amerikanischer Präsident hat das zuvor getan – verweigert sich damit der tief sitzenden amerikanischen Überzeugung, dass die Vereinigten Staaten eine historische Mission haben, den Bewohnern anderer Länder beizubringen, wie sie ihre Gesellschaften organisieren und ihr Leben führen sollten.[16] Er ist der wohl erste amerikanische Präsident, der niemals, unter keinen Umständen, die berühmten Worte Woodrow Wilsons wiederholen könnte: »Ihr seid Amerikaner, es ist euch bestimmt, Freiheit und Gerechtigkeit und die Prinzipien der Menschlichkeit zu bringen, wohin ihr auch geht.«[17]

Trump ist nicht nur dagegen, für Demokratie und Menschenrechte zu werben. Er missachtet konsequent die Grenze zwischen Staaten, die die Menschenrechte und demokratischen Normen respektieren, und denen, die sie verletzen. Amerika hat keine Mission und ist niemandes Vorbild, genauso, wie die Menschheitsgeschichte kein »Ende« im Sinne eines moralischen Zwecks oder Ziels hat. Deshalb lehnt er Amerikas messianisches Selbstverständnis ebenso durchgängig ab wie die Vorstellung, die Vereinigten Staaten seien ein Leuchtfeuer der Freiheit und Gerechtigkeit für die gesamte Menschheit, ein Modell, dem alle sich entwickelnden Länder nacheifern sollten.

Nach seiner Wahl bemerkte ein besonders scharfer Kritiker Trumps, dass »Amerika womöglich wieder anfängt, sich wie eine normale Nation zu verhalten«, und das war nicht schmeichelhaft gemeint.[18] Amerika wieder normal zu machen, heißt allerdings nicht, zur Selbstbeweihräucherung der Reagan-Ära zurückzukehren. Vielmehr bedeutet es, das internationale Image des Landes neu zu gestalten: Es ist in moralischer Hinsicht nicht besser und nicht schlechter als jedes andere Land. Vor der Wahl von 2016 warnte der Republikaner Mitt Romney, falls Trump Präsident werde, »wird Amerika keine strahlende Stadt auf dem Hügel mehr sein«, offenbar ohne zu merken, dass Trump genau darauf abzielte.[19] Indem er den Gegensatz zwischen Amerikas Unschuld und Anstand und der Sündigkeit und Unanständigkeit anderer Länder einfach über Bord wirft, lässt Trump den Rest der Welt wissen, dass Amerika nicht nur ebenso prinzipienlos wie alle anderen Länder ist, sondern sich auch selbst genau so sieht.

Für Trump bedeutet Normalisierung »die Wiedereinsetzung der USA als einen egoistischen Staat unter anderen egoistischen Staaten«.[20] Amerika kann nur die Oberhand gewinnen, wenn es aufhört, für hochfliegende Ideale wie Demokratie und Menschenrechte einzutreten und andere Völker damit zu beglücken. Frühere amerikanische Präsidenten bekannten sich zum Glauben an den amerikanischen Exzeptionalismus. Doch das war eine gefährliche Form der Selbsthypnose, eine selbst gestellte Falle. Was könnte dümmer sein, als die Vereinigten Staaten darauf zu verpflichten, selbstlos zugunsten anderer Länder zu handeln?

Eine darwinistische Vorstellung vom Leben als gnadenlosem, amoralischen Krieg aller gegen alle untermauert diese Ablehnung des Mythos von der amerikanischen Sonderstellung. Als der Fernsehjournalist Joe Scarborough anmerkte, dass Putin »Journalisten tötet, die nicht seiner Meinung sind«, lautete Trumps Antwort bekanntlich: »Nun, ich denke, dass auch unser Land kräftig mordet, Joe.«[21] Amerika ist ein normales Land. Es bringt unschuldige Menschen um wie jedes andere Land, und oft ohne triftigen Grund.[22]

Trump will, dass Amerika seinen Mangel an Unschuld nicht nur anerkennt, sondern sogar gutheißt. Vergleichen wir diesen zynischen Amoralismus mit ähnlich klingenden Aussagen aus dem Mund seiner liberalen Vorgänger, die ebenfalls die amerikanische Unschuld infrage stellten. Als Bill Clinton und Barack Obama sie formulierten, waren ihre Gründe ganz andere. Beide gestanden ein ernstes Fehlverhalten ihres Landes ein, ohne jedoch die selbstgefällige Überzeugung aufzugeben, dass Amerika ein weltweit bewundertes moralisches Ideal repräsentiere.

Um 1999 zu zeigen, dass er nicht nach Ankara gekommen war, um jemanden zu belehren oder Amerika in den Himmel zu heben, erklärte beispielsweise Präsident Clinton vor der türkischen Großen Nationalversammlung:

> Denken Sie daran, ich komme aus einer Nation, die auf der Überzeugung gründet, dass alle Menschen gleich geschaf-

> fen sind, und doch hatten wir zur Zeit der Staatsgründung die Sklaverei; Frauen durften nicht wählen, selbst Männer durften nicht wählen, wenn sie nicht über Besitz verfügten. Ich kenne mich aus mit der unvollkommenen Umsetzung der Ideale eines Landes. Wir in Amerika haben eine lange Reise hinter uns, von unserer Gründung bis dahin, wo wir heute stehen, doch sie ist es wert gewesen.[23]

Mit diesem rhetorischen Bekenntnis zur amerikanischen Unvollkommenheit wollte er seine Zuhörer dazu bringen, Amerikas »lange Reise« nachzuahmen. Wenn die Türken nur Amerikas Führung folgen würden, könnten sie letztendlich die ethnische Diskriminierung im eigenen Land überwinden. Die Vereinigten Staaten sind noch immer weit vom Ziel der Freiheit und Gerechtigkeit für alle entfernt. Doch das schränkt die Besonderheit des Landes nicht ein. Genau das ist ja das Außergewöhnliche an Amerika – dass ein amerikanischer Präsident ins Ausland reisen und ohne das Gefühl, sich verteidigen zu müssen, offen die Misserfolge seines Landes zugeben kann. Dieses von Herzen kommende Schuldeingeständnis deutete indirekt an, dass die belehrenden Amerikaner auf dem Weg zur moralischen Besserung weiter fortgeschritten waren als die zuhörenden Türken.

Zehn Jahre später hielt Obama in Kairo eine ähnlich subtile Lobrede auf Amerikas Exzeptionalismus.[24] Einzigartig sei Amerika durch die Bereitschaft seiner Anführer, in Bezug auf frühere Sünden des Landes reinen Tisch zu machen. Durch diese entwaffnende Offenheit blieb das Land nach Meinung Obamas ein moralisches Leuchtfeuer für die Menschheit. Deshalb hatten seine Repräsentanten noch immer das Recht und die Pflicht, anderen zu sagen, welche Aufgaben sie erledigen und welche Vorgehensweisen sie kopieren »müssen«. Für Clinton und Obama war die Absage an Amerikas Unschuld ein direkter Weg, Amerikas weithin infrage gestellten Exzeptionalismus und besonders Amerikas Status als moralisches Vorbild für den Rest der Welt zu bewahren.

Trump hat einen schändlicheren Grund, Amerikas Sünden anzuerkennen. In einer gnadenlosen und konkurrenzorientierten Welt streben seiner Ansicht nach nur die Naiven nach Unschuld, und nur ein Verlierer geht auf Entschuldigungstour. Das Bewusstsein, dass man nicht unschuldig ist, ist deshalb kein Grund, sich schuldig zu fühlen oder zu bereuen. Im Gegenteil, es ist ein Zeichen guter Umgangsformen. Warum bitte sollte man der einzige ehrliche Spieler in der Pokerrunde sein? In seinen Augen ist die Absage an die amerikanische Rechtschaffenheit ein erster Schritt dahin, aus der selbstzerstörerischen Wohltäter-Illusion auszubrechen, die der Mythos des amerikanischen Exzeptionalismus mit sich gebracht hatte.

Trumps »Charisma«, wenn wir es so nennen wollen, gründet vor allem darauf, dass er die ausgetretenen Pfade verlässt. Und das Außergewöhnlichste an seiner außergewöhnlichen Präsidentschaft ist seine Ablehnung des Mythos vom amerikanischen Exzeptionalismus.[25] Er hat geschafft, was unmöglich schien. Er hat die chauvinistischsten Bürger Amerikas mit der Vorstellung versöhnt, Amerika könne »groß« sein, ohne eine internationale Führungsrolle zu übernehmen, ohne moralisch überlegen zu sein, ohne auf seine besondere Unschuld zu pochen und auf das Recht, andere Länder zu belehren. Er hat Amerikas angeborene Eigenliebe von der Vorstellung gelöst, das Land sei »besonders« im Sinne von moralisch überlegen. In diesem Kontext sollte man noch darauf hinweisen, dass »nur Vertreter des äußersten linken Flügels der Demokratischen Partei bestreiten, dass die Vereinigten Staaten über anderen Nationen stehen«.[26] Daran lassen sich Trumps hypnotische Fähigkeiten ablesen. Er hat seine nationalistische

Basis dazu gebracht, genau so zu denken wie die liberalsten der an sich selbst zweifelnden Demokraten, ohne dass diese Basis ihre intoleranten und fremdenfeindlichen Fantasien aufgeben musste.

Trumps Schlachtruf lautet: »Wir brauchen jemanden, der die *Marke* der Vereinigten Staaten nehmen und sie wieder groß herausbringen kann.«[27] Das ist ein paradoxer Slogan, weil er ausdrücklich darauf zielt, Amerika nun als ein Land zu vermarkten, das nicht besser und nicht schlechter ist als jedes andere. Weil seine amerikanische »Größe« nichts mit dem amerikanischen Exzeptionalismus zu tun hat, ist sie historisch beispiellos. Er sagt »great *again*«, doch er sieht dabei sicher nicht auf die 1950er- und 1960er-Jahre zurück, als Amerika mehr produzierte als der Rest der kriegsversehrten Welt, seine Konflikte zwischen Arbeitnehmern und Arbeitgebern löste und »das Aufkommen der Beatniks und der Bürgerrechte erlebte«,[28] denn das war ganz eindeutig eine Blütezeit des amerikanischen Exzeptionalismus. Trumps »Größe« ist etwas ganz anderes. Sie umfasst die Auslöschung der selbst erklärten amerikanischen Einzigartigkeit und die Anpassung an die übrige profane Welt. Das sollte eigentlich ein Schock sein, da »die Amerikaner es nicht gewohnt sind, sich ihr Land als ein Land wie jedes andere vorzustellen«.[29] Aber die führenden Köpfe der Republikanischen Partei – und nicht nur sie – haben diese »Normalisierung« ihres Landes weitgehend kampflos und ohne Einschränkungen hingenommen.[30] Wenn man diesen Mangel an Widerstand versteht, kann das eine große Hilfe sein, um das Geheimnis von Trumps außergewöhnlichem politischen Erfolg nachzuvollziehen. Wie hat er Amerikas Flaggen schwenkende Nationalisten dazu gebracht, die Vorstellung aufzugeben, die Vereinigten Staaten seien moralisch besser als andere Länder?

»Wunderbare Demokratie«

Warum waren die Amerikaner bereit, politische Ansichten zu akzeptieren, die vielen tief verwurzelten kulturellen Traditionen ihres Landes so radikal widersprachen? Die Wahl eines Präsidenten, der sich offen feindselig gegen Amerikas moralische Weltführerschaft stellt, lässt vermuten, dass in den Tiefen der amerikanischen öffentlichen Meinung finstere Strömungen wirbeln. Als Trump in den 1980er-Jahren behauptete, Amerika sei eine »Loser«-Nation, nahm das praktisch niemand zur Kenntnis.[31] Inzwischen sind aber wichtige Kräfte in der amerikanischen Gesellschaft für seine Botschaft empfänglich geworden. Warum gewann die Vorstellung, Amerika sei das größte Opfer der Amerikanisierung der Welt, plötzlich eine nie da gewesene politische Zugkraft? Wir sollten uns noch einmal vor Augen führen, wie der Einmarsch in den Irak und der Krieg gegen den Terror dazu beitrugen, dass die öffentliche Meinung begann, mit Trumps radikal revisionistischem Denken zu sympathisieren.

In seinem Präsidentschaftswahlkampf wandte sich Trump immer wieder gegen »die gefährliche Vorstellung, dass wir westliche Demokratien aus Ländern machen können, die keine Erfahrung oder kein Interesse haben, eine westliche Demokratie zu werden«.[32] Dabei dachte er offenbar an den Irak. Schon 2004 zweifelte er ausdrücklich daran, dass der Irak eine »wunderbare Demokratie« werden würde, und sagte vielmehr voraus, dass »zwei Minuten nachdem wir draußen sind, dort eine Revolution stattfinden wird«, bei der »der übelste, härteste, raffinierteste, grausamste Kerl« die Macht ergreift.[33] Und als Präsident machte er mehr als deutlich, dass die Vereinigten Staaten endgültig und definitiv aus dem Geschäft mit der Nachahmungsförderung aussteigen werden.[34]

Dass Amerika der größte Verlierer der Amerikanisierung der Welt sei, mag Trumps seltsamste Eingebung gewesen sein. Für seine Behauptung, die Demokratisierung des Irak sei nicht Amerikas Sache, fand er jedoch ein sehr viel aufgeschlosseneres Publikum als für seine frühere Andeutung, es sei nicht Amerikas Aufgabe gewesen, Deutschland und Japan dabei zu helfen, zu funktionierenden kapitalistischen Demokratien heranzuwachsen.[35]

Die Zeiten haben sich geändert. Doch ein konkreterer Grund für die unterschiedlichen öffentlichen Reaktionen auf diese beiden Aussagen liegt darin, dass die Vereinigten Staaten nach 1945 die Demokratisierung früherer Feinde deswegen anstoßen und lenken konnten, weil sie nach einem Krieg, der die meisten zuvor schon industrialisierten Länder in Schutt und Asche gelegt hatte, ökonomisch und militärisch führend waren. Heute verfügt Amerika ganz offensichtlich nicht mehr über eine solche Vormachtstellung. Und die Begeisterung der amerikanischen Öffentlichkeit dafür, die Welt nach dem Bilde Amerikas zu formen, ging zurück, als klar wurde, dass das Land dazu gar nicht mehr in der Lage war.[36] Auch von außen gesehen war die liberale Demokratie amerikanischen Stils dabei, ihren kanonischen Status zu verlieren, nachdem Amerika seine globale Überlegenheit verloren hatte. Durch diesen relativen Machtverlust schwanden die Hoffnungen, dem Rest der Welt amerikanische Interessen und Werturteile aufdrängen zu können. Es ist sinnlos, etwas erreichen zu wollen, wenn die Kraft dazu fehlt. In diesem Sinn ist Trumps »unamerikanische« Ablehnung des amerikanischen Exzeptionalismus realistischer als Robert Kagans typisch amerikanische Überzeugung, dass »Niedergang … eine Wahlmöglichkeit ist, kein unausweichliches Schicksal«.[37] Relativer Niedergang *ist* Amerikas Schicksal. Bei den verbleibenden Möglichkeiten geht es nur noch darum, wie klug oder töricht dieser Niedergang gesteuert wird.

Man sollte sich auch noch einmal ins Gedächtnis rufen, dass Trump recht hatte, als er in seiner Antrittsrede sagte, »Amerikas Infrastruktur« sei »verfallen und verwahrlost«.[38] Sobald Amerika sein Selbstbewusstsein als Speerspitze der Moderne verloren hatte, war es nicht mehr glaubhaft, seine außenpolitischen Möglichkeiten als universale Mission im Namen der gesamten Menschheit darzustellen. Amerikas schwindende relative Macht und sein abnehmendes weltweites Ansehen anzuerkennen, trägt zu der Erklärung bei, warum ein beachtlicher Teil des amerikanischen Wahlvolks einen Kandidaten akzeptierte, der sich offen über die »Berufung« des Landes lustig machte, sein politisches und ökonomisches Modell notfalls mit Gewalt in der ganzen Welt zu verbreiten.

Nach 1989 glaubte ein großer Teil des außenpolitischen Establishments der USA, »dass eine globale demokratische kapitalistische Revolution unter der Führung und nach dem Vorbild der Vereinigten Staaten kurz bevorsteht«.[39] Nun kann eine solche übertriebene Selbstsicherheit nicht den Einmarsch in den Irak erklären, wohl aber die öffentlich verbreitete Begründung dafür. Nachdem klar geworden war, dass Saddam Hussein keine Massenvernichtungswaffen besaß, verlegte sich die Regierung unter George W. Bush darauf, den Krieg allein aus liberalen, humanitären Gründen zu rechtfertigen – es ging jetzt um den Schutz der Menschenrechte irakischer Zivilisten und die Förderung der Demokratie mit vorgehaltener Waffe. Das waren Ziele, die zu unterstützen die amerikanische Öffentlichkeit gewohnt war. Die eigentlichen Motive des Krieges aber waren, wie die vielen Regierungskritiker nicht müde wurden zu betonen, ganz andere.[40] Unabhängig davon wurde der Krieg öffentlich durch eine moralische Pflicht gerechtfertigt, liberal-demokratische Normen und Institutionen überall auf der Welt zu verankern.

Doch wenden wir uns wieder der Situation heute zu. Trumps antimissionarische Botschaft gewann auch an Überzeugungskraft, weil Amerikas Image in der Welt durch die irrationale Reaktion der Regierung auf 9/11 schweren Schaden genommen hatte. Dazu gehörten nicht nur die erfolglosen Kriege, sondern auch die mit Fotos dokumentierten Misshandlungen von Gefangenen in Abu Ghraib und die jahrzehntelange willkürliche Inhaftierung wahllos festgenommener Männer in Guantánamo. Solche Übergriffe ermutigten selbst Teile der Welt, die einst zu den Vereinigten Staaten als einem liberalen »Leuchtfeuer« aufgeschaut hatten, nicht nur an Amerikas »Kreuzzugszielen« zu zweifeln, sondern auch an der Nachahmbarkeit des amerikanischen Vorbildes. Die Bereitschaft vieler Amerikaner, selbst solcher mit liberaler Gesinnung, Donald Trumps Verzicht auf moralische Überlegenheit zu akzeptieren, kann am einfachsten dadurch erklärt werden, dass Amerika diese moralische Überlegenheit ganz objektiv verloren hatte. So verwirkte Amerika im ersten Jahrzehnt des 21. Jahrhunderts viel von seinem hochgerühmten »Einfluss durch Vorbild«. Es war nicht Trump, der die weltweite Ernüchterung in Bezug auf die globale Führerschaft der USA auslöste. Er wurde vielmehr erst dann wählbar, als seine instinktive Feindschaft gegenüber der missionarischen Tradition Amerikas allmählich bei der weiteren Öffentlichkeit Anklang fand.

Das bringt uns noch einmal zurück in das Jahr 1989, in dem sich Amerikas Stellung in internationalen Angelegenheiten radikal änderte. Vier Jahrzehnte lang war die Sowjetunion nicht nur Amerikas vorrangiger militärischer Gegner gewesen, sondern auch sein ideologischer und moralischer »Anderer«. Die Linke wie die Rechte in Amerika verteidigten ihre konkurrierenden Vorstellungen von einer liberalen Gesellschaft vor dem Hintergrund des stalinistischen Albtraums. In diesem Sinne prägte der Kalte Krieg Amerikas öffentliche Philosophie tief. Wir könnten sogar sagen, dass der Kalte Krieg Amerikas öffentliche Philosophie *war*. Der fordernde Wettbewerb mit dem Sowjetkommunismus formte das Denken der Amerikaner über die Kernprinzipien, die ihren elementaren Institutionen zugrunde lagen. Denn der amerikanische Liberalismus war das genaue Gegenteil des sowjetischen Totalitarismus – oder wirkte zumindest so. Meinungs- und Pressefreiheit wurden ebenso wie die Gewissensfreiheit gerade deshalb idealisiert, weil Moskau sie grausam unterdrückte. In demselben Geist betonten die Amerikaner die Niederlassungs- und Reisefreiheit, die Vereinsfreiheit, das Recht auf einen fairen Prozess und das Recht auf freie Wahlen, bei denen Amtsinhaber ihre Macht verlieren können. Betont wurde auch die Freiheit, privaten Reichtum zu erwerben, ausgehend von der Annahme, dass nur eine dezentrale und marktwirtschaftliche Ökonomie die Grundlagen für Wohlstand und politische Freiheit bieten könne. 1989 lautete die Frage: Würden sich diese »amerikanischen Werte« in ebenjenem geopolitischen Wettbewerb durchsetzen, der sie strategisch so unverzichtbar gemacht hatte?

Ironischerweise hatte sich diejenige Supermacht im Kalten Krieg durchgesetzt, die ideologisch dem obersten Wert des politischen und wirtschaftlichen Wettbewerbs verpflichtet war. Immer hatte der Westen die wohltuenden Wirkungen des Wettbewerbs gepriesen – und nun war ihm der gleichrangige Konkurrent verloren gegangen, der gleichfalls eine international ausgerichtete Vision verfolgte und die schwerfälligen westlichen Bemühungen förderte, den öffentlich verkündeten Idealen zu entsprechen.[41] Nachdem das siegreiche Amerika ein Monopol auf den Supermacht-Status errungen hatte, wurde es zum einzigen Anbieter nicht nur von Sicherheit, sondern auch von politischen Werten. Die meisten Menschen, die diese Entwicklung feierten, nahmen die liberale Theorie dazu nicht ernst: Monopolistische Anbieter, befreit vom Druck des Wettbewerbs, beginnen verschwenderisch, leichtsinnig und ohne große Rücksicht auf die Kosten ihres Verhaltens zu agieren, besonders gegenüber ihren Konsumenten.

Das ist ein Grund dafür, dass der amerikanische Liberalismus, »befreit« vom Wettbewerb mit dem sowjetischen Kommunismus, die Orientierung zu verlieren begann. Demokratie und Menschenrechte verloren ihre zentrale Bedeutung für die nationale Identität, weil die Amerikaner ihre öffentliche Philosophie nicht mehr im Gegensatz zum Modell des existenzbedrohenden Wettbewerbers definierten. Universelle Menschenrechte hatten im Kalten Krieg als strategischer Vorteil gegolten. Im Krieg gegen den Terror dagegen wurden der Schutz vor willkürlicher Verhaftung und das Recht auf einen fairen Prozess allmählich zur strategischen Belastung. Sie beschränkten die groben Methoden, mit denen US-amerikanische Amtsträger glaubten, gegen die neuen, dschihadistischen Feinde des Landes vorgehen zu müssen. Die Verbreitung der Menschenrechte im Ausland wurde politisch ebenso fragwürdig wie die Verbreitung der Demokratie.

Auch »die offene Gesellschaft« einschließlich der Reisefreiheit über Staatsgrenzen hinweg wurde plötzlich zu einer Bedrohung. Reagans Forderung, die Sowjets sollten »diese Mauer niederreißen«, wich einer neuen Aufwertung verstärkter Schutzwälle und mit Stacheldraht bewehrter Grenzen, die nun als einzige Methode galten, um die bedrängte liberale Welt vor dem Dschungel da draußen zu schützen. Solche Ängste brachten Donald Trump und sein Versprechen hervor, Mauern könnten die Welt retten.

Amerikas Glashaus

Bei der Annäherung an die paradoxe Vorstellung, dass Nachahmung eine ernsthafte Bedrohung für den Nachgeahmten darstellt und ihn desorientiert und ohne sein Erbe zurücklässt, ist es hilfreich, die weltweite Verbreitung der englischen Sprache zu bedenken. Regelmäßig beschuldigen mitteleuropäische Populisten anglofone Eliten als potenzielle Verräter der Nation. Sie monopolisieren angeblich die Notausgänge und sind auf Zuruf bereit, ihre Landsleute im Stich zu lassen.

Vor zehn oder zwanzig Jahren gingen Nichtamerikaner davon aus, die Verbreitung des Englischen bedeute auch, dass amerikanische Werte und Ideen die Welt eroberten.[42] In seiner Theorie der linguistischen Gerechtigkeit schlug der Philosoph Philippe Van Parijs vor, dass Angehörige englischsprachiger Gemeinschaften eine besondere Sprachsteuer bezahlen sollten, um die Kosten des Englischlernens für Angehörige nicht englischsprachiger Gemeinschaften zu bezuschussen.[43] Er rechtfertigte dies damit, dass englische Muttersprachler massive unverdiente Vorteile hätten.

In mancher Hinsicht stimmt es, dass das amerikanische Englisch als »Leitsprache« der Welt dient, genau wie der amerikanische Dollar als Leitwährung der Welt fungiert, was den Amerikanern einen unfairen Vorteil bei allen möglichen internationalen Transaktionen verschafft. Nachdem Washington jedoch zum Zentrum der weltweiten Instabilität mutiert ist, wirkt die Vorstellung, die Verbreitung des Englischen verschaffe Muttersprachlern einen eindeutigen Vorteil, gleich weniger plausibel. Sicher sind die Amerikaner nach wie vor stolz darauf, dass die Menschen überall auf der Welt Englisch lernen und an amerikanischen Universitäten studieren wollen. Doch es ist immer deutlicher geworden, dass in einer vernetzten Welt die weltweite Verbreitung des Englischen für die Amerikaner einen Wettbewerbsnachteil bedeutet, und strategisch gesehen stellt sie sogar eine Bedrohung für die amerikanische Sicherheit dar.

Beginnen wir mit dem Offensichtlichen: Amerikaner sind weniger motiviert Fremdsprachen zu lernen als Nichtamerikaner. Einer Gallup-Meinungsumfrage zufolge kann sich nur etwa ein Viertel aller Amerikaner in einer anderen Sprache als Englisch unterhalten. Von diesem Viertel sprechen 55 Prozent Spanisch, was die hispanische Abstammung eines großen Teils der Befragten widerspiegelt, für die Spanisch eher Erst- als Zweitsprache ist. Einem ehemaligen hochrangigen Geheimdienstoffizier zufolge stehen Amerikaner weltweit »ganz unten«, wenn es um Fremdsprachenkenntnisse geht.[44]

Dieses schwache Ranking des vermeintlichen Spitzenlandes hat missliche Folgen. Die Asymmetrie zwischen einsprachigen Amerikanern und jenen, deren Muttersprache nicht Englisch ist, die aber dennoch relativ fließend Englisch sprechen, zählt zu den wichtigsten Macht-Asymmetrien in einer Welt, in der Bildung der Schlüssel zur sozialen Mobilität und zur Anpassungsfähigkeit an den beschleunigten Wandel ist. Amin Maalouf hat dazu geschrieben: »Des Englischen nicht mächtig zu sein, wird stets ein schweres Handicap darstellen. Es wird jedoch auch – und in zunehmendem Maße – ein großes Manko sein, ausschließlich englisch zu sprechen.«[45] Eingeschränkt von einer eher provinziellen Medienkultur und zudem der Möglichkeit beraubt, durch das Erlernen von Sprachen Zugang zu komplexen lokalen Realitäten zu erhalten, haben die Amerikaner zunehmend den Kontakt zur Wirklichkeit verloren. Die Weltsicht von Nichtamerikanern wird den wirtschaftlichen, diplomatischen, journalistischen und sogar akademischen Eliten immer unzugänglicher. Viel zu oft hören sie von den Menschen, mit denen sie sich im Ausland unterhalten, nur, was sie deren Vermutung nach gern hören wollen.[46]

Man liest in diesem Zusammenhang auch oft, die weltweite Beliebtheit der amerikanischen Kultur sei ein Zeichen der globalen Vorrangstellung und Macht Amerikas. Hier ein repräsentatives Beispiel:

> Auf dem Höhepunkt der westlichen liberalen Demokratie waren die Vereinigten Staaten – und in geringerem Maße Westeuropa – Heimat der berühmtesten Schriftsteller und Musiker, der meistgesehenen Fernsehsendungen und Filme, der fortschrittlichsten Industrien und der angesehensten Universitäten. Im Denken vieler junger Menschen, die in den 1990er-Jahren in Afrika oder Asien aufwuchsen, schien das alles eins zu sein: Der Wunsch, einen Anteil am unermesslichen Reichtum des Westens zu haben, war auch der Wunsch, dessen Lebensstil anzunehmen, und der Wunsch, diesen Lebensstil anzunehmen, schien auch die Nachahmung des politischen Systems zu erfordern.[47]

Die sehr angesehenen Verfasser dieses Textes fahren mit der Behauptung fort, dass diese »kulturelle Macht« den Vereinigten Staaten erlaubt habe, »die Entwicklung anderer Länder zu beeinflussen«.[48]

Solche Aussagen zu Amerikas »weicher Macht« sind umstritten. Tatsächlich bedeutet die globale Verbreitung englischer Sprachkenntnisse und die dadurch ermöglichte und geförderte globale Vertrautheit mit der amerikanischen Kultur, dass die Bürger der Vereinigten Staaten jetzt in einem Glashaus leben. Die Welt kennt Amerika sehr viel besser, als Amerika die Welt kennt. Daraus ergibt sich die Frage: Wer kann wen besser manipulieren und austricksen?

Es stimmt – die Welt sieht amerikanische Filme und verfolgt die amerikanische Politik. Doch das gibt fremden Mächten wie Russland einen immensen Vorteil, wenn sie zum Beispiel beschließen, sich heimlich in die amerikanische Politik einzumischen. Angeblich erklärte Wladimir Putin seinem Verteidigungsminister Sergei Schoigu, er müsse nur die Netflix-Serie »House of Cards« anschauen, um zu verstehen, wie Amerika ticke.[49]

Während die Bürger anderer Länder eine Menge über Amerikaner wissen, haben Amerikaner kaum eine Vorstellung davon, wie der Rest der Welt denkt und lebt. Sie haben nie von nicht angelsächsischen Filmstars gehört und besitzen nur eine sehr vage Vorstellung davon, worum es in den politischen Konflikten anderer Staaten geht. Diese krasse Asymmetrie des Verstehens sorgt für eine strategische Verwundbarkeit. So können etwa Zwanzigjährige aus Dschidda oder Karatschi im Internet surfen und Flugstunden in Oklahoma buchen, doch einem Zwanzigjährigen aus Oklahoma dürfte dasselbe in Dschidda oder Karatschi kaum gelingen.

Als WikiLeaks die Geheimdokumente des amerikanischen Außenministeriums veröffentlichte, war das eine weltweite Sensation in den Nachrichten und ziemlich peinlich für die amerikanische Diplomatie. Die chinesischen diplomatischen Berichte dagegen, die vor ein paar Jahren bekannt wurden, waren zwar sicher sehr interessant für diejenigen, die sich beruflich damit befassten, konnten jedoch niemals zu einer weltweiten Geschichte allgemeinen Interesses oder einem ernsten Rückschlag für die chinesische Außenpolitik werden, weil relativ wenige Menschen flüssig Chinesisch lesen können, von den Chinesen selbst und ein paar Fachleuten im Ausland einmal abgesehen.

Im Moment sind die Vereinigten Staaten China gegenüber militärisch vielleicht klar im Vorteil. Doch die Asymmetrie eines kulturell und politisch klar lesbaren Amerikas und eines kulturell wie politisch schwer durchschaubaren Chinas lassen an Amerikas längerem Hebel in Handelsauseinandersetzungen zweifeln. Als der Journalist Bob Woodward über den chinesisch-amerikanischen Handelskrieg nachdenkt, schreibt er,

> [d]ie Chinesen wüssten sehr genau, wie man einen Staat wirtschaftlich und politisch treffen könne. Diesbezüglich seien sie den Amerikanern haushoch überlegen. Die Chinesen wüssten genau, welche Kongresswahlbezirke welche Erzeugnisse hervorbrächten, etwa Sojabohnen. Sie wüssten, welche Swing States wichtig sein würden, um das Repräsentantenhaus zu erobern. Sie könnten zielgerichtet Zölle auf Produkte aus einzelnen Wahlbezirken erheben oder auch landesweite Zölle. Die Chinesen würden zum Beispiel Bourbon aus Kentucky ins Visier nehmen, wo Mitch McConnell republikanischer Mehrheitsführer im Senat war, und Molkereierzeugnisse aus Wisconsin, dem Bundesstaat von Paul Ryan, dem Sprecher des Repräsentantenhauses.[50]

Es gibt nicht nur sehr viel mehr Chinesen, die sich mit Amerika beschäftigen, als Amerikaner, die sich mit China befassen – sie sind auch im Durchschnitt sehr viel besser informiert.

Die Verwandlung des Englischen in die globale *lingua franca* galt einst als ein herausragendes Beispiel der weichen Macht Amerikas; heute jedoch hat sie offenbar eine Welt hervorgebracht, in der Amerikas militärische Vorherrschaft und wirtschaftlicher Erfolg durch kulturelles Analphabetentum, uninteressierten Provinzialismus und absolute Gleichgültigkeit untergraben werden.[51] Verschärft wird das Problem auf der praktischen Ebene noch dadurch, dass die verteidigungspolitischen Schwergewichte dazu tendieren, Fachleute des Außenministeriums, die die Sprachen und Kulturen kennen, einfach zur Seite zu schieben. Jedenfalls führt eine fehlende Vertrautheit mit der Sprache, Geschichte und Politik anderer Staaten naturgemäß dazu, dass man dem, was man nur schemenhaft versteht, Misstrauen und Angst entgegenbringt. Es steigert auch die Gefahr, durch maßgeschneiderte zielgerichtete Desinformation getäuscht zu werden. Wenn die amerikanischen Militärs in Afghanistan oder dem Irak über Einheimische sagen, dass »Gewalt die einzige Sprache ist, die sie verstehen«, sagt das mehr über ihren eigenen einsprachigen Provinzialismus und ihren Tunnelblick aus als über das Land, in dem sie stationiert sind und dessen innere Konflikte sie vergeblich zu entziffern versuchen.[52] Wenn man nicht versteht, wie andere denken, ist es schwer, strategisch zu handeln, denn dazu braucht man die Fähigkeit, vorauszusehen, wie andere wohl auf die eigenen Initiativen reagieren werden. Die US-Regierung kann unmöglich »die Entwicklung anderer Länder beeinflussen«, solange die Amerikaner gelähmt bleiben durch eine einsprachige Bildung und ererbte kulturelle Scheuklappen, die in einer irreversibel globalisierten Welt gefährlich anachronistisch sind.

Wie Alexander Woloschin, ein früherer Vorsitzender der russischen Präsidialverwaltung, einem der beiden Autoren erklärte, kennen Nachahmer diejenigen, die sie kopieren, sehr viel besser als andersherum die Kopierten ihre Nachahmer.[53] Erfolgreiche Raubtiere kennen ihre Beute besser als ihre Beute sich selbst. Statt sich von Wettbewerbern abzuschotten, haben die Vereinigten Staaten eine weit geöffnete Welt ohne Mauern geschaffen und aufrechterhalten, die das einsprachige Amerika zum leichten Ziel für mehrsprachige Plünderer von außen macht. Dazu gehören Länder, die bei dem Versuch, die Erwartungen des liberalen Hegemons der Welt zu erfüllen, viele Jahrzehnte lang gewissenhaft Amerikas Politik und Kultur studiert haben. Während Chinas Wirtschaftsmacht auf Kosten des Westens immer weiter wächst, organisieren sich Firmenchefs, denen der Technologietransfer Sorgen bereitet, ebenso wie populistische Wähler, die Jobverluste fürchten, im Namen einer paranoiden Angst vor ausländischer Konkurrenz, die Trump über viele Jahrzehnte hinweg fast schon bis zur universalen Unterschiedslosigkeit vertreten hat. Im Niedergang der relativen Macht der USA sind immer mehr nationale Politiker, darunter auch Demokraten, skeptisch geworden, was die internationalen Verflechtungen angeht. Diese kulturelle Verschiebung war der Nährboden für Trumps Aufstieg. Das durch die Globalisierung der englischen Sprache ermöglichte ausländische Verständnis der amerikanischen Szene wird heute weithin als ein Instrument der politischen Subversion und des Technologiediebstahls gefürchtet.

Nachahmer als Wettbewerber

Das Zeitalter der Nachahmung gab sich als eine Welt, in der alle gewinnen. Die Pseudomoral des naiven Liberalismus lautet dessen populistischen Kritikern zufolge: »Was du nicht willst, das man dir tu, das füg auch keinem andern zu.« Ein solcher moralischer Imperativ lädt dazu ein, die Wachsamkeit schleifen zu lassen. »America First« ist die Anti-Goldene-Regel. Auf geopolitischer Ebene bedeutet sie, dass alle Handelsrivalen Ränke schmieden, um Amerika zu betrügen, und dass Amerika in dem Bemühen, in allen bilateralen Deals die Nase vorn zu haben keine Zurückhaltung üben darf. Gewinnen heißt, jemanden zu schlagen, und verlieren heißt, geschlagen zu werden. Eine Welt, in der alle Beteiligten gewinnen, wäre, selbst wenn sie möglich wäre, eine Welt, in der Amerika nie wieder »gewinnt« – und genau das beklagt Trump immer wieder.

Im Rahmen unserer Argumentation drängt sich die Frage auf: Warum fühlt sich Trump bei der Unterscheidung zwischen Nachahmern und Nachgeahmten intuitiv unwohl? Eine Antwort lautet, dass sie die aus seiner Sicht viel bedeutsamere Unterscheidung zwischen Sieg und Niederlage verwischt. Trumps Biografen sind sich offenbar einig in Bezug auf seine »schlichte Denkweise, Gewinner gegen Verlierer«, und seine »Null-Summen-Welt aus Gewinnern und Verlierern«.[54] Er selbst (oder sein Ghostwriter) drückt es so aus: »Man hört von vielen Menschen immer wieder, der beste Deal sei einer, bei dem beide Seiten gewinnen. Das ist totaler Schwachsinn. Bei einem großartigen Deal gewinnt man selbst – nicht die andere Seite. Man zermalmt den Gegner und holt für sich selbst etwas Besseres heraus.«[55] Herrschen oder beherrscht werden. Das ist das Gesetz des Dschungels. Bei einem früheren Vertrauten klingt das so:

> Es war eine duale Nullsummen-Wahl für ihn: Entweder man dominierte oder man unterlag. Entweder man erzeugte Angst und nutzte dies aus, oder man unterwarf sich der Angst … In unzähligen Gesprächen machte er mir klar, dass er jede Begegnung als einen Wettkampf betrachtete, den er gewinnen musste, denn aus seiner Sicht bestand die einzige Alternative darin, zu verlieren, und das hätte bedeutet, ausgelöscht zu werden.[56]

Auf einer profaneren Ebene fühlt sich Trump natürlich unwohl mit der Politik der Nachahmung, denn aus der Perspektive eines Geschäftsmanns stellen Nachahmer eine Bedrohung dar.[57] Amerikanische Unternehmensführer schätzen Trumps Steuersenkungen und Deregulierungen, mögen aber seine erratischen und prinzipienlosen Zollspielereien gar nicht. Viele bleiben aber gerade wegen seiner unerschütterlichen Behauptung, ausländische Imitatoren würden amerikanische Patente und Copyrights verletzen, dennoch auf seiner Seite.

Wenn Nachahmer Ihr Geschäftsmodell erfolgreich kopieren (und verbessern), machen sie Ihnen die Kunden abspenstig. Erfolgreiche Imitatoren stehlen Ihnen die Show und treiben Sie womöglich sogar in den Bankrott. In Trumps Augen waren Deutschland und Japan jahrelang die empörendsten Beispiele für diese skandalöse Entwicklung. Nachdem die Vereinigten Staaten sie im Zweiten Weltkrieg vernichtend geschlagen hatten, erlaubten sie ihren einstigen Feinden, zu Handelsrivalen aufzusteigen, da man lieber eventuell entstehende Handelsungleichgewichte in Kauf nahm als einen ebenfalls möglichen Atomkrieg. Das war eine durchdachte politische Strategie, keine Unachtsamkeit. Doch wenige Jahrzehnte später waren Amerikas im Krieg geschlagene Feinde so weit, die Vereinigten Staaten in ihrem eigenen Spiel der Industrieexporte zu überflügeln. Indem die USA die Umlenkung des deutschen und japanischen Nationalismus von militärischer Rivalität zum industriellen Wettbewerb nach amerikanischem Vorbild förderten, schaufelten sie sich einigen Fanatikern des Wirtschaftsprotektionismus zufolge ihr eigenes Grab.

Inzwischen haben sich aus Trumps Perspektive die chinesisch-amerikanischen Beziehungen ähnlich entwickelt. »Wir haben China aufgebaut«, glaubt er.[58] Der Westen förderte die ökonomische Öffnung Chinas, wohl in der Annahme, dass dies zur vorherbestimmten Annäherung des Landes an den liberal-demokratischen Kapitalismus führen werde, und sah sich dann schockiert mit einem von der Kommunistischen Partei gelenkten merkantilistischen System konfrontiert, das den Westen an vielen Fronten aus dem Felde schlägt. Zufällig fiel Chinas atemberaubendes Wirtschaftswachstum zeitlich mit Amerikas vergeblichem Versuch zusammen, die ehemals kommunistischen Staaten Mittel- und Osteuropas zu amerikanisieren. In China dagegen gelang die Reform durch Nachahmung – ausdrücklich ohne das Kopieren westlicher Werte wie Pressefreiheit und Gewaltenteilung. Demokratische Teilhabe und Rechenschaftspflicht gegenüber der Wählerschaft fehlen ebenfalls, obwohl einige Beobachter anfangs meinten, dass sie zumindest langfristig irgendwann ganz natürlich folgen würden.

In Trumps Augen (und nicht nur in seinen) war das chinesische Wirtschaftswunder eine Katastrophe für die Vereinigten Staaten. Gerade weil die Chinesen als Spitzennachahmer gelten, ist China momentan dabei, den Vereinigten Staaten den Titel als größte Wirtschaftsmacht abzunehmen oder hat es vielleicht sogar schon geschafft. Eigentlich war Reagan der letzte Präsident, der zu Recht vom amerikanischen Exzeptionalismus sprechen konnte, weil er die Auswirkungen des chinesischen Aufstiegs auf die US-Wirtschaft noch nicht erlebt hatte.

Trump und seine Unterstützer aus der Geschäftswelt weisen gern darauf hin, dass die USA gratis ein offenes Welthandelssystem geschaffen und unterhalten hätten. Das half erst Deutschland und Japan und jetzt China, sich in exportorientierte kapitalistische Ökonomien mit Turbolader zu verwandeln. Nationalistischen Ökonomen ist es peinlich, dass man ehemaligen und zukünftigen Feinden Managementstile und Industrieproduktionsmethoden amerikanischer Prägung überlassen hat. Schlimm genug, dass man kostenlos für ihre Sicherheit sorgte – Amerika ermutigte sie auch noch, ihre knappen Ressourcen und Energien auf die Wirtschaftsentwicklung zu konzentrieren, und half ihnen, ihre nationalistischen Ambitionen in die Herstellung von High-End-Produkten für den Weltmarkt (einschließlich des amerikanischen

Marktes) umzulenken. Diese schlecht durchdachte Politik ist angeblich schuld an der katastrophalen Deindustrialisierung der Vereinigten Staaten.

Besonders ärgerte Trump sich darüber, dass sich Deutschland und Japan nach der verheerenden militärischen Niederlage aufmachten und nach amerikanischem Vorbild Automobilindustrien aufbauten, die ihre Wegbereiter auf dem Weltmarkt klar besiegten. Seine bekannte Vorliebe für Cadillacs und seine Abneigung gegenüber den Konkurrenten der Marke kann vielleicht ein Licht auf seine ansonsten unerklärliche Besessenheit besonders mit deutschen Luxuskarossen werfen. In seinem berühmten Interview mit dem *Playboy* im Jahr 1990 sagte Trump, wenn er die Möglichkeit dazu hätte, »würde ich auf jeden Mercedes-Benz, der in dieses Land rollt, eine Steuer erheben«.[59] In derselben Rede, in der er die berüchtigte Bemerkung fallen ließ, Mexiko schicke den USA seine Vergewaltiger, beschwerte er sich: »Wann haben wir Japan auf irgendeinem Feld geschlagen? Sie schicken ihre Autos millionenweise rüber, und was tun wir? … Sie schlagen uns die ganze Zeit.«[60] Amerikas legendäre Liebe zum Automobil lässt die Vorliebe der Konsumenten für ausländische Marken wie einen illoyalen Angriff auf Amerikas unternehmerische Vorherrschaft aussehen. Im Sommer 2018 lautete eine ebenso absurde wie aufschlussreiche Schlagzeile: »Trump hat Handelsminister Wilbur Ross angewiesen, sich intensiv mit Autozöllen zu beschäftigen und zu untersuchen, ob Autoimporte eine Gefahr für die nationale Sicherheit darstellen«.[61]

Man sollte noch einmal wiederholen, dass Amerikas Nationale Sicherheitseinrichtungen nach 1945 *willentlich* alles daransetzten, den kriegslüsternen militarisierten Nationalismus Deutschlands und Japans durch einen friedlichen, auf Handel beruhenden Nationalismus zu ersetzen. Die Förderung und finanzielle Unterstützung der Nachahmung der exportgetriebenen amerikanischen Nachkriegsindustrialisierung in Deutschland wie in Japan sollte einen Dritten Weltkrieg verhindern, der in Anbetracht der Entwicklung schwerer Massenvernichtungswaffen zu einem echten »Ende der Geschichte« hätte führen können. Weil sie ihre Energien darauf verwandten, ökonomische statt militärischer Machtzentren zu werden, waren die beiden früheren Feinde Amerikas bereit, auf die Entwicklung von Atomwaffen zu verzichten. Sie akzeptierten den amerikanischen nuklearen Schutzschirm im Austausch dafür, dass sie Amerikas antisowjetischem Bündnissystem beitraten. Die »liberale Weltordnung« steht so auch für den Ausschluss Deutschlands und Japans aus dem Club der Nuklearwaffenstaaten nach dem Zweiten Weltkrieg.

Allerdings scheint sich Trump überhaupt keine Sorgen über einen nuklearen Winter oder einen Dritten Weltkrieg zu machen. Er hat andere Drachen zu töten, vor allem die verblüffenden Erfolge des exportgetriebenen Wirtschaftswachstums in Deutschland und Japan nach dem Zweiten Weltkrieg und in China nach dem Kalten Krieg. Amerika gewann zwar die Kriege, wurde in der Nachkriegszeit jedoch zum Verlierer, indem es seine Exportfähigkeit an ausländische Konkurrenten überführte. Trumps Ansicht nach ist es lächerlich, die Wirtschaftswunder im postfaschistischen Deutschland und Japan und im postkommunistischen China als Siege Amerikas zu sehen, denn »die Beute gehört dem Sieger«,[62] und die Beute des Welthandels rissen sich die einstigen Feinde der USA unter den Nagel, zur Beschämung der politischen Führung Amerikas, die womöglich zu sehr von liberalen Schuldgefühlen zerrüttet war, um die Früchte des Sieges zu ernten. Es sieht so aus, als sei die Vermeidung eines Dritten Weltkriegs ein zu hoher Preis für die »Invasion« von Toyotas und Mercedes-Benzes gewesen.

Viele Geschäftsleute an Trumps Seite sind der Meinung, dass die folgenreichste Form transnationaler Nachahmung die Copyright-Verletzung ist. Wenn man Plagiate zulässt, riskiert man den Verlust des Wettbewerbsvorteils. Diese Sorge erklärt neben Steuersenkungen und Deregulierung, warum es Trump gelungen ist, einen signifikanten Teil der amerikanischen Geschäftswelt auf seine Seite zu ziehen.

Trumps voreingenommene Bemerkungen über Mexikaner und Muslime verliehen der Vorstellung, er wolle die Nazi-freundliche und isolationistische Politik der America-First-Bewegung der 1930er-Jahre wiederaufleben lassen, eine gewisse Glaubwürdigkeit.[63] Wir haben keinen Grund, an seinen unterschwelligen Sympathien für White Supremacy, den Glauben an die Überlegenheit der Weißen, zu zweifeln. Doch bei seiner Version des America First geht es um amerikanische Produkte, die alle Konkurrenten auf dem globalen Marktplatz aus dem Felde schlagen. In einem Schönheitswettbewerb zwischen Cadillac und Mercedes sollte das amerikanische Auto »gewinnen«. »First« bedeutet mit anderen Worten »an erster Stelle«, nicht »über alles«,* denn eine Herrschaft über andere bringt es mit sich, dass man mit den Beherrschten interagiert, eine Aussicht, die einem instinktiv Xenophoben (und Germanophoben) wie Trump wenig verlockend erscheint. Er zieht es vor, das Geld zu nehmen und zu verschwinden, statt dazubleiben und andere Völker zu regieren, eine Aufgabe, die er sicher mühsam und sinnlos finden würde.

Trump sieht es so: Amerikas Marke und Marken werden nie den ersten Platz erringen, solange andere Länder sich als Trittbrettfahrer des amerikanischen Einfallsreichtums betätigen. Amerikaner waren die vorrangigen Architekten globaler Mechanismen zur Konfliktlösung; heute aber entscheiden

---

* Krastev und Holmes bedienen sich hier der deutschen Formulierung »über alles«.

Schlichtungstribunale oft und undankbar gegen die Vereinigten Staaten. Noch skandalöser: Amerika schenkte dem Rest der Welt das Internet. Und dann schauten die Vereinigten Staaten einfach zu, wie andere sich ihre Kreativität aneigneten. Sie kontrollieren das Internet nicht mehr, das ursprünglich eine Erfindung des amerikanischen Verteidigungsministeriums war. Amerikas Rivalen haben sich das Internet, ein großzügiges Geschenk, inzwischen zu eigen gemacht und setzen es heute ein, um jenes Land zu überflügeln, aus dem es einst kam. Ähnliches gilt für GPS und andere globalisierungsfreundliche Produkte des amerikanischen Erfindergeistes. Amerika hat die Kontrolle über seine Schöpfungen verloren. Überall ärgert man sich über Chinas hinterlistigen Erwerb westlicher Technologie mithilfe verpflichtender Joint-Venture-Arrangements, über die chinesische Unternehmen an Industriegeheimnisse kommen – auch deshalb zeigte sich Amerika für Trumps Botschaft empfänglich, sein Land sei durch die Amerikanisierung seines rechtmäßigen Erbes beraubt und enteignet worden.

Verschiedene Kommentatoren verweisen auf das bei ihm »völlig fehlende Interesse am Kalten Krieg, der 1980, als Trump in den Ring stieg, seinen Höhepunkt erreicht hatte und in dem sich die Vereinigten Staaten, wie man [damals] weithin meinte, auf der Verliererstraße befanden«.[64] Ein Grund für seine Sorglosigkeit in dieser Hinsicht liegt wohl darin, dass die Sowjetunion, anders als Deutschland und Japan zur Zeit des Kalten Krieges, kein Nachahmer der kapitalistischen Demokratie amerikanischer Prägung war. Die UdSSR war nie in das globale Handelssystem integriert. Anders als China heute war sie deshalb nicht in der Position, amerikanische Firmen zu überflügeln oder zu unterbieten und deren Kunden abzuwerben. Ähnliches kann man auch über das heutige Russland sagen, das, obwohl nicht mehr kommunistisch, noch immer nicht allzu viele Exportindustrien aufweist, die mit amerikanischen Unternehmen um Marktanteile ringen. Dies alles deutet darauf hin, dass Trump bereits ein Jahrzehnt vor dem Ende des Kalten Krieges so dachte, als sei der Kalte Krieg schon vorbei. Ihm war und ist noch immer der Handelswettbewerb wichtiger als Bedrohungen der nationalen Sicherheit. Anders als die jetzt zum Schweigen gebrachten Falken der Republikanischen Partei liegt er damit auf einer Linie mit der amerikanischen öffentlichen Meinung des 21. Jahrhunderts: Alltagsprobleme machen den Wählern größere Sorgen als ein paar Terroristen in Ostafrika oder ein paar künstliche Inseln im Südchinesischen Meer.

Trump verbucht die Verwandlung der ehemals autoritär regierten und militaristischen Feinde Amerikas in friedliche kapitalistische Demokratien nicht als einen Sieg der amerikanischen Außenpolitik. In seinen Augen ist die Nachahmung deutschen Stils nicht »die aufrichtigste Form von Schmeichelei, die Mittelmäßigkeit der Größe entgegenbringen kann«, wie Oscar Wilde behauptete, sondern ein Betrug, der Amerikas Wirtschaft unterminiert. Wie Trump schon in den 1980er-Jahren sagte und offenbar noch heute glaubt, ist Amerika beim Nachahmungsspiel übers Ohr gehauen worden. Die Imitatoren haben das Land ausgetrickst, und ihre falsche Schmeichelei übertönt nur das Gelächter hinter verschlossenen Türen, das ultimative Zeichen von Missachtung.

Immigration als Identitätsdiebstahl

Zu behaupten, allein die Angst vor Nachahmung erkläre, warum Trumps Botschaft im amerikanischen Kernland so großen Anklang findet, wäre übertrieben. Aber sicher spielt sie eine entscheidende Rolle. Trumps allgemeine Wählerschaft fühlt sich, anders als seine Anhänger in der Geschäftswelt, durch Nachahmung in zweierlei Hinsicht gefährdet. Und in beiden Fällen hängt die Angst, nachgeahmt zu werden, mit der Angst, ersetzt zu werden, zusammen.

Für Trumps Unterstützer ist »Globalisierung« ein schmutziges Wort, weil darin – als Begleiterscheinung von Arbeitslosigkeit und prekärer Teilzeitarbeit – Jobverlust und Einbußen des sozialen Status und des Selbstbewusstseins mitschwingen. Trump spricht diese existenziellen Ängste direkt an: »Sie nehmen unsere Jobs weg. China klaut unsere Jobs. ... Indien klaut unsere Jobs.«[65] Zweifellos findet diese Metapher des globalen Arbeitsplatzdiebstahls Anklang im amerikanischen Kernland.[66] Tatsächlich aber geht es Trump mit seiner Handelspolitik eher darum, dass China nicht Amerikas jobkillende Roboter stiehlt. Doch seine Anhänger wollen hören, dass »der Besitz unserer Mittelschicht ihrem Heim entrissen und dann über die ganze Welt verteilt wurde«.[67] Die Mittelschichten Chinas und Japans sind exponentiell gewachsen, während die amerikanische Mittelschicht proportional geschrumpft ist. Globalisierung bedeutet daher nicht nur den Verlust von Arbeitsplätzen. Sie umfasst den pauschalen Transfer des Mittelschichtstatus von den Vereinigten Staaten zu ihren ökonomischen Nachahmern außerhalb des Landes.[68]

Die zweite Form von Nachahmungsangst, die Trumps Wählerbasis umtreibt, ist noch gravierender und vielschichtiger. Es ist die Angst, dass die Vorbildnation Amerika für nicht weiße Immigranten aus Ländern südlich der Grenze wie ein unwiderstehlicher Magnet wirken wird. Panikmache mit dem »Job-Klau« ist eine vielversprechende politische Taktik für populistische Politiker, weil sie die Angst vor einer ausländischen Invasion mit der Angst vor ausländischer Konkurrenz vermischt. Die Vorstellung, dass mehr Menschen um weniger Jobs konkurrieren, stresst natürlich diejenigen, deren

Beschäftigungschancen sichtbar schrumpfen. Doch die panische Angst vor Einwanderung wurzelt tiefer als die Angst vor Arbeitsplatz- und Statusverlust. Sie reicht bis an den Verlust von Identität.

Neben der Verachtung für die sogenannten »Establishment-Eliten« ist der Hass auf und die Angst vor Immigranten der auffälligste Konvergenzpunkt des amerikanischen und des mitteleuropäischen Populismus. »Die Vereinigten Staaten werden kein Migrantenlager sein«, hat Trump versprochen, »und sie werden keine Einrichtung zur Unterbringung von Flüchtlingen sein.« Mit Verweis auf das, »was in Europa geschieht«, so fährt er fort, »können wir nicht zulassen, dass so etwas den Vereinigten Staaten passiert. Nicht mit mir!«[69] Der »große Fehler, der überall in Europa gemacht wurde«, bestand darin, »Millionen Menschen reinzulassen, die die Kultur so nachhaltig und mit Gewalt verändert haben!«.[70] Die Vorstellung, dass nicht europäische Immigranten – von Postnationalisten geduldet – Europa infiltrieren und nach und nach die europäische Kultur und Zivilisation aus dem Buch der Geschichte ausradieren, ist der Kern des ultra-nationalistischen Albtraums eines »Großen Bevölkerungsaustausches« der Europäer durch Nichteuropäer.[71] Die Bereitwilligkeit, mit der Trump solche rechtsextremen Kampfbegriffe aufgreift, die die rhetorische Rechtfertigung für mörderische Gewalt geliefert haben,[72] legt nahe, dass auch die Strahlkraft seiner populistischen Marke in einer demografischen Angst wurzelt. Wenn seine Unterstützer aus der Geschäftswelt Copyright-Verstöße und Technologieklau fürchten, so haben seine verzückten Massen Angst vor kulturellen Verstößen und Identitätsklau.

Trump wie auch Orbán stacheln eine instinktive Feindseligkeit gegenüber politischen Flüchtlingen und Wirtschaftsmigranten an, indem sie das blutige Hemd einer imaginären »Invasion« in Zeitlupe schwenken.[73] Sie wollen demografische Panik bei ihren Anhängern schüren und dadurch primitive Sehnsüchte nach einem allerletzten Retter der weißen Identität wecken. Trump warnt vor »großen, gut organisierten Migrantenkarawanen, die auf unsere Südgrenze zuwandern. Manche Menschen nennen das eine ›Invasion‹. Es ist wie eine Invasion.«[74] In einer Donald Trump überschwänglich lobenden Rede erinnerte Orbán im Juli 2016 an einen früheren »Großen Bevölkerungsaustausch«: »Ich kann die positive Sicht der Amerikaner auf die Migration sogar verstehen, denn so sind die Vereinigten Staaten entstanden, aber sie müssen auch sehen, dass wir in dieser Situation die Indianer sind.«[75] Wie mitteleuropäische Populisten sehen sich auch die weißen Suprematisten Amerikas tatsächlich als neue Indianer, als »indigene« Völker, die von ausländischen Invasoren überrannt werden und von ethnischer Ausrottung bedroht sind. Was wir einst den Indianern angetan hätten, versuchten die Mexikaner nun uns anzutun. Für Amerikas weiße Nationalisten ist das Grund genug, die Goldene Regel über Bord zu werfen.

Diese Fantasien von einfallenden Horden erklären, wie die »USA! USA!« skandierenden Massen zugleich für Trumps Weigerung eintreten können, Amerika als ein außergewöhnlich gutes Land zu erachten. Seine glühendsten Fans sind intuitiv skeptisch, wenn es um das Bild von Amerika als einer nachahmenswerten »strahlenden Stadt auf dem Hügel« geht. Sie haben ganz zu Recht den Eindruck, dass Reagan dieses Bild bemühte, um zu bekräftigen, dass Amerika »immer noch ein Leuchtfeuer, immer noch ein Magnet« sei »für alle, die frei sein müssen« – worunter für Populisten auch nicht weiße Einwanderer von der anderen Seite der Grenze fallen, die herandrängen, um weiße Amerikaner zu vertreiben und zu enteignen.[76]

Anti-Einwanderungspolitik ist eine höchst emotionale Sache, weil Masseneinwanderung, ob nun real oder erfunden, die letzten Reste einer imaginären Gemeinschaft wegzuspülen droht, die aus historisch kontingenten Gründen langsam zerfasert. Diese Analyse geht davon aus, dass man Identität insbesondere mittels Gefühlen wahrnimmt, die durch die Vorstellungen von Andersheit und Zugehörigkeit geweckt werden. In modernen Gesellschaften leben die meisten Individuen natürlich in mehreren Referenzgruppen, die durch Religion, Alter, Geschlecht, Schicht, Wohnort (urban oder nicht), Familienstand, Bildungsniveau und Welthaltigkeit definiert sind. Identität zerfällt nur dann in Gruppenantagonismen und sogar in mörderische soziale Konflikte, wenn eine Zugehörigkeit, gewöhnlich eine sektiererische oder ethnische, eine so herausragende Rolle im Selbstverständnis eines Individuums spielt, dass sie alle rivalisierenden Zugehörigkeiten in den Schatten drängt.[77] Tribalismus und Fundamentalismus sind so effektive politische Mobilmacher, weil sie auf der Grundlage einer krass eindimensionalen Unterscheidung zwischen »ihnen« und »uns« definieren, »wer wir sind«. Diese Unterscheidung wirkt unter ökonomischem Stress oder rapidem und unvorhersagbarem sozialen Wandel noch stärker.

Samuel Huntington war einer der Ersten, der Amerikas wachsenden Widerwillen, sich selbst als Einwanderungsnation zu sehen, in Worte fasste. Er bezweifelte, dass ein Land gleichzeitig kulturell heterogen und politisch gut organisiert sein könne.[78] Das waren sehr schlechte Nachrichten für ein zunehmend multikulturelles Amerika. Huntington gab einer jahrzehntelangen liberalen Einwanderungspolitik die Schuld an der politischen Inkohärenz und Dysfunktionalität des Landes. Aus Begeisterung für Universalismus und Individualismus habe sich die liberale Elite geweigert, das Bürgerrecht in einem liberalen Staat ausschließlich Individuen einer bestimmten Rasse, ethnischen Zugehörigkeit oder Kultur zu verleihen. Antirassismus und ihre Weigerung, Nichtweiße zu diskriminieren, kennzeichne liberale politische Entscheidungsträger als »Kosmopoliten ohne Wurzeln«, die tatsächlich oder potenziell illoyal gegenüber der Mehrheit ihrer Landsleute seien. Vor den Zwischenwahlen von 2018 behauptete Trump, Demokraten und die Eliten in den Küstenstädten »wollen auch für die Zukunft offene Grenzen und Verbrechen ohne Schranken«. Deshalb, so deutete er an, solle man sie als Verräter an der wahren amerikanischen Nation betrachten.[79]

Huntington drückte sich nicht so aus, doch sein Denken zeichnet im Kern Trumps eher grobe Intuitionen ziemlich gut nach. Als eine Folge der großzügigen liberalen Gastfreundschaft sind die Vereinigten Staaten zu einem kulturellen Mischmasch, einem Sammelsurium geworden, das nur durch Prinzipien wie die Rechtsstaatlichkeit eine Einheit bildet, Prinzipien, die zu abstrakt sind, um Menschen aus aller Herren Länder zusammenzuhalten. Hier allerdings kommt eine wichtige Nuance ins Spiel. In »Who Are We?« behauptet Huntington, der Zusammenhalt des amerikanischen »Wir« hänge nicht nur von kultureller Assimilation ab, sondern auch von einer Homogenität der ethnischen Abstammung.[80] Er räumt aber auch ein, dass die USA, nachdem sie den einstigen Zusammenhalt geopfert haben – den eine bis dahin überwältigende Mehrheit mit gemeinsamer Abstammung und Nachkommenschaft hergestellt hatte –, ihre verlorene Seele nicht mehr zurückerlangen können, egal, wie sehr sie ihre Grenzen verrammeln. Man kann nostalgisch sein, aber man kann nicht mehr zurück. Trump dagegen führt seine Landsleute in den Abgrund, indem er die Sehnsucht nach einer nicht mehr wiederzuerlangenden Vergangenheit in ein parteipolitisches Programm verwandelt. Er kann Amerika nicht wieder weiß machen. Aber er kann Amerikas Nachkriegs-Selbstverständnis als ein Land, das auf einzigartige Weise bereit und fähig ist, Einwanderer aus allen Winkeln der Erde zu assimilieren, zerstören.[81]

Trump hat aus einer in der amerikanischen Provinz besonders auffälligen kulturellen Verschiebung Kapital geschlagen – weg von einer offenen und einladenden hin zu einer geschlossenen und abweisenden Definition davon, »wer wir sind«. In Anbetracht der Tatsache, dass heute 13,7 Prozent der amerikanischen Bevölkerung nicht im Lande geboren sind, dass diese Prozentzahl langsam ansteigt und dass Demografie einer gnadenlosen eigenen Logik folgt, gibt es grundsätzlich zwei Optionen, um mit der Einwanderung in die Vereinigten Staaten umzugehen. Da wäre einmal ein klarer Weg zur Staatsbürgerschaft für die Millionen illegaler Einwanderer, die schon im Land leben und arbeiten. Damit würde man den Status Amerikas als Einwanderungsnation bestätigen. Gleichzeitig müsste man massiv in Integrationsprogramme für die Menschen, die schon im Lande sind, investieren und dadurch Amerikas Selbstbild als offene, einladende und kulturell gemischte Nation bewahren. Eine zweite Möglichkeit besteht darin, Amerika radikal umzudefinieren als eine verbarrikadierte, abweisende, monoethnische Gesellschaft, die im Grunde den fünfzig Prozent weißen christlichen Einwohnern gehört, abgeschottet gegen weitere nicht weiße Einwanderung und unbeeindruckt von der Diskriminierung schwarzer, hispanischer und muslimischer sowie vielleicht auch asiatischer und jüdischer Bürger.

Zumindest rhetorisch hat Trump diese zweite, logistisch undurchführbare, politisch gefährliche und moralisch abstoßende Option gewählt.

In Kapitel eins haben wir erklärt, wie es in Mitteleuropa zu einer zuwanderungsfeindlichen Politik kam, obwohl es dort tatsächlich gar keine Immigranten gibt: Demografische Ängste wegen der katastrophalen Entvölkerung der Region spielen dabei eine sehr große Rolle. In Amerika nähren dagegen die am eigenen Leib erfahrenen Folgen der Deindustrialisierung die Feindseligkeit gegenüber Einwanderern.[82] Die illegale Einwanderung ist zwar nicht die Ursache der wirtschaftlichen Unsicherheit, wurde jedoch von Populisten zu einem Kristallisationspunkt gemacht, den jene, die am stärksten unter dem Verlust von Arbeitsplätzen und Chancen leiden, ansteuern können.

In den zwei Jahrzehnten nach dem Zweiten Weltkrieg, als die Vereinigten Staaten das einzige industrielle Kraftzentrum waren, ging es der Arbeiterschicht dort überaus gut. In den zwei Jahrzehnten nach dem Ende des Kalten Krieges, als das ökonomische Vorbild der USA Legionen von ausländischen Nachahmern gefunden hatte, wurde das Leben ebendieser Arbeiterfamilien schwieriger. In diesen Jahren stürzten sich viele Amerikaner in hohe Schulden, um die Fassade einer Mittelschichtexistenz aufrechtzuerhalten, an die sie sich gewöhnt hatten. Dann kam die Finanzkrise von 2008. Die Last ihres durch Kreditkarten ermöglichten Nachahmungsspiels wurde unerträglich, und der jähe Statusverlust, mit dem all jene umgehen mussten, die ihre Schulden nicht mehr zurückzahlen konnten, befeuerte die antiliberale Revolte in Amerika – genau wie in Ungarn. Populistische Demagogen nutzten diese Situation, um Wähler zu gewinnen, deren Ersparnisse dahinschwanden und die kaum Chancen für ihre Kinder sahen: Sie schoben einer Verschwörung von Immigranten und multikulturellen Eliten die Schuld zu, obwohl die missliche Lage der Arbeiter auf die Automatisierung zurückzuführen war und darauf, dass das Ansehen der Mittelschicht (und das Vertrauen in die Zukunft) jetzt von Amerika und Europa nach Indien und China umzog.

Dass die weißen Amerikaner der unteren Mittelschicht ihre gut bezahlte und sichere Arbeit verloren, war ein schwerer Schlag für ihre Selbstachtung wie für ihre materielle Situation. Gerade weil sie den sozialen Status bedrohen, haben Outsourcing und Automatisierung der Wir-gegen-sie-Demagogie den Boden bereitet. In diesem Kontext ist die schnelle Integration Chinas in das Welthandelssystem besonders wichtig, weil sie den Niedergang der amerikanischen Vorrangstellung mit dem Ende der kommunistischen Ideologie verbindet, für das die Amerikaner so leidenschaftlich gekämpft hatten. Das Ende des Kalten Krieges senkte den antioligarchischen Druck im liberalen Westen deutlich, denn die Kapitalisten sahen sich nicht länger gezwungen, bei den Arbeitern Schönwetter zu machen, um die Attraktivität einer militärisch mächtigen egalitären Alternative zur liberalen Ordnung zu senken.[83] Ohne einen furchteinflößenden kommunistischen Feind gab der amerikanische Kapitalismus auch den letzten Rest an Sorge um das Wohlergehen der einfachen Arbeiter auf und kümmerte sich von nun an mit ganzem Herzen um eine im Grunde unbegrenzte Reichtumsanhäufung an der Spitze. Die ökonomische Ungleichheit wuchs, die Chancen auf sozialen Aufstieg sanken, und Amerikas Sieg im Kalten Krieg gab den *Happy Few* weiteren Auftrieb. Der einst von dem Soziologen William Sumner identifizierte, von Franklin D. Roosevelt während der Großen Depression in den Mittelpunkt gerückte und nun von der neuen Plutokratie »vergessene Mann« gewann jedoch mehr und mehr den Eindruck, den Kalten Krieg verloren zu haben.

Die Verbitterung in der weißen Arbeiter- und Mittelschicht lässt sich bis zu einem gewissen Grad als eine feindselige Reaktion nicht auf illegale Einwanderer, sondern auf eine wahrgenommene Verachtung durch Amerikas immer reicheres und abgehobeneres liberales Establishment erklären.[84] Die angesichts ihrer vermeintlichen politischen Unsichtbarkeit aufgekommene Verzweiflung der weißen unteren Mittel-

und Arbeiterschicht, die vielleicht gerade einmal einen Highschool-Abschluss vorweisen kann, machte sie zur leichten Beute für Trump, der ihre Notlage – so opportunistisch und unaufrichtig er dabei auch vorgegangen sein mag – rhetorisch anerkannte und damit aus der allgemeinen Gleichgültigkeit der politischen Eliten beider Parteien herausstach. Eine klassische Darstellung der gefährlichen Loslösung des amerikanischen Establishments von der Masse der Bevölkerung, einer Absetzbewegung, die Trump den Boden bereitete, ist Christopher Laschs Buch *Die blinde Elite* aus dem Jahr 1995. »Die privilegierten Klassen«, so erklärt Lasch, »haben es in einem alarmierenden Ausmaß erreicht, sich nicht nur von den zerfallenden Städten, sondern von öffentlichen Leistungen im Allgemeinen unabhängig zu machen.« Sie haben eine private Krankenversicherung, schicken ihre Kinder auf Privatschulen, stellen private Sicherheitskräfte ein und leben in bewachten Wohnanlagen. Sie »betrachten sich nicht mehr als Amerikaner in dem wichtigen Sinn, dass sie untrennbar mit dem Schicksal Amerikas verbunden sind«, und stehen deshalb »dem drohenden Niedergang der amerikanischen Gesellschaft zutiefst gleichgültig gegenüber«.[85] In einer Demokratie spielt eine ausschließlich mit sich selbst beschäftigte Elite, die die Sorgen der Mehrheit nicht wahrnimmt, einer populistischen Konterelite in die Hände, die ein offenes Ohr für die Sorgen derjenigen Menschen hat (oder zumindest so tut), die sich übersehen und nicht gehört fühlen. Der republikanische Meinungsforscher Frank Luntz beschreibt Trumps Botschaft an seine Basis so: »Er sagt ihnen, dass sie wichtig sind. Er sagt ihnen, dass ihre Wählerstimmen zählen. Sie sind vergessen oder ganz übel dran und sie haben auf jemanden gewartet, der ihnen sagt, dass ihre Existenz von Bedeutung ist.«[86]

Diese antielitäre Strömung weist deutliche Parallelen zu dem auf, was wir bei mitteleuropäischen Populisten beobachtet haben. Nachdem man von ihnen gefordert hatte, ihre Politik und Wirtschaft nach westlichen Vorgaben zu reformieren, um der Europäischen Union beizutreten, entwickelten Ungarn und Polen eine tief sitzende Verbitterung, weil man sie entweder ignorierte oder auf sie als zweitklassige Kopien älterer liberaler Demokratien herabsah. Die vermeintliche Existenz eines Nachahmungsimperativs verpflichtete sie, Respektabilität mithilfe eines Maßstabs zu messen, der sie zum Gefühl ewiger Unzulänglichkeit verdammte. Orbán reagierte darauf – wie die Theorie des Ressentiments es übrigens voraussagt – mit einer Umwertung der Werte: Die westlichen Standards von Verdienst und Erfolg sind in seinen Augen unausgewogen und falsch. Wiederholt greift er allein schon die Idee der »Meritokratie« als eine westliche Ideologie an, die darauf aus ist, die Verdienste der Ungarn zu diskreditieren, indem sie dem Land eine fremde Wertehierarchie überstülpt. Das ist einer seiner Gründe dafür, die von dem Philanthropen George Soros gegründete Central European University aus dem Land zu vertreiben.[87] Populismus kann die Vorstellung nicht ertragen, dass die beste in Ungarn verfügbare akademische Ausbildung eine scheinbar eins zu eins aus Amerika übernommene College-Ausbildung ist, von der die gewaltige Mehrheit der Ungarn zudem nur träumen kann.

Etwas Ähnliches zeigt die populistische Reaktion in Amerika, wenn sie spiegelt, wie sich die einstige Arbeiterpartei – die Demokraten – in die Partei der gebildeten Eliten verwandelt. Bill Clinton ebenso wie Barack Obama schienen zu sagen: Ahmt uns nach! Bemüht euch um eine College-Ausbildung. Oder besser noch um einen Doktortitel. Weiße Highschool-Absolventen, die sich in der neuen Wissensökonomie sowieso schon überflüssig fühlen, nahmen diesen Nachahmungsimperativ als existenziellen Vorwurf wahr. Sie waren nicht in der Lage, die urbane Elite und ihre liberalen Werte zu kopieren. Sie gingen nicht aufs College und suchten daher logischerweise nach einem Politiker, der sich wehrte; der ihnen sagte, dass sie nicht verloren waren, nur weil sie keinen Uniabschluss hatten, der ihnen versicherte, dass sie die Gebildeten nicht imitieren mussten, sondern einfach weiter sie selbst sein konnten. Für diese Untergruppe ist Trump der Präsident, der sie von einer meritokratischen Wertehierarchie befreit hat, die ihnen jedes gesellschaftlich anerkannte Verdienst abzusprechen schien. Genau wie einige ungarische und polnische Populisten mit ihrer Weigerung prahlen, den liberalen Westen zu kopieren, so fühlen sich Trump-Anhänger befreit, wenn sie hören, dass die in Harvard ausgebildeten Eliten nicht nur keine Vorbilder, sondern in einem ganz fundamentalen Sinne noch nicht einmal richtige Amerikaner sind.

Nachahmung als Unterwanderung

Nachgeahmte können unzählige vernünftige Gründe anführen, warum sie ihre Nachahmer fürchten. Nachahmung kann zum Beispiel gefährlich sein, wenn die Nachahmer Betrüger sind, die sich unterhalb des Radars mit feindlicher Absicht in eine Gruppe einschleusen. Es ist viel einfacher, eine nachgeahmte Uniform zu tragen, um bei einem terroristischen Hinterhalt einen minimalen Vorteil von ein paar Sekunden herauszuschlagen, als monatelang eine falsche Identität in einer kriminellen oder terroristischen Organisation aufrechtzuerhalten, um wie in dem im Mafiafilm *Donnie Brasco* gezeigten Stil nützliche Informationen zu sammeln. Beides jedoch sind Formen aggressiver und zu Recht gefürchteter Nachahmung.[88] Ein Beispiel unerwünschter Nachahmung, das enger mit unserem Thema verbunden ist, liefern jene bereits erwähnten russischen Hacker, die online so erfolgreich als Amerikaner auftraten, dass sie womöglich zum Wahlerfolg Trumps beitrugen. In ihren Augen war die von ihnen vollführte dreiste Identitätsmimikry ein gerechtfertigter Vergeltungsakt, während die Amerikaner meist überhaupt keinen Grund für eine solche Racheaktion sehen. Beide Seiten sind jedoch der Meinung, dass dabei Handlungen aggressiver Nachahmung im Spiel waren, die massiven Schaden anrichten sollten, da sie das Vertrauen in demokratische Wahlen zunichte machen.

Hat man solche Beispiele im Hinterkopf, erschließt sich eine selten untersuchte Perspektive auf die einwandererfeindliche Strömung der aktuellen populistischen Revolution. Vertreter dieses Ansatzes gehen davon aus, dass der weiße Nationalismus in Amerika nicht so sehr von der Angst befeuert wird, neue Einwanderer würden sich nicht der amerikanischen Kultur anpassen, sondern eher von der Befürchtung, sie könnten sich allzu erfolgreich assimilieren. Der belgische Religionswissenschaftler Marcel Detienne vertrat die Ansicht, es gehe bei der nationalen Identität um einen mythischen Glauben an die Blutsbande, die die lebenden Generationen mit ihren verstorbenen Vorfahren verbinden.[89] Erfolgreiche Assimilation löst diese mystische und pseudobiologische Bindung auf. Wenn eine Assimilation möglich ist, impliziert das auch, dass die kulturelle Identität der Einheimischen nicht auf einem genetischen Erbe beruht, sondern vielmehr etwas verstörend Oberflächliches ist, das Neuankömmlinge relativ leicht annehmen können. Falls Menschen mit einem ganz anderen genetischen Erbe das kulturelle Vermächtnis von alteingesessenen Bewohnern ihres Gastlandes verinnerlichen können, offenbaren sich in der nationalen Identität wohl keine Blutsbande, die die gegenwärtige Generation mit ihren verblichenen Vorfahren verbinden. Wenn Detiennes These stimmt, kann sie helfen, das Pathos zu erklären, das die einwanderfeindliche Politik umgibt – es entspringt demnach einer unausgesprochenen Angst vor Identitätsdiebstahl. Unterbewusst, so können wir spekulieren, fürchten weiße Nationalisten, dass Neuankömmlinge, deren Vorfahren nicht biologisch verwandt sind, die peinlich flachen Wurzeln ihrer so hochgeschätzten, aber doch fiktiven nationalen Identität offenlegen werden.

Die hysterische antisemitische Raserei der Nationalsozialisten wurde bekanntermaßen durch die Ehen zwischen deutschen Christen und Juden noch verschärft. Solche Ehen und ihre Nachkommenschaft, die sogenannten Mischlinge, verwischten, schwächten und befleckten nach nationalsozialistischer Auffassung das Ideal der reinblütigen arischen Identität.[90] Solche Ängste sind unter amerikanischen Rassisten heute nicht unbekannt. Spike Lees 2018 veröffentlichter Film *BlacKkKlansman* spiegelt die Bedrohung, die für eine exklusive ethnische Identität von kultureller Assimilation (sprich: Nachahmung) ausgeht, in verschiedenen Facetten. Der Film basiert auf der wahren Geschichte des afroamerikanischen Polizeibeamten Ron Stallworth, dem es gelingt, den Ku-Klux-Klan zu unterwandern. Er reagiert auf eine Zeitungsanzeige, die der Klan auf der Suche nach neuen Rekruten geschaltet hat, und kann Walter Breachway, den weißen, nationalistischen Präsidenten der Ortsgruppe Colorado Springs, am Telefon davon überzeugen, dass er, Stallworth, weiß sei.

Doch diese täuschende Mimikry der Diktion, des Vokabulars und des Tonfalls eines Weißen ist nur der Anfang des Schwindels. Stallworth überredet seinen Kollegen Flip Zimmerman, der zufällig Jude ist, bei einem Treffen des Ku-Klux-Klan Stallworth zu mimen. Dass die weißen Suprematisten sich als völlig unfähig erweisen, genau jene Unterschiede, um die sich ihr ganzes Leben dreht, nämlich die zwischen Weißen und Schwarzen, Christen und Juden oder Eingeweihten und Nichteingeweihten, zu identifizieren, wenn der Betreffende vor ihnen steht oder telefonisch mit ihnen kommuniziert, macht diese Undercover-Operation so unglaublich subversiv. Vor allem die Fähigkeit von Juden, als Nichtjuden »durchzugehen«, bringt christliche Nationalisten auf, weil sie die freie Übertragbarkeit einer Identität zeigt, die ihrer Ansicht nach in nicht übertragbarer Blutsverwandtschaft wurzelt. Menschen, die sich erfolgreich assimilieren, erweisen sich als Identitätspioniere. Sie entlarven die Familiengeschichten der Blutsverwandtschaft als wenig mehr als tröstliche Lügen.[91] Für rassistische Fanatiker ist diese Offenbarung demoralisierend, weil sie die scharfe Trennlinie zwischen »ihnen« und »uns« verwischt, die ihnen eine falsche Gewissheit darüber vermittelt, wer sie seien.

Der Film *BlacKkKlansman* zerstört den Mythos der biologisch verwurzelten nationalen Identität, indem er offenbart, wie leicht es für diejenigen, die keine alteingesessenen Vorfahren vorweisen können, möglich ist, sich der lokalen Kultur anzupassen und unbemerkt unter dem Radar zu fliegen. Die Leichtigkeit, mit der weiße Nichtchristen weiße, christliche Denkmuster und Verhaltensweisen imitieren können, gibt Trumps bornierten Anhängern das Gefühl, man nehme ihnen das weg, was sie bisher für ihre tief verwurzelte Identität hielten. Sie reagieren, indem sie den Vorwurf der »kulturellen Aneignung« – einst ins Feld geführt, um weiße Christen davon abzuhalten, sich mit den Identitätssymbolen ethnischer Minderheiten zu schmücken – nun gegen ihre nicht weißen und nicht christlichen Ankläger wenden. Dieses Spiegeln kann durchaus in Gewalt aussarten, so etwa 2016 bei den »Unite the Right«-Kundgebungen der weißen Suprematisten in Charlottesville, Virginia. Lee sah seinen Film als eine sarkastische Antwort auf dieses Ereignis, bei dem die Demonstranten ihre Angst vor Identitätsdiebstahl offenbarten, indem sie »Juden werden uns nicht ersetzen!« skandierten.[92]

Am deutlichsten wird der populistische Angriff auf die politische Korrektheit in Amerika jedoch durch den Slogan »White Lives Matter«. Dieses Spiegelbild der Forderung »Black Lives Matter«, dem Protest gegen Morde an jungen schwarzen Männern durch die Polizei, ist ein klassisches Beispiel, wie Rassismus Antirassismus zu rassistischen Zwecken nachahmt.[93] Dass die marginalisierten Minderheiten vonseiten der Linken vermeintlich verhätschelt wurden, löste offenbar eine Gegenreaktion unter vielen wirtschaftlich notleidenden Wählern aus, die für ihre weiße nationalistische Identität gleichfalls einen Opferstatus einfordern. Zu unterstellen, dass in Amerika die Diskriminierung von Weißen genauso gravierend sei wie die Diskriminierung von Schwarzen, ist schon überraschend genug. Aber manchmal hat es sogar den Anschein, als glaubten Trumps benachteiligte weiße nationalistische Anhänger, dass sie unter ihm als Präsidenten endlich »Handlungsfähigkeit zurückgewinnen« und zum ersten Mal »in die Geschichte eintreten« könnten. Es reicht ihnen nicht, marginalisierte Minderheiten nachzuahmen – sie wollen auch postkoloniale Völker imitieren, die endlich von der schmerzlichen Unterdrückung durch eine Elite »mit fremdem Herz« befreit werden.

Das Lügen ist die Botschaft

Viele Anhänger von »America First« hegten (selbst angesichts der Tatsachen) keine Zweifel.

Philip Roth[94]

In seinem berühmten Moskauer »Langen Telegramm« schrieb der amerikanische Diplomat George Kennan: »Die größte Gefahr, die uns bei der Bewältigung dieses Problems des Sowjetkommunismus begegnen kann, besteht darin, dass wir uns erlauben, so zu werden wie diejenigen, mit denen wir konkurrieren.« Vor allem sollten die Amerikaner nicht die sowjetische Gewohnheit der »Missachtung ... der objektiven Wahrheit – ja sogar den Zweifel daran, ob es so etwas überhaupt gibt«, übernehmen, die die Russen »alle dargelegten Tatsachen als Instrumente sehen lässt«, um »den einen oder anderen Zweck zu unterstützen«.[95] Laut Kennan unterschied sich der westliche Liberalismus von seinen Feinden auf der Linken wie auf der Rechten vor allem dadurch, dass er sich unvoreingenommenen Informationen verpflichtete – vor allem dann, wenn sie grundlegende vorgefasste Meinungen hinterfragten.

Hannah Arendt vertrat eine ähnliche Position, als sie behauptete, totalitäre Eliten zeigten eine »Fähigkeit, jede Tatsachenfeststellung unmittelbar in eine Willenskundgebung aufzulösen«.[96] Politische Freiheit setzt demzufolge die Fähigkeit voraus, das Wünschenswerte vom Wahrscheinlichen zu unterscheiden und die Realität zu beschreiben, ohne sie so zu verdrehen, dass sie einer parteipolitischen oder persönlichen Agenda folgt. Trump ist nicht totalitär, doch man kann Arendts Analyse sehr gut auf seinen Rhetorikstil übertragen, da er regelmäßig Tatsachenaussagen von Verbündeten oder Gegnern auf politische Zweckerklärungen reduziert oder sie als Werkzeuge im Dienste anderweitiger Motive diffamiert. Man könnte dies vielleicht sogar als den Kern seines Illiberalismus bezeichnen.

Hinter seinen ständigen Klagen über Fake News können wir eine ganz spezielle und sehr eigentümliche Einstellung zur Wahrheit erkennen. Wenn wir Trump neben postkommunistische Anführer wie Putin stellen, der dafür bekannt ist, öffentlich leicht überprüfbare Fakten zu leugnen, kann dies ein sonst eindeutig anomal erscheinendes Verhalten erklären. Die in Russland geborene amerikanische Journalistin

Masha Gessen betont, dass Trump und Putin für die objektive Wahrheit nur Verachtung übrighaben. »Das Lügen ist die Botschaft«, schreibt sie. »Es geht nicht nur darum, dass beide, Putin und Trump, lügen – es geht darum, dass sie auf die gleiche Art und Weise und zum selben Zweck lügen: unverhohlen und ungeniert, um Macht über die Wahrheit auszuüben.«[97] Seltsamerweise erzählen sie beide Lügen, die schnell und mühelos zu widerlegen sind. In Anbetracht der Tatsache, dass die große Mehrheit ihrer Zuhörerschaft Zugang zu alternativen Informationsquellen hat, lügen sie also wohl kaum, um zu täuschen. Ein Ziel zumindest besteht darin, zu zeigen, dass Anführer die Tatsachen verdrehen können, ohne unerwünschte Konsequenzen fürchten zu müssen. Ohne Strafe davonzukommen, wenn man leicht widerlegbare Unwahrheiten sagt, ist ein effizienter Weg, die eigene Macht und Unantastbarkeit zu demonstrieren. Das bringt uns zurück zu der grundsätzlichen Unterscheidung des amerikanischen Präsidenten zwischen Gewinnen und Verlieren.

Bevor er entscheidet, wie er sich äußern wird, fragt sich Trump immer, ob Wahrheiten oder Unwahrheiten seine Chance, zu »gewinnen«, erhöhen werden. Offenbar gibt es in seinen Augen keinen Grund zu der Annahme, dass Menschen, die die Wahrheit sagen, mit höherer Wahrscheinlichkeit bekommen, was sie wollen. Letztlich ist das eine offene Frage, empirisch gesehen sind jedoch oft die Lügner im Vorteil. Seine unverfrorenen Lügen verbreitet Trump ohne jedes Schuldbewusstsein, ebenso wie seine manchmal überraschenden Wahrheiten (etwa, dass gewählte Politiker Eigentum ihrer Spender sind)[98], und mit beidem zielt er darauf ab, seine ganze Missachtung der politischen Korrektheit zu demonstrieren und seine Feinde aus dem Konzept zu bringen.

Ein Abschnitt aus Bob Woodwards Buch mit einem Ratschlag Trumps für einen Freund, der zugegeben hatte, Frauen schlecht zu behandeln, führt uns zum Kern seiner Haltung in Bezug auf Wahrheiten und Lügen:

> »Du musst alles abstreiten, abstreiten, abstreiten und dann zum Gegenangriff auf diese Frauen übergehen«, redete Trump auf ihn ein. »Wenn du irgendetwas zugibst, irgendein Verschulden eingestehst, dann bist du tot. Das war der Fehler, den du gemacht hast. Du bist nicht mit rauchenden Colts herausgekommen und hast sie herausgefordert. Du musst stark sein. Du musst aggressiv sein. Du musst hart zurückschlagen. Du musst alles ableugnen, was du angeblich getan haben sollst. Gib nie etwas zu.«[99]

Menschen, die die Wahrheit sagen, helfen ihren Feinden, sie machen es ihnen zu leicht. Deshalb verlieren sie oft, und deshalb gewinnen Lügner so häufig. Das ist ganz offensichtlich Trumps persönliche Erfahrung. Eine Person des öffentlichen Lebens mit mächtigen Feinden sollte sich nicht in das Schwert der Wahrheit stürzen.

Oberflächlich mag es so aussehen, als nehme Trump die Schmeicheleien seiner politischen Verbündeten bei FOX News für bare Münze und glaube einfach nicht an die Kritik, die seine politischen Feinde bei CNN und MSNBC austeilen. Doch es geht hier nicht um glauben oder nicht glauben. Auch hier geht es wieder um siegen und besiegt werden. Treue Freunde sind diejenigen, die einem Verbündeten zum Sieg verhelfen, indem sie schamlos für ihn lügen. Feinde und »Ratten« sind diejenigen, die Wahrheiten selektiv und zweckdienlich veröffentlichen, um den Ruf eines Gegners zu ruinieren, oder ihn sogar wegen persönlicher Bereicherung oder illegaler Parteienfinanzierung vor Gericht zu zerren.

Trump, der das Leben als Krieg versteht[100] und die Welt als einen »Dschungel voller Raubtiere, die immer darauf aus sind, ihn zu schnappen«,[101] neigt instinktiv zum Lügen, als legitime Verteidigung gegen Feinde, die die Wahrheit in Stellung bringen, um ihn zu stürzen.

Von dem reformierten Pfarrer Norman Vincent Peale, der »die Kraft des positiven Denkens« predigte, lernte Trump offenbar die Erfolgsformel der dreist übertriebenen Darstellung der eigenen Talente und Leistungen.[102] Die Kunst der strategischen Falschdarstellung lernte der aktuelle amerikanische Präsident auch in der New Yorker Immobilienwelt. Die Kunst des Verkaufens kann schließlich auch darin liegen, dass man die Leichtgläubigkeit von Käufern ausnutzt, um selbst einen hübschen Profit herauszuschlagen. Banken geben ihr Geld lieber jemandem, von dem sie glauben, dass er solvent ist. Trump stellte fest, dass dieser Trick in der Praxis wunderbar funktionierte.[103] Wie ein Verkäufer einem Käufer gegenüber hat auch ein insolventer Kreditnehmer, der auf Straflosigkeit setzt und keine moralischen Skrupel kennt, einen starken Ansporn, potenziellen Kreditgebern geschönte Bewertungen seiner vorhandenen Vermögenswerte zu liefern.

Ein noch tieferes Geheimnis des Lügens besteht darin, dass es diejenigen, die sich von den Lügen einwickeln lassen, in eine Echokammer zieht, in der die ursprüngliche Verdrehung der Wahrheit bis zum Lügner zurückhallt. Wenn ich Ihnen zum Beispiel eine sehr teure Wohnung verkaufe, die sich als sehr viel weniger begehrenswert herausstellt, als Sie dachten, und damit viel weniger wert ist, als Sie bezahlt haben, beschließen Sie vielleicht, mit der Wahrheit hinterm Berg zu halten und ebenfalls die ursprüngliche, zu hohe Bewertung zu übernehmen, um die Wohnung einem anderen naiven Käufer anzudrehen. Ähnlich, wenn Sie einer Bank mehrere Milliarden Dollar schulden, wird sich die Bank mit Ihnen zusammentun, um Ihren falschen Ruf, solvent zu sein, aufrechtzuerhalten, in der Hoffnung, dass Sie lange genug im Geschäft bleiben werden, um wenigstens einen Teil der Schulden zurückzuzahlen. Unehrliche Immobilienmakler können sich daher damit trösten, dass ihre Opfer jeden Ansporn haben, auch bei den prinzipienlosesten Betrügereien mitzuspielen.

Trump sieht im dreisten Lügen einen absolut legitimen Weg, sich in den vielen Wettbewerben des Lebens durchzusetzen. Er glaubt auch, dass seine Feinde nicht deswegen die Wahrheit sagen, weil sie sich einer Art unparteiischer Aufrichtigkeit verpflichtet fühlen, sondern weil (und wenn) diese Wahrheit ihren Interessen dient. Er selbst springt opportunistisch zwischen Wahrheit und Lüge hin und her und »projiziert seine eigene Unzuverlässigkeit« auf andere[104] – er geht also davon aus, dass alle anderen genauso handeln. Deshalb weigert er sich auch, Menschen, die die Wahrheit sagen, als irgendwie moralisch überlegen anzuerkennen. Egal, ob sie nun lügen oder nicht: Seine Kritiker verfolgen parteiische Absichten. Wenn er ihre ganz offenkundigen Wahrheiten leugnet, tritt er nicht für eine relativistische Philosophie ein oder erteilt der Wahrheit als solcher eine Absage. Er schlägt zurück, indem er ihrer einseitigen Parteiagenda seine eigene entgegensetzt.[105]

Das bringt uns noch einmal zu Masha Gessens Vergleich zwischen Trump und Putin. Wenn Putin leugnet, dass Moskau irgendetwas mit der Vergiftung des früheren Spions Sergei Skripal und seiner Tochter im englischen Salisbury zu tun habe, verteidigt er ganz offensichtlich die Souveränität seines Landes – und dazu gehört das Recht, die Gültigkeit von »Wahrheiten« zu leugnen, mit denen politische Gegner Mütterchen Russland anzugreifen versuchen. Jeder Russe, der unterstützendes Beweismaterial für solche Angriffe liefert, macht sich der »objektiven Komplizenschaft« mit dem Feind schuldig. Kollektive Selbstverteidigung ist wichtiger als ein bloßer Tatsachenvortrag, besonders, wenn diese Tatsachen feindlichen Mächten in die Hände spielen.

Anfangs glaubten die Liberalen, sie könnten Trumps Beliebtheit untergraben, indem sie seine unzähligen Lügen aufdeckten. Doch die Enthüllungslawine zeigte keine Wirkung. Um die Bereitschaft der Trump-Anhänger, seine Lügen zu akzeptieren, zu verstehen, kann man die von dem britischen Philosophen Bernard Williams entwickelte Unterscheidung zwischen »Genauigkeit« und »Aufrichtigkeit« heranziehen.[106] Man kann in zweierlei Hinsicht ehrlich sein: in Bezug auf das, was draußen in der Welt geschieht, und in Bezug auf das, was man selbst fühlt. Aussagen zur Welt kann man anhand des Kriteriums der Genauigkeit oder Ungenauigkeit beurteilen, Aussagen zum Gefühl anhand des Kriteriums der Aufrichtigkeit oder Unaufrichtigkeit. Ersteres kann man anhand von Fakten überprüfen, Letzteres nicht.

Begeisterten Trump-Anhängern sind Enthüllungen über die Ungenauigkeit seiner Aussagen völlig egal, weil sie glauben, dass diese Äußerungen aufrichtig und damit in einem tieferen Sinne »wahr« sind.[107] Trump verbreitet ständig ganz offenkundige Lügen. In einem Punkt aber ist er immer ganz offen gewesen: Alles, was er tut, und dazu gehört auch das Lügen, soll ihm helfen, zu »gewinnen«. Das sagt er ganz klar. Wenn seine Unterstützer ihn also lügen hören, wissen sie, dass er das um eines strategischen Vorteils willen tut, denn genau das hat er angekündigt. Da seine Lügen ihrer Vermutung nach diesem ehrlich ausgedrückten Zweck dienen, sind sie also in einem indirekten Sinn im Grunde wahrhaftig.

Auch die Verschwörungstheorie, der zufolge Barack Obama außerhalb der USA geboren wurde, kann man so erklären. Trump und seine Unterstützer »fühlen« wirklich, dass ein Schwarzer nicht Präsident der Vereinigten Staaten sein sollte. Wenn sie unterstellen, dass Obamas Präsidentschaft unrechtmäßig sei, drücken sie damit aufrichtig ihre geistige und emotionale Befindlichkeit aus. Sie glauben, dass die meisten Rivalen Trumps um die Präsidentschaftskandidatur 2016 derselben Meinung waren, sich aber durch die politische Korrektheit gezwungen sahen, ihre wahren Gefühle nicht zu offenbaren.

Williams' Unterscheidung zwischen Genauigkeit und Aufrichtigkeit hilft zwar, bestimmte Aspekte von Trumps Beliebtheit zu klären, in einigen wichtigen Punkten greift sie jedoch zu kurz. So hatte man immer den Eindruck, die Behauptung, Obama sei nicht in den USA geboren, sei eher zynisch als aufrichtig gemeint. Wir schlagen deshalb eine modifizierte Unterscheidung vor: nicht zwischen Genauigkeit und Aufrichtigkeit, sondern zwischen Genauigkeit und Loyalität. Um Arendt zu paraphrasieren: Für Trump und seine Anhänger *löst sich jede Tatsachenfeststellung unmittelbar in eine Zugehörigkeitserklärung oder Treuebekundung auf.*[108]

Warum wiederholt man immer wieder, dass Obama im Ausland geboren sei? In dieser Lüge kristallisierte sich nicht nur die weiße nationalistische Enttäuschung darüber, dass ein hochgebildeter schwarzer Präsident die ethnische Hierarchie auf den Kopf stellte, auf der das Land seit seiner Gründung basierte. Es war außerdem Trumps Geschenk an seine Fans, eine Parole, die sie laut wiederholen konnten, um andere Obama-Hasser auf ihre Parteizugehörigkeit aufmerksam zu machen. Wenn man der Zugehörigkeit Vorrang gegenüber der verifizierbaren Realität oder der objektiven Wahrheit einräumt, ist es psychologisch unmöglich, faktisches Beweismaterial der gegnerischen Partei (wie etwa Obamas beglaubigte Geburtsurkunde) anzuerkennen, denn damit würde man die Auslöschung der eigenen, öffentlich verkündeten Parteiidentität riskieren. Eine solche tief empfundene Loyalität gegenüber einem Anführer oder einer Bewegung ist durch offizielle Dokumente oder andere bürokratische Feinheiten nicht zu erschüttern. Die Bereitschaft, solche faktischen Unwahrheiten weiterzugeben, ist ein Loyalitätstest. Sie repräsentiert eine existenzielle Entscheidung, alle Brücken in die Welt der ach so gebildeten Eliten abzubrechen, die immer noch glauben, Genauigkeit sei wichtiger als Loyalität.

Dieser bereitwillige Verzicht auf die Genauigkeit im Namen der Loyalität zu seiner Fraktion bringt uns zu einer der dramatischsten Veränderungen, die Trump im öffentlichen Leben Amerikas bewirkt hat. Er hat die »Republic of the Citizens« in eine »Republic of Fans« verwandelt. Begeisterte Anhänger, die ihre Fähigkeit zum kritischen Denken abgeschaltet haben, spielen eine wichtige Rolle in Trumps Auffassung von Politik, bei der es weniger um Politikgestaltung als um eine Reihe von lärmenden Kundgebungen im Wahlkampfmodus geht. Bürger (»Citizens«) hingegen sind ihrem Land verbunden, doch ihre Loyalität ist kontingenter und kritischer Natur.[109] Ihre Bereitschaft, auf Fehler hinzuweisen und sie zu korrigieren, ist sogar ein Zeichen ihres patriotischen Liberalismus. Sie sind bereit, ihre Regierung herauszufordern, wenn sie glauben, dass sie die Prinzipien des Landes verrät. Fantreue dagegen ist eifernd, blind und unerschütterlich. Fanjubel spiegelt ein Zugehörigkeitsgefühl wider. Rauflustige Bewunderung ersetzt kritische Auseinandersetzung. Wer nicht klatscht, ist ein Verräter.[110]

Trump versteht die umgestaltete Republikanische Partei als einen riesigen Football-Club mit Ähnlichkeiten zu Berlusconis Forza Italia und die Bürger als Fans. Das erklärt am besten, warum er sich nicht verpflichtet fühlt, Amerikaner zu repräsentieren, die ihn nicht bewundern und respektieren. Warum sollte er den amerikanischen Geheimdienstlern vertrauen, die ihn kritisieren und Präsident Putin nicht über den Weg trauen, der doch für Trumps Wahlsieg gebetet hatte? Zugegeben, ein gewisser Grad an Loyalität ist entscheidend für den Erfolg eines jeden Staates, auch jeder Demokratie. Trump jedoch hat die Rolle der Loyalität in der amerikanischen Demokratie neu definiert. Für ihn ist nicht derjenige loyal, der, wenn er richtig liegt, den anderen trotz politischen Gegenwinds unterstützt, sondern derjenige, der ihn um jeden Preis unterstützt, auch wenn er sich irrt.

Warum sollte jemand Trumps Behauptung glauben, dass »einige der unehrlichsten Menschen in den Medien die sogenannten ›Fakten-Checker‹ sind«?[111] Wieder lautet die Antwort, dass das keine Sache des Glaubens, sondern der Loyalität, Zugehörigkeit und Treue ist. Verschwörungstheorien isolieren wie Verschwörungen selbst ihre Anhänger von der sie umgebenden Gesellschaft. Die etymologische Bedeutung von »konspirieren« lautet »zusammen hauchen«. Verschwörungstheoretiker schlagen all jenen, die ihre Spekulationen unglaubwürdig finden, die Tür vor der Nase zu. Deshalb sind Trumps Anhänger unbeeindruckt von den Enthüllungen seiner Lügengeschichten. Die akustische Trennung zwischen seinen populistischen Anhängern und ihren liberalen Gegnern ist Trump wichtiger als die Mauer, die er an Amerikas Südgrenze bauen will. Die fünfzig Prozent der Republikaner, die (aufrichtig oder wider besseres Wissen) behaupten, Trump habe die Präsidentschaftswahl gewonnen, und die Mehrheit, die sich weigert, überhaupt irgendeine russische Einmischung in die Wahl einzuräumen, lehnen alle Beweise des Gegenteils als böswillig erfundene Propaganda ab.[112] Sie erteilen damit der Möglichkeit, eine gemeinsame Welt mit ihren Mitbürgern, die anderer Überzeugung sind, zu bewohnen, eine Absage, und machen es undenkbar, gegenseitig Kompromisse anzubieten und zu akzeptieren, um politische Differenzen friedlich beizulegen. Sie isolieren sich bewusst, verbrüdern sich nur mit anderen Bekehrten, um ihre angenehm exklusive und einseitige Identität zu konsolidieren. Der demografische Wandel hat die einheitlich weiße Ethnizität ihrer Wohnviertel, Schulen, Kirchen und Einkaufsgelegenheiten eingefärbt. Doch Trumps eifrigste Anhänger können eine beruhigende Homogenität zurückgewinnen, indem sie sich nur mit Glaubensbrüdern und -schwestern zusammentun. Sie glauben an dieselben »alternativen Fakten« und haben nicht die Absicht, ihre Begeisterung für Trump mit irgendwelchen widersprechenden Beweisen zu konfrontieren – denn damit wäre ein Verlust an Parteiidentität verbunden. Mit dieser Entscheidung verwerfen sie nichts anderes als die Idee einer abwägenden Politik, die den Kern der liberalen Demokratie bildet.

Ein bekannter französischer Stich aus dem Jahr 1848, dem Jahr, in dem Frankreich das allgemeine männliche Wahlrecht einführte, versinnbildlicht die Zusage der Demokratie, interne Streitigkeiten gewaltfrei beizulegen. Der Stich zeigt einen Arbeiter mit einem Gewehr in der einen und einem Stimmzettel in der anderen Hand. Die Botschaft ist klar: Kugeln sind den Feinden der Nation vorbehalten, Differenzen unter den Bürgern werden mit Stimmzetteln entschieden. In Trumps Welt nach dem Ende des Kalten Krieges stellt dagegen der Feind im Inneren die schwerste existenzielle Bedrohung dar. Wenn man den französischen Stich heute überarbeiten würde, hätte ein Trump-Anhänger eine Liste mit Zöllen in der einen und eine Liste mit Parteilügen in der anderen Hand: Zölle für Handelskonkurrenten und Lügen für politische Feinde.

Die Maske fällt

Wenn wir uns aus politischen Gründen auf Trumps instinktiven Illiberalismus und seine chronische Verlogenheit konzentrieren, verlieren wir womöglich ein letztes Paradoxon aus dem Blick: Den schwersten und dauerhaftesten Schaden bereitet Trump der amerikanischen Demokratie nämlich nicht, indem er ständig lügt, sondern indem er selektiv die Wahrheit sagt. Problematisch sind vor allem seine Halbwahrheiten, die so klingen, dass Liberale geneigt sind, ihnen zuzustimmen. Wenn wir dieses typisch populistische Spielchen durchschauen, wird es uns helfen zu erklären, warum die liberale Antwort auf Trump zwar oft bewundernswert professionell und intellektuell überzeugend, politisch aber bisher so enttäuschend schwach ausgefallen ist.

Liberale hassen Trump, weil er den Pariser Vertrag und das Atomabkommen mit dem Iran aufgekündigt hat; Obamacare zu beseitigen versucht; den Reichen Steuergeschenke macht und gleichzeitig die Unterstützung für arme Menschen beschneidet; minderjährige Kinder an der mexikanischen Grenze von ihren Eltern trennt und sie in Käfige sperrt; die Schandtaten der Autokraten, die er bewundert, herunterspielt; jüdischen Amerikanern mit dem Begriff »Globalisten« unterstellt, sie seien illoyal, und so fort. Andererseits fällt es prinzipientreuen Liberalen schwer, einer Aussage wie der folgenden nicht zuzustimmen: »Die Globalisierung hat die Finanzelite, die Politiker mit Spenden unterstützt, sehr reich gemacht. Millionen unserer Arbeiter jedoch hat sie mit nichts als Armut und Sorgen zurückgelassen.«[113] Der liberale Schriftsteller John Judis sagt dazu: »Ungeachtet seiner gleichgültigen Borniertheit und Korruptheit hat er wenigstens einigermaßen genau die Schäden erkannt, die durch die Globalisierung entstehen.«[114]

Andere Liberale kommentieren sogar einige Aspekte der erratischen Außenpolitik unter Trump positiv. Seine Entscheidung, die amerikanischen Soldaten aus Syrien abzuziehen, hat unter Falken und Konservativen eine Sturzflut an Kritik ausgelöst, während die Liberalen sie im Allgemeinen freudig begrüßten: »Wenn es um den dysfunktionalen Nahen Osten geht, sind einige seiner Instinkte genau richtig.«[115]

Ähnlich hat Trump sich in Besprechungen zur nationalen Sicherheit so entschieden gegen eine weitere amerikanische Militärpräsenz in Afghanistan ausgesprochen, dass man wie Bob Woodward den Eindruck bekommen konnte, er habe seine Argumente gegen den Krieg mehr oder weniger aus einem Songtext von Bob Dylan geklaut.[116]

Doch Trumps selektive Wiedergabe liberaler Wahrheiten (und Songtexte) geht weit über die Beobachtung hinaus, dass die Globalisierung Unternehmen gegenüber Arbeitskräften begünstigt oder dass Regimewechsel und Staatenbildung Amerikas Leistungsfähigkeit übersteigen und nicht im Interesse des Landes sind. Besonders beharrlich spricht er davon, dass »das System« nicht gerecht sei – eine liberale Plattitüde. Gleiches gilt für seine Behauptung, demokratische Politiker seien von Lobbyisten und Spendern abhängig. Und welcher Liberale würde widersprechen, wenn es heißt: Geld, das ohne Angabe der Spender in politische Kampagnen fließt, untergräbt die amerikanische Demokratie; der Sumpf in Washington muss trockengelegt werden; das Wahlsystem der USA ist unausgewogen; die Berichterstattung ist oft einseitig; man kann nicht immer davon ausgehen, dass CIA und FBI im öffentlichen Interesse handeln; und das Justizsystem ist diskriminierend oder für oder gegen identifizierbare Gruppen eingenommen? In Anbetracht der Tatsache, dass die amerikanischen Print- und Rundfunkmedien zu einem guten Teil für Trumps Wahl verantwortlich sind, könnten Liberale womöglich sogar versucht sein, der Aussage zuzustimmen, dass die Presse der Feind des Volkes sei.

Natürlich müssen wir unterscheiden zwischen dem, was Trump mit solchen Aussagen meint, und dem, was Liberale im Sinn haben, wenn sie Ähnliches verlautbaren lassen. Meistens plappert er liberale Themen nach, ohne sich zu einer liberalen Philosophie zu bekehren. Wir sind schon auf ein Beispiel dafür gestoßen, wie sich der Entleiher von Aussagen von demjenigen, der sie ursprünglich geprägt hat, unterscheidet, als wir gegenüberstellten, wie Trump auf der einen und Clinton und Obama auf der anderen Seite leugneten, dass Amerika eine »unschuldige« Nation sei. Für Liberale ist das Eingeständnis amerikanischer Fehler ein Vorspiel für die Arbeit an Verbesserungen. Für Trump ist das Bekenntnis, dass die Amerikaner genauso amoralisch sind wie die Russen, Saudis und andere, ein Vorspiel für das endgültige Ablegen aller noch verbliebenen Hemmungen.

Indem er die liberale Wahrheit, dass die amerikanischen Wahlen in Anbetracht der Wahlkreismanipulationen und der Versuche, Wähler an der Stimmabgabe zu hindern, unfair sind, aufnimmt, verdreht und übertreibt, normalisiert Trump das Manipulieren von Wahlen durch die Republikaner und schafft die Grundlage dafür, einen Schatten der Illegitimität über zukünftige Siege der Demokraten zu legen. Ein solcher Einsatz von Halbwahrheiten als Waffe ist ein Kennzeichen populistischer Demagogie. Warum sollte man auch nur einen Finger krumm machen, um die Integrität des amerikanischen Wahlsystems zu schützen, wenn es gar keine Integrität besitzt?

Ein noch besseres Beispiel ist die Auseinandersetzung zwischen Trump und John Roberts, dem Vorsitzenden des Obersten Gerichtshofs der Vereinigten Staaten, über die Parteilichkeit der amerikanischen Richterschaft. Als Reaktion auf Trumps Behauptung, ein Richter, der gegen die Regierung urteile, sei »ein Obama-Richter«, gab Roberts folgende Erklärung heraus:

> Wir haben keine Obama-Richter oder Trump-Richter, Bush-Richter oder Clinton-Richter. Stattdessen haben wir eine herausragende Gruppe engagierter Richter, die ihr Bestes tun, um jeden, der vor ihnen erscheint, nach glei-

> chen Maßstäben des Rechts zu behandeln. Diese unabhängige Justiz ist etwas, für das wir alle dankbar sein sollten.[117]

Bemerkenswert ist hier nicht nur, dass Trump die Wahrheit sagte und der Oberste Richter log, sondern dass sie beide das aus demselben Grund taten. Beiden war klar, dass die Legitimität und damit die Schlagkraft der amerikanischen Justiz von ihrem Ruf der Unparteilichkeit abhängt. Wenn man das Ansehen des amerikanischen Rechtssystems in den Augen der Öffentlichkeit zerstören will, tut man das am besten dadurch, dass man die Menschen davon überzeugt, dass die Richter lauter Parteifunktionäre sind, die die Agenda ihrer jeweiligen Partei umsetzen. Wenn man dagegen dieses Prestige bewahren will, geht es vor allem darum, zu leugnen, dass Urteile von Parteiinteressen geleitet sind und nicht nur von der neutralen Abwägung von Richtig und Falsch. Daraus können wir schließen, dass Trump eine liberale Wahrheit oder Halbwahrheit benutzt, um die Legitimität des amerikanischen Rechtssystems zu untergraben, das ihn selbst wie auch seine Familie bedroht.

Die alles andere als unparteiische amerikanische Justiz ist ein zentrales Thema liberaler Forschungen und Kommentare zu Rassen- und Klassenvorurteilen in Gesetzgebung, Rechtsprechung und Rechtsvollzug. Trump hat diese richtige Beobachtung aufgenommen und auch sie so verdreht, dass sie seinen Zwecken dienlich ist. Um zu rechtfertigen, dass er nicht vollumfänglich mit dem Sonderermittler Mueller kooperiert, erklärt er, er wolle nicht die Justiz behindern, sondern sich nur wehren.[118] Diese Bemerkung deutet an, dass es eine unparteiische Justiz nicht geben kann. Was umgangssprachlich als Gerechtigkeit firmiert, ist lediglich die Macht einer gesellschaftlichen Gruppe, die versucht, dem Rest der Gesellschaft ihre Interessen und Vorurteile aufzudrängen. Es gibt keine

Gerechtigkeit; es gibt nur organisierte Interessen, die versuchen, einander zu übertrumpfen, auszumanövrieren und auszunutzen. So sieht Trump die Mueller-Untersuchung. Parteifeinde haben das Justizsystem gekapert und wollen es nutzen, um ihn zu stürzen. Er behindert ganz und gar nicht das Walten einer unparteiischen »Gerechtigkeit«, sondern pariert schlicht und einfach einen parteiischen Angriff. Diese Bemerkungen haben wahrscheinlich mehr mit der zynischen Sicht radikaler Dschihadisten und russischer Gangster auf das westliche Gesetz gemein als mit der üblichen liberalen Kritik an der Voreingenommenheit des Justizwesens.

Kehren wir abschließend zum Thema der politischen Heuchelei zurück. Trump ist ein herausragendes Beispiel dessen, was die Franzosen *la droite décomplexée* (die Rechte ohne Komplexe) nennen, sprich, er ist ein konservativer Eiferer, hemmungslos genug, seine Engstirnigkeit ohne jede Verlegenheit zur Schau zu stellen. Das kann entwaffnend oder alarmierend sein, je nach Blickwinkel. Es besteht jedenfalls kein Zweifel daran, dass seine Absage an die gängigen Heucheleien ein Alleinstellungsmerkmal unter den Republikanischen Kandidaten für die Parteinominierung im Präsidentschaftswahlkampf 2016 war. Er wirkte spontan, gerade weil er bereit war, ohne jede Scham mit weißen Suprematisten zu tanzen, wie kein anderer sich das vorstellen konnte. Er war der Kandidat, der bereit war, offen zu sagen, was einwandererfeindliche, weiß-nationalistische Wähler tief in ihrem Inneren glauben. Deshalb galt er als authentisch. Wenn die anderen Kandidaten irgendwelche Sympathien für ethnische Vorurteile hegten, verbargen sie sie sorgfältig und übernahmen in Übereinstimmung mit der herrschenden liberalen Kultur eine politisch korrekte Sprache. Die Mainstream-Republikaner näherten sich dem Rassismus manchmal vorsichtig, gerade weit genug, um ihre Anhänger etwas zu kitzeln. Aber sie gingen nie zu weit. Durch ihre liberalen Masken wirkten sie jedoch wie »Fake« in einem sehr menschlichen Sinn. Die Republikaner, die Trump in den Vorwahlen ihre Stimme gaben, waren vielleicht nicht mit allen seinen Vorurteilen einverstanden, doch sie beobachteten, wie er auch die elementarsten Anstandsregeln in der Luft zerfetzte, und zogen daraus den Schluss, dass dieser eigenartig dumpfe Mann auf eine seltsam verdrehte Art frei sei.

Menschen, die sich persönlich mit ethnischen Stereotypen wohlfühlen, können dennoch darauf verzichten, in der Öffentlichkeit mit beleidigenden Schimpfwörtern um sich zu werfen. Man kann eine solche Etikette natürlich als Heuchelei oder als politische Korrektheit verunglimpfen. Aber sie ist auch eine sehr effiziente Form gesellschaftlicher Konfliktvermeidung – aus diesem Grund kann man gelegentlich auch Gewalt provozieren, wenn man Heuchelei anprangert.

Amerikanische Liberale können sich der zersetzenden Wirkung der gelegentlich »freien« Äußerungen Trumps nur schwer erwehren, weil auch sie mehr oder weniger dieselbe politische Heuchelei schon seit Jahren – allerdings praktisch wirkungslos – anprangern. Liberale kritisierten zum Beispiel die Regierung George W. Bush heftig, weil sie sich zur Rechtfertigung des Einmarschs in den Irak 2003 auf Menschenrechte und Demokratie berufen hatte. Trump, der sich so begeistert der Entlarvung amerikanischer Heucheleien verschrieben hat, ist auch deshalb für Liberale immer noch ein schwer zu treffendes Ziel. Um dieses Durcheinander zu entwirren, müssen wir zwischen zwei Stilen der Entlarvung unterscheiden – einer im Dienste aufklärerischer Werte und einer im Dienste einer zynischen und prinzipienlosen Aufgabe dieser Werte.

»Die Maske vom Gesicht reißen« – das hört sich nach einer scharfen Unterscheidung zwischen persönlichen Motiven und öffentlichen Rechtfertigungen an. Diese Unterscheidung ist überzogen. Tatsächlich stellt sich die auf den ersten Blick gleiche Politik je nach ihrer Rechtfertigung als unterschiedlich heraus, was nahelegt, dass moralische Rechtfertigungen nicht einfach als täuschende Vorwände zur Seite geschoben und im Namen eines stärkeren Realismus ignoriert werden können. Hier ein Beispiel: Obama fuhr bei der Ausweisung illegaler Ausländer aus den Vereinigten Staaten eine harte Linie.[119] Aber er rechtfertigte diese Politik nie damit, dass Amerika nicht mehr Amerika wäre, wenn es zu einer gemischtrassigen Nation würde. Ein guter Grund dafür, sich nicht auf eine solche Rechtfertigung zu stützen, besteht darin, dass Amerika schon unumkehrbar zu einer gemischtrassigen Nation geworden ist. Zu leugnen, dass das Land sein kann, was es ganz offenkundig schon ist, würde Gewalt geradezu provozieren. Einzigartig – und einzigartig gefährlich – wird Trump nicht durch seine harte Linie bei der Ausweisung illegaler Ausländer, sondern durch seine Bereitschaft, diese Politik rassistisch zu begründen. Allgemeiner gesagt löst der Präsident der Vereinigten Staaten damit, dass er eine restriktive Einwanderungspolitik öffentlich mit der Notwendigkeit rechtfertigt, Amerika so weiß wie möglich zu erhalten, mehrere Kettenreaktionen aus. Die vielleicht schlimmste besteht darin, dass er so die Vorstellung legitimiert, dass Weiße die einzigen echten Amerikaner seien und amerikanische Patrioten Nichtweiße durchaus diskriminieren dürften.

Zudem ist dies kein einmaliger Ausrutscher Trumps. Gerade Obamas optimistische Begrüßung der kulturellen und ethnischen Vielfalt hat so viele Trump-Anhänger auf die Palme gebracht. Für einige von ihnen ist Amerika im Grunde eine weiße Nation, deren Eigenheit durch eine unüberlegte Beimischung Nichtweißer verfälscht worden ist. Auch dies lässt, um es zu wiederholen, eindeutig vermuten, dass die amerikanische Außen- und Innenpolitik nicht wieder nüchtern die wahren Interessen des Landes an erste Stelle setzen wird, wenn man ihr die Maske liberaler Toleranz und Sorge um die Menschenrechte vom Gesicht reißt. Sobald diese Werte beiseitegelegt sind, bekommen wir keine vernünftige und korrekturfähige Politik, sondern einen feindseligen rassistischen Fieberwahn.

Trumps Reaktion auf die Ermordung von Jamal Khashoggi im Oktober 2018 ist ein abschreckendes Beispiel dafür, was es praktisch bedeutet, wenn man die liberale Heuchelei über Bord wirft. Er hätte seine Weigerung, mit Mohammed bin Salman, dem Kronprinzen von Saudi-Arabien, zu brechen, leicht mit dem Verweis rechtfertigen können, dass man die saudische Unterstützung für den anstehenden Konflikt mit dem Iran und vielleicht auch als Hilfe bei der Deeskalation israelisch-palästinensischer Spannungen noch brauchen werde. Stattdessen beschloss Trump, nur über das Geld zu sprechen, das Riad in den Vereinigten Staaten ausgeben wollte, besonders für den Ankauf amerikanischer Waffen.[120] Das vermittelte den Eindruck, er *verkaufe* das Recht, einen Kolumnisten der *Washington Post* zu erdrosseln und zu zerstückeln, an den Meistbietenden. Wenn das stimmt, ist es ein besonders grausiges Beispiel für »The Art of the Deal«, also der Kunst, Geschäfte zu machen, wie Trump das Buch seiner elf Erfolgsregeln nennt. Doch es wäre ein Fehler, seinen gierigen Reflex in diesem Fall als einen Beleg dafür zu nehmen, dass Trump sich nur für Geld interessiert. Im Gegenteil besteht der Zweck solcher Aussagen in erster Linie darin, sich stellvertretend in der Brutalität nicht demokratischer Machthaber zu suhlen, die ganz nebenbei lästige Journalisten töten, und in zweiter Linie darin, kundzutun, dass Amerika fortan seine Außenpolitik von jeglichem Schatten »menschlichen Anstands«, wie man ihn allgemein kennt, befreien wird. Wenn man aufhört, von

Werten zu reden, führt das nicht zu einer Ehrlichkeit in Bezug auf eigene Interessen, sondern es öffnet vielmehr »revolutionärem Zynismus« Tür und Tor – oder dem Rauschzustand, ohne ethische Illusionen leben zu können. Wenn Trump die liberale Maske fallen lässt, gelangt er ganz sicher nicht zu einer besonnenen Staatsräson, sondern versinkt immer tiefer in einem Abgrund launischer Sprunghaftigkeit, prinzipienloser Inkohärenz und rücksichtsloser Böswilligkeit.

Coda

Die ironische Krönung findet Trumps Angriff auf den heuchlerischen Anspruch der liberalen Demokratie, ein Vorbild für die Welt zu sein, jetzt darin, dass sein eigenes Reden und Handeln nachgeahmt wird. Nur ein Beispiel unter vielen ist die Wahl von Jair Bolsonaro zum brasilianischen Staatspräsidenten – die Wahl eines rechtsextremen Populisten, der sich Trump zum Vorbild genommen hat und auf einer Welle der Wut auf das Establishment zum Sieg ritt. Ähnlich reagierte das nigerianische Militär: Einen Tag nachdem Trump verkündet hatte, er habe der Armee befohlen, auf »Steinewerfer« an der amerikanischen Südgrenze zu schießen, antwortete es auf den Vorwurf, Verbrechen gegen die Menschlichkeit begangen zu haben, mit der Erklärung, die getöteten Zivilisten hätten ebenfalls Steine geworfen. Als wäre kaltblütiger Mord unter solchen Umständen das neue »normal«.[121] Das Zeitalter der liberalen Nachahmung ist vorbei, das Zeitalter der illiberalen Nachahmung aber hat womöglich gerade erst begonnen. Nach 1989 sahen sich ehemals kommunistische Länder herausgefordert, eine Reform im Licht eines angeblich höheren liberal-demokratischen Ideals einzuleiten. Heute jedoch, da Amerika sich von seinem traditionellen Selbstbild als Vorbildnation distanziert, haben die Länder überall auf der Welt Washingtons Segen, selbstzufrieden auf die brutalsten, prinzipienlosesten und regelbrechenden Versionen ihrer selbst zurückzufallen.[122]

Die Motive der mitteleuropäischen Liberalen, die in den 1990er-Jahren den USA nacheifern wollten, unterscheiden sich fundamental von denen der Populisten, die heute vorgeben, in Trumps Fußstapfen zu treten. Die Mitteleuropäer ahmten Amerika in der Hoffnung nach, wie Amerika zu werden, und das hieß: besser zu werden. Ihr Nachahmungsprojekt war von diesem Streben nach Verbesserungen inspiriert. Wenn heute reaktionäre autoritäre Führer weltweit Trump nachahmen, wollen sie damit dem, was sie sowieso vorhaben, eine Patina weltlicher Legitimation verleihen. Brasiliens rechter Präsident imitiert Trump nicht, weil er Trump sein will. Er tut es, weil Trump ihm ermöglicht hat, er selbst zu sein.

Das Ende einer Ära

Ein Staat darf von einem anderen nützliche Informationen entleihen, ohne die Sitten und Bräuche des anderen nachzuahmen.

NIKOLAJ KARAMZIN[1]

1959 stürzte ein sowjetisches Raumschiff auf den Mond. Als der erste von Menschenhand gemachte Gegenstand, der auf einem anderen Himmelskörper niederging, demonstrierte es der Welt Moskaus konkurrenzlose technische und militärische Fähigkeiten – ungeachtet der Tatsache, dass es beim Aufprall in Stücke zerbrach und die Einzelteile auf der Mondoberfläche verstreut wurden. Ein Jahrzehnt später übernahmen 1969 die Vereinigten Staaten die Führung im Rennen um die Zukunft, als Neil Armstrong und Buzz Aldrin als erste Menschen den Mond betraten.

Ein beliebter sowjetischer Witz fasst das Ergebnis dieses Wettstreits im Kalten Krieg zusammen. Die sowjetischen Kosmonauten funken Moskau an und berichten stolz, sie hätten nicht allein die Mondoberfläche erreicht, sondern sie auch noch rot angemalt, um der Welt zu zeigen, dass die Zukunft der Menschheit in den Händen der Kommunisten liegt. Einen Monat später weicht die sowjetische Euphorie der Verzweiflung. Auch die Amerikaner sind auf dem Mond gelandet, und »sie haben weiße Farbe mitgebracht und Coca-Cola draufgeschrieben«.[2]

Und jetzt im Schnelldurchlauf zum 2. Januar 2019: An diesem Tag gelang dem chinesischen Raumschiff *Chang'e 4* eine weiche Landung auf der »dunklen Seite« des Mondes, wie wir sie gewöhnlich nennen, weil sie bis zu den Aufnahmen einer sowjetischen Raumsonde Ende der 1950er-Jahren niemand zu Gesicht bekommen hatte. Die geopolitischen Implikationen dieser beispiellosen Leistung bei der Erforschung des Weltalls durch ein Land, das nicht einmal zu den Konkurrenten im Weltraumrennen des Kalten Krieges gehört hatte, sind gewaltig.[3] Die Chinesen beanspruchen jetzt die »ferne Seite« der Zukunft für sich, einer Zukunft, die weder in utopisches Rot getaucht noch ganz profan mit dem Markennamen eines global vermarkteten Softdrinks geschmückt ist.

Chinas kometenhafter Aufstieg zur geopolitischen Supermacht lässt die sowjetisch-amerikanische Rivalität als ferne Vergangenheit erscheinen. Das Land hat zugleich das Zeitalter der Nachahmung abgeschlossen, das 1989 begann und irgendwann zwischen 2008 und 2016 endete. Diese historisch einzigartige Epoche war durch zwei Besonderheiten geprägt: Die Konkurrenz des Kalten Krieges zwischen zwei missionierenden Ideologien war vorbei und das Projekt des Westens, seine Werte und institutionellen Modelle zu verbreiten, fand einige Jahre lang mehr bereitwillige Empfänger denn je zuvor. Die Welt teilte sich erneut, diesmal in relativ stabile und wohlhabende liberale Demokratien und in Länder, die ihnen nachzueifern hofften. Auch diese problembeladene Asymmetrie zwischen den Nachgeahmten und ihren Nachahmern ist inzwischen fast vorbei. Zu den Kräften, die an ihrer Zerstörung mitwirken, gehört vor allem die von ihr hervorgerufene Verbitterung. Ein weiterer entscheidender Faktor ist jedoch das Auftauchen Chinas als ein weltpolitischer Hauptakteur.

Peking 1989

Um Chinas entscheidende Rolle für die Zusammenfassung unserer Darstellung zu verstehen, müssen wir 1989 noch einmal aus chinesischer Sicht betrachten.

Im Frühsommer dieses Schlüsseljahres schickte die chinesische Führung mehrere Divisionen der Volksbefreiungsarmee auf den Tiananmen-Platz, um die dort versammelte Demokratiebewegung mit Panzern und scharfer Munition niederzuschlagen. Die radikalen Wirtschaftsreformen, die Deng Xiaoping 1978 in Gang gebracht hatte, lieferten einige der überzeugendsten Belege für die Prognose, dass freie Märkte sich überall gegen chronisch ineffiziente Kommandowirtschaften durchsetzen würden. Doch die durch die Marktliberalisierung entstandenen neuen Möglichkeiten der persönlichen Bereicherung schürten auch Unruhe in der Gesellschaft, die unter eklatanter Ungleichheit, galoppierender Inflation, Günstlingswirtschaft und Korruption litt. Vor allem die Unzufriedenheit der Studenten mit dieser Situation führte schließlich zur Besetzung des Tiananmen-Platzes, die wichtige Parteiführer als eine unmittelbare Bedrohung ihrer eigenen Machtpositionen wahrnahmen.

Um die Einsetzung des Kriegsrechts zu rechtfertigen, warfen Deng und seine Hardliner-Kollegen den Demonstranten vor, sie würden einem westlichen Lebensstil huldigen und ihr Land verraten, indem sie den bürgerlichen Liberalismus nachahmten. Dies ging so weit, dass sie sich für politischen Pluralismus, Pressefreiheit, Versammlungsfreiheit und eine rechenschaftspflichtige Regierung aussprachen. Direkt gegenüber dem riesigen Mao-Porträt am Tor des Himmlischen Friedens hatten sie skandalöserweise eine Statue der Göttin der Demokratie errichtet, »die Gestalt einer trotzigen Frau, die eine Fackel hochhält« – und der Freiheitsstatue verblüffend ähnlich sah. Einige Demonstranten bezeichneten sie als »die Göttin der Freiheit und der Demokratie«, was sofort als ein Symptom »offener Amerikanisierung« gewertet wurde.[4]

Ein paar Tage nach der Räumung des Platzes sagte Deng über die mit dem Westen sympathisierenden Demonstranten: »Ihr Ziel war die Errichtung einer bürgerlichen, voll und ganz vom Westen abhängigen Republik.« Und er verglich »bourgeoise Liberalisierung« mit »ideeller Befleckung«.[5] Er rechtfertigte mit anderen Worten das harte Durchgreifen vom 4. Juni mit dem Hinweis auf die moralische Pflicht der Partei, eine Massenbewegung von Studenten und Arbeitern niederzuschlagen, die hofften, China in das Zeitalter der Nachahmung hineinzuziehen.[6]

Die gewaltsame Unterdrückung einer Bewegung, die darauf abzielte, Freiheiten westlicher Prägung nachzuahmen, und das genau im Jahr 1989 – da stellt sich doch die Frage: Warum ließen die Ereignisse auf dem Tiananmen-Platz nicht mehr westliche Kommentatoren daran zweifeln, dass das Ende des osteuropäischen und schließlich des Sowjetkommunismus tatsächlich die liberale Demokratie als das einzige existenzfähige Modell einer politischen Reform etabliert hatte?

Ein Grund liegt darin, dass Solidarność in Polen gleichzeitig im Juni 1989 die ersten freien Wahlen gewann. Dieser kleine Triumph der polnischen Opposition brachte einen Prozess in Gang, der im Dezember 1991 schließlich zur Auflösung der Sowjetunion führte. Die dramatische Abfolge von Ereignissen an Europas Ostgrenze trug erheblich zu dem Eindruck bei, dass Tiananmen zwar eine Tragödie und ein politischer Rückschlag, aber doch im Rahmen der Weltgeschichte nicht unbedingt bedeutsam sei. Die politische Repression in China galt allgemein nicht als ein Zeichen der Stärke, sondern als ein Symptom der Schwäche und Unsicherheit der chinesischen Führung. Man ging daher davon aus, dass diese Reaktion für diejenigen, die die Zukunft kontrollierten, kaum bedeutsam sein würde. Und die Kontrolle der Zukunft war der Preis, für den Sowjets und Amerikaner bis zum Äußersten gegangen waren.

Der Kalte Krieg war vormals ein potenziell apokalyptischer Wettbewerb um das Recht, die zukünftige Welt zu formen. Die Sowjets hatten diesen Kampf verloren, die Amerikaner gewonnen. Diese beiden Supermächte waren die »Hauptfeinde«, und Europa war der Hauptschauplatz der Konfrontation. In den Augen des Westens handelte es sich bei den Ereignissen in China 1989 lediglich um eine Nebensache in der tiefsten Provinz.

Doch selbst wenn die begeisterten Einpeitscher des Liberalismus die Vorgänge ernster genommen hätten – das harte Durchgreifen auf dem Tiananmen-Platz hätte sie wohl nicht dazu gebracht, ihre Erwartungen an die Welt nach dem Ende des Kalten Krieges zu überdenken. Zum Anspruch des Liberalismus, nunmehr die einzige existenzfähige politische Ideologie zu sein, gehörte nie eine Wette auf den Erfolg der schlecht organisierten und sporadischen Demokratisierungsbemühungen in China. Ein paar Optimisten vertraten die Ansicht, die allmähliche Übernahme westlicher Konsumgewohnheiten werde dort schließlich zur Entstehung und Stabilisierung einer demokratischen Regierungsform führen.[7] Doch die meisten, die über die neue weltweite Vorherrschaft des Liberalismus schrieben, hatten dabei keine politische Neuordnung Chinas im Sinn. Sie meinten vielmehr, dass nach der Niederlage des Faschismus im Zweiten Weltkrieg und der Niederlage des Kommunismus im Kalten Krieg keine andere Ideologie als die liberale Demokratie die Welt und vor allem die nicht westliche Welt begeistern könne.

Das Ende des Kommunismus sagte ebenso wenig ein demokratisches China voraus wie ein liberales Russland. Es bedeutete schlicht und einfach, dass fortan kein nicht liberaler und undemokratischer Staat als nachahmenswertes Modell zur Verfügung stand. Laut Fukuyama konnte »die Volksrepublik China nicht mehr als ein Leuchtfeuer für illiberale Kräfte weltweit agieren, seien es Guerillas im asiatischen Dschungel oder Mittelschichtstudenten in Paris«.[8] Doch zu sagen, dass China nach Mao kein Leuchtfeuer für ausländische Revolutionäre mehr sei, hieß noch lange nicht zu erwarten, dass Amerikas liberales Leuchtfeuer Chinas Weg zu demokratischen Reformen erhellen werde.

Man kann den Westen nämlich auch auf nicht politische Art nachahmen. Um die Unterscheidung zwischen der Nachahmung von Zielen und der Nachahmung von Mitteln angemessen zu würdigen, müssen wir nur Dengs Reaktion auf die Demonstranten auf dem Tiananmen-Platz betrachten. Während diese westliche Werte imitieren wollten, waltete er über Chinas Nachahmung des Wirtschaftswachstums westlichen Stils. Bei diesem Projekt halfen ihm, das wollen wir nicht vergessen, westliche Unternehmen, die sich bald nach Tiananmen wieder in China engagierten. Indem sie allen Kontroversen über politische Freiheit aus dem Weg gingen, konnten sie sich ganz auf lukrative Handels- und Investitionsmöglichkeiten konzentrieren. Die Partei hatte diejenigen, die auf die Nachahmung der westlichen liberalen Demokratie aus waren, in den Untergrund getrieben, doch das Land war noch immer bereit, Geschäfte zu machen, einschließlich des Geschäfts, westliche Technik zu stehlen und westliche Methoden der Industrieproduktion zu adaptieren. Nichts davon hat irgendetwas mit demokratischer Verantwortlichkeit zu tun. Im Gegenteil, durch den Import, das Kopieren und Verbessern westlicher Gesichtserkennungstechnik ist die Privatsphäre der Bürger geschrumpft, ohne dass es ihnen erlaubt wäre, das Handeln ihrer Regierung zu untersuchen oder infrage zu stellen.[9] Multinationale Unternehmen hatten ihrerseits kein Problem damit, über Pekings brutale Behandlung einheimischer Bewunderer der westlichen liberalen und demokratischen Werte hinwegzusehen, und konzentrierten sich stattdessen darauf, Chinas Integration in die Weltwirtschaft voranzutreiben. So halfen westliche Unternehmen Peking dabei, das Zeitalter der Nachahmung zu überspringen.

Partei über Ideologie

Die westlichen Kommentatoren der Ereignisse von 1989 interessierten sich damals kaum für die unterschiedlichen Deutungen zum Scheitern des kommunistischen Systems, die jeweils in der sowjetischen und der chinesischen Elite kursierten. Sie konzentrierten sich auf die Gemeinsamkeiten. So hatten zum Beispiel die Russen wie auch die Chinesen aufgehört, die Zukunft als andauernden Kampf um den Aufbau einer kommunistischen Gesellschaft zu sehen. Und beide hatten ihre Anstrengungen aufgegeben, ihre jetzt diskreditierten Modelle im Ausland zu verbreiten. Im Nachhinein wirken diese parallelen Reaktionen allerdings weniger folgenreich als die scharfe Divergenz in der sowjetischen und der chinesischen Haltung zum kommunistischen Scheitern.

Gorbatschow und seine Verbündeten führten den Sturz des Kommunismus auf das Versagen der Kommunistischen Partei zurück, die inspirierenden Verheißungen des Marxismus zu erfüllen. Aus damaliger Kreml-Sicht waren die sozialistischen Ideen der sozialen Gleichheit und der Ermächtigung der Arbeiterklasse bewahrenswert. Als tragische Fehler galten dagegen der Glaube an die verändernde Macht staatlicher Gewalt in der Stalinzeit und die Unterdrückung des politischen Pluralismus.

Für Gorbatschow war der Sozialismus moralisch nicht mehr vertretbar, wenn dazu ein Massaker an Hunderten prodemokratischen Demonstranten auf dem Roten Platz nötig gewesen wäre. Er glaubte auch an seine historische Mission, die Idee des Sozialismus von dem schädlichen Einfluss der Kommunistischen Partei zu befreien. Der Erfolg der chinesischen Führung bei der Durchsetzung ökonomischer Reformen beeindruckte ihn natürlich. Aus seiner Perspektive blieb tatsächlich die chronische Trägheit seines eigenen Parteiapparats einschließlich der zentralen Planungsbürokratie das größte Hindernis für eine sinnvolle Modernisierung der sowjetischen Wirtschaft und Gesellschaft.

Die Russen unter Gorbatschow opferten die Partei in dem Versuch, die generell attraktivsten Bestandteile der kommunistischen Ideologie zu retten, und verloren schließlich Partei und Ideologie. Die Chinesen unter Deng und seinen Nachfolgern gaben den Export der kommunistischen Ideologie auf und bewahrten die beherrschende Rolle der Partei im eigenen Land, die daraufhin die beeindruckendste ökonomische Entwicklung der Weltgeschichte bewältigte.

Die chinesischen Führer hatten zwar eine immer größere Skepsis in Bezug auf die ökonomischen Kernvorstellungen des Marxismus entwickelt, doch noch immer beeindruckte sie die Fähigkeit der Kommunistischen Partei, Macht auszuüben, die Gesellschaft rund um gemeinsame langfristige Ziele zu organisieren und die territoriale Integrität des Staates zu verteidigen. Xi Jinping erklärte kürzlich im Rückblick auf vier Jahrzehnte wirtschaftlicher Entwicklung: »Gerade weil wir an der zentralisierten und geeinten Parteiführung festgehalten haben, waren wir in der Lage, diesen großen historischen Wandel zu erreichen.«[10]

Die chinesischen Führer, die das vermeiden wollten, was sie als Gorbatschows verhängnisvolle Fehler sahen, setzten sich besonders intensiv mit dem sowjetischen Zusammenbruch auseinander. Sie redeten weiterhin wie Marxisten, aber nicht, weil sie von der »Wissenschaft von der Geschichte« des Marxismus oder dessen Glückskeks-Zukunftsforschung überzeugt waren. Sie schätzten ihn vielmehr als ein gemeinsames Idiom, das der Partei half, treue Anhänger von Abtrünnigen zu unterscheiden und Millionen Parteimitglieder zu disziplinieren, zu koordinieren und für die von der obersten Führung festgelegten Ziele zu mobilisieren. Dies erklärt ihr entschlossenes Festhalten an der »zentralisierten und geeinten Parteiführung«.[11]

In den Augen Gorbatschows war der Kommunismus gescheitert, weil es nicht gelungen war, mit seiner Hilfe eine sozialistische Gesellschaft aufzubauen. In den Augen der chinesischen Führung war der Kommunismus erfolgreich, weil es der Kommunistischen Partei – gegen erhebliche Widerstände – gelungen war, den chinesischen Staat wie auch die chinesische Gesellschaft zu einen. In Anbetracht dieser großen Diskrepanz zwischen dem chinesischen und dem sowjetischen Verständnis der Rolle der Partei auf der einen und der Ideologie auf der anderen Seite sollte es uns nicht überraschen, wenn wir hören, dass Deng seinem jüngsten Sohn zufolge Gorbatschow für einen »Idioten« hielt.[12]

Nachahmung als Aneignung

Der Unterschied zwischen dem postkommunistischen China, dem postkommunistischen Mitteleuropa sowie Russland entspricht sehr genau dem Unterschied dreier Entwicklungsstile oder -strategien: der Nachahmung der Mittel (das

»Entleihen«), der Nachahmung der Ziele (die »Bekehrung«) und der Nachahmung des äußeren Scheins (das »Simulieren«). Die mitteleuropäischen Eliten begrüßten die Nachahmung westlicher Werte und Institutionen zunächst als den schnellsten Weg zur politischen und ökonomischen Reform. Sie waren ehrgeizige *Bekehrte*, die Normalisierung mit Verwestlichung gleichsetzten und damit einer reaktionären Gegenelite schließlich die Möglichkeit eröffneten, die politisch wirkungsvollsten Symbole der nationalen Identität zu kapern. Die postsowjetischen Eliten taten zunächst so, als würden sie westliche Normen sowie westliche Institutionen übernehmen, auch wenn sie nur die Fassade demokratischer Wahlen und eines freien ökonomischen Austauschs auf der Basis gesetzlich gesicherter Eigentumsrechte nutzten. Damit wollten sie ihre Macht bewahren, sich mit den Reichtümern ihres Landes die Taschen füllen und diejenigen Formen demokratischer Reform blockieren, die ihre Insider-Privilegien bedroht und womöglich zu einem Zusammenbruch des Staates und weiterer territorialer Auflösung geführt hätten. Sie waren strategische *Blender.*

China dagegen machte offen wie auch heimlich Anleihen beim Westen, während es darauf bestand, dass der Entwicklungsverlauf des Landes seine »chinesischen Hauptmerkmale« behielt. Die Chinesen waren geniale *Aneigner.* Der Einsatz von Joint-Venture-Vereinbarungen, mit denen sie westliche Unternehmen zwingen, innovative Technologien an ihre chinesischen Partner weiterzugeben, erfordert weder demokratische Heuchelei, noch setzt er die nationale Identität aufs Spiel. In ähnlicher Weise kommt zwar ein Drittel aller ausländischen Studenten an amerikanischen Universitäten aus China, aber sie studieren meist Natur- und Ingenieurswissenschaften, nicht Liberalismus und Demokratie.[13] Solche Entwicklungen sind entscheidend, weil Xi Jinpings Bemühungen, die chinesische Identität zu bewahren, indem er verhindert, dass »fremde Vorstellungen und Einflüsse die chinesische Gesellschaft durchdringen«, den Kern der Legitimität des gegenwärtigen Regimes bilden.[14] Mehr als jeder frühere chinesische Führer hat Xi den Marxismus in eine nationalistische Ideologie verwandelt, die den heimischen Widerstand gegen ausländischen Druck und Einfluss stärken soll. In Xis eigenen Worten: »Niemand ist in einer Position, aus der heraus er dem chinesischen Volk diktieren kann, was es tun oder nicht tun sollte.«[15] Die Partei verspricht der Gesellschaft nicht, dass morgen ein kommunistisches Paradies anbrechen wird, sondern dass einzig und allein die Kommunistische Partei die verderblichen Formen des westlichen Einflusses abwehren kann.

Xis entschlossener Widerstand gegen die Verwestlichung ist ein wesentlicher Baustein seines Projekts, China seinen rechtmäßigen Platz als eine globale Supermacht wiederzubeschaffen. Man sagt, dass er zwar »an Ideologie und ihren Wert (glaubt), aber vermutlich keine jener Zwischenprüfungen über Inhalte des Marxismus-Leninismus bestehen« würde, »wie sie manchmal an Parteischulen oder in Universitäten abgehalten werden«.[16] Doch was heißt es unter solchen Bedingungen, »an Ideologie zu glauben«? Die Antwort findet man in den »Xi-Jinping-Ideen«, die jetzt Teil der chinesischen Verfassung sind.[17] Der Kern seiner »ideologischen« Vision ist die Mission, Chinas verlorene Vorrangstellung in der Welt wiederherzustellen, eine Mission, die nur erfolgreich sein kann, wenn die Partei ihre totale Kontrolle über die Zivilgesellschaft behält.

Die Chinesen haben das Zeitalter der Nachahmung übersprungen, indem sie die marxistische Sprache und die Herrschaft der Kommunistischen Partei in die Welt-am-Ende-der-Geschichte schmuggelten, in der alle globalen ideologischen

Konflikte beendet sind und postideologische nationalistische Kräfte um Einfluss, Ressourcen, Märkte und Zuständigkeiten ringen. Während Chinas exportorientierte Industriewirtschaft in den Jahrzehnten nach Tiananmen boomte, wurde das politische System keineswegs aufgrund irgendwelcher imaginären Gesetze der sozialen Entwicklung liberaler und demokratischer. Weit davon entfernt, sich nach dem Vorbild des Westens umzugestalten, weigerten sich die Chinesen konsequent, sich zu Amerikas und Westeuropas liberaldemokratischem Wertesystem zu bekehren, und entschieden sich stattdessen dafür, beim wirtschaftlich weiter entwickelten Westen zu leihen oder zu stehlen.

Wenn »Mittel übernommen und die dazugehörigen Ziele abgelehnt werden«, dann wird, wie zwei kluge Soziologen spekulierten, »das Entleihen von Mitteln oft nur für den letztendlichen Zweck eingesetzt, die Rollen mit dem Verleiher zu tauschen«.[18] Das scheint auf China hundertprozentig zuzutreffen. Die Chinesen zählen zu den gnadenlosesten und fähigsten Nachahmern des Westens, wenn es um Technologie, Mode, Architektur und so weiter geht, aber sie haben die Nachahmung der liberalen Demokratie westlicher Prägung, die die Tiananmen-Demonstranten so naiv forderten, explizit verworfen. Sie *entleihen* maßlos, weigern sich aber, sich zu *bekehren*. Ebenso wenig haben sie wie Moskau das Bedürfnis verspürt, die westliche Demokratie *vorzutäuschen* oder die amerikanische Heuchelei bloßzustellen, indem sie die dreisten internationalen Regelbrüche der USA *spiegeln*. Das Entleihen oder Stehlen von Technologie steigert auf jeden Fall den Wohlstand, während das Imitieren moralischer Werte die eigene Identität bedroht und das Vortäuschen von Demokratie oder das Bloßstellen von Heuchelei sinnlos erscheint.

Anders als die Mitteleuropäer, die sich zur liberalen Demokratie bekehren wollten, haben die Chinesen ihre Gesellschaft nach 1989 entwickelt, ohne ihre kulturelle Identität aufs Spiel zu setzen, und deshalb auch, ohne sich jemals wie kulturelle Schwindler und Betrüger zu fühlen. Erinnerungen an die Demütigung durch die westlichen Mächte im 19. Jahrhundert, die in den Schulbüchern bewusst am Leben gehalten werden, formen noch immer das Denken und die Entscheidungsfindung der Staatsführung. Daher hat die Weigerung, das liberale Spiel der Identitätsmimikry zu spielen, noch nicht ausgereicht, um die Verbitterung ganz aus der chinesischen Außenpolitik zu tilgen. Aber sie hatte möglicherweise Anteil an dem erkennbaren Widerwillen, selbst gleichfalls die Nachahmung des eigenen Modells zu fördern.

Dies bringt uns zu unserer Leitfrage zurück: In welchem Sinn genau steht der Aufstieg Chinas für das Ende des Nachahmungszeitalters?

Macht ohne Bekehrte

Die meisten Wissenschaftler, die darüber spekulieren, was passieren wird, wenn China die Welt regiert, neigen dazu, sich eine um China kreisende Welt als einen Abklatsch der liberalen Hegemonie Amerikas vorzustellen. China, so behaupten sie, sei dazu bestimmt, den Platz einzunehmen, den die im Niedergang begriffenen Vereinigten Staaten früher oder später frei machen werden. Heute glaubt kein Beobachter mehr daran, dass Chinas Öffnung für den globalen Wirtschaftsaustausch das Land langsam in Richtung eines Systems des politischen Wettbewerbs und des freien Ideenaustauschs manövriert. Vielmehr fürchten viele, dass eine Welt mit China als globaler Supermacht von autoritären, amoralischen und merkantilistischen Regimen chinesischer Prägung bevölkert sein wird. Allgemein herrscht heute die Ansicht vor, dass die

Chinesen nicht nur einfach Konsumgüter, Kapital und Überwachungstechnik exportieren, sondern auch die Entwicklung ihrer eigenen Marke eines ideologisch kohärenten und universal exportierbaren illiberalen Autoritarismus fördern.

Dementsprechend haben viele neuere Bücher und Berichte versucht, die eskalierende Konfrontation zwischen China und dem Westen als einen neuen Kalten Krieg darzustellen. Die amerikanische Denkfabrik *National Endowment for Democracy* prägte in einem Bericht den Begriff der »scharfen Macht«, um die ideologische Offensive verschiedener neuer autoritärer Spieler zu erklären.[19] Der Report betont zu Recht die Strategie der autoritären Regierungen, in einem ersten Schritt ihre eigenen Gesellschaften gegen liberale Ideen von außen abzuschotten, in einem zweiten die offensichtlichen Misserfolge liberaler Demokratien zu betonen und schließlich in einem dritten Schritt die Durchlässigkeit liberaler Gesellschaften auszunutzen, um sie von innen zu zerrütten. Doch keine dieser Strategien verweist auch nur ansatzweise auf einen Kampf um die Bekehrung anderer Staaten, wie er den Kalten Krieg prägte.

China ist heute ein Paradebeispiel für die Tendenz autoritärer Herrscher, ihre eigenen Gesellschaften gegen liberale Ideen von außen abzuschotten. Xi ist offenbar der Ansicht, er könne die Einheit des Landes festigen, indem er die chinesische Jugend vor dem verderblichen Einfluss westlicher Werte abschirmt. Er fordert zum Beispiel das Bildungsministerium auf, »die Verwendung westlicher Lehrbücher, die westliche politische Werte vertreten, einzuschränken«.[20]

Xis Kampagne gegen den »falschen Weg«, den Westen nachzuahmen, ähnelt Dengs Reaktion auf die Tiananmen-Proteste. Doch dieses Bemühen, kein fremdes Vorbild zu imitieren, hat zugleich die Kehrseite, dass es keinen Wunsch gibt, von anderen imitiert zu werden. Xi hat kein Interesse daran, abhängige Völker zu einer identitätsverwandelnden chinesischen Indoktrinierung zu zwingen. Priorität hat der Export in China hergestellter Waren, nicht der Export chinesischer Ideologie. Das heißt also, dass wir nicht vor einem neuen Kalten Krieg stehen und dass die gegenwärtige Bedrohung des Westens durch China sich von der Bedrohung durch die Sowjetunion in mehreren grundlegenden Punkten unterscheiden wird.

Die Ausbreitung autoritärer Regime ist eine Tatsache. Doch Autoritarismus ist anders als Kommunismus keine Ideologie, die über Grenzen hinweg verbreitet werden kann, sondern ein repressiver, willkürlicher Regierungsstil ohne Absprachen mit anderen. Die Konzentration der gesamten Macht in den Händen eines einzigen, lebenslang regierenden Präsidenten ist zutiefst illiberal, stellt aber keine antiliberale Ideologie dar, die den westlichen Liberalismus mit anderen Ideen konfrontiert. Gleiches kann man über die Pressezensur und die Inhaftierung von Regimekritikern sagen. Putin und Xi eint ein allgemeiner Glaube an den ultimativen Wert politischer Stabilität, eine Feindseligkeit gegenüber der demokratischen Vorstellung, dass Macht zeitlich begrenzt vergeben werden sollte, und ein allgemeines Misstrauen gegenüber politischem Wettbewerb, begleitet von der festen Überzeugung, dass die USA insgeheim einen Regimewechsel für ihre Länder planen. Jenseits dieser Gemeinsamkeiten haben Putin und Xi keine ähnliche Vorstellung davon, wie eine gute Gesellschaft aussieht. Ihr Handeln ist von nationalem Interesse und nationalen Träumen getrieben und von Stolz und Verbitterung wegen der ihnen vom Westen zugefügten Demütigungen geprägt, beruht aber nicht auf einer universell exportierbaren Ideologie, die eine gemeinsame Weltsicht definiert. Zudem vertreten zwar die chinesische wie die russische Führung offen die Ansicht, dass der Liberalismus westlicher Prägung nicht zu ihren Gesellschaften passe, aber sie sind jetzt so (und vielleicht allzu) selbstsicher geworden, dass sie vorgeben können, der westliche Liberalismus sei ebenso krachend gescheitert wie der Kommunismus drei Jahrzehnte zuvor.

Wenn man sagt, der Aufstieg Chinas markiere das Ende des Nachahmungszeitalters, heißt das auch, dass es keine Rückkehr zu einer globalen ideologischen Konfrontation zwischen zwei Großmächten geben wird, die einer Gruppe Vasallenstaaten ihr jeweiliges gesellschaftliches und politisches Modell aufdrängen und die Völker weltweit zu ihren eigenen Zielen und Vorstellungen von der Zukunft der Menschheit zu bekehren versuchen. Es gibt keinen Grund anzunehmen, dass Xis China international ein besonders angenehmer Akteur sein wird. Seine direkten Nachbarn, von denen viele die Präsenz der US-Marine im Südchinesischen Meer begrüßen, fürchten verständlicherweise, dass die wirtschaftliche Machtentfaltung Chinas irgendwann einmal in Zwang und militärische Bedrohung umschlagen wird. Die bevorstehende Konfrontation zwischen China und den Vereinigten Staaten wird zweifellos die internationale Ordnung einschneidend und gefährlich umgestalten. Es führt dennoch in die Irre, wenn man von einem »neuen ökonomischen Kalten Krieg«[21] als einer Neuauflage des ursprünglichen, ideologieversessenen Kalten Krieges spricht. Es ist durchaus möglich, dass dieser Konflikt auf beiden Seiten explosiv emotional statt kühl rational ausgetragen werden wird. Aber er wird nicht ideologisch sein, sondern als eine erbitterte Auseinandersetzung um Handelsfragen, Investitionen, Währungen und Technologien sowie internationales Prestige und Einfluss geführt werden. Darum geht es bei dem chinesischen Projekt, die Welt zu »entamerikanisieren«.[22] Es geht nicht darum, eine globale liberale Ideologie durch eine globale antiliberale Ideologie zu ersetzen, sondern darum, die Rolle der Ideologie radikal zu beschränken, nicht unbedingt im Inneren, aber doch in der Arena des internationalen Wettbewerbs. Deshalb wird ein chinesisch-amerikanischer Machtkampf, selbst wenn er dem Rest der Welt eine »Wer nicht für uns ist, ist gegen uns«-Logik auferlegt, keine Endzeitschlacht zwischen rivalisierenden Weltanschauungen und Geschichtsphilosophien sein.

Chinatown oder Schmelztiegel?

Wenn wir die amerikanische Welt von gestern mit einer möglichen chinesischen Welt von morgen vergleichen, sollten wir im Auge behalten, wie verschieden Amerikaner und Chinesen die Welt jenseits ihrer Grenzen wahrnehmen. Amerika ist eine Nation von Einwanderern, aber auch eine Nation von Menschen, die nie auswandern. Amerikaner, die außerhalb der Vereinigten Staaten leben, werden deshalb nicht Emigranten genannt, sondern »Expats«. Amerika schenkte der Welt die Vorstellung vom Schmelztiegel – einer alchemistischen Gerätschaft, in der sich unterschiedliche ethnische und religiöse Gruppen freiwillig vermischen und vermengen, sodass daraus eine neue, postethnische Identität entsteht. Und während Kritiker wohl zu Recht darauf verweisen, dass der Schmelztiegel ein nationaler Mythos sei, hat dieses Bild Amerikas kollektive Vorstellung hartnäckig geprägt. Der Mythos eines Schmelztiegels lässt amerikanische Außenpolitiker ganz natürlich dem Ziel zuneigen, fremde Kulturen zu assimilieren. Die chinesische Erfahrung der »Chinatowns« bewirkt das Gegenteil, sie bevorzugt ökonomische Integration bei gleichzeitiger Bewahrung der kulturellen Isolation. Die beiden Exzeptionalismen führen daher zu sehr unterschiedlichen Strategien, um die weltumspannenden Ambitionen des jeweiligen Landes durchzusetzen.

Amerikas Reiz liegt unter anderem in seiner Fähigkeit, andere in Amerikaner zu verwandeln, Einwanderer zur Nachahmung nicht nur amerikanischer Rituale, sondern auch amerikanischer Sehnsüchte, Ziele und Selbstverständnisse zu bewegen. Es sollte daher niemanden überraschen, dass Amerikas globale Agenda transformativ und grundsätzlich auf die Förderung von Regimewechseln angelegt ist. Die außenpolitischen Entscheidungsträger des Landes wollen nicht einfach nur die Regeln vorgeben. Sie wollen missionarisch Anhänger für das amerikanische Modell gewinnen, oder zumindest wollten sie es über weite Strecken der amerikanischen Geschichte bis zu Donald Trumps Präsidentschaft.

Deng Xiaoping beendete Maos Missionierungsauftrag. Dieser Rückzug von einem Versuch, die Welt zu bekehren, war vielleicht eine natürliche Entwicklung, da China seinem traditionellen Selbstverständnis nach selbst die Welt war. Man hört oft, China betrachte sich nicht als ein Land, sondern als eine Kultur. Man kann sogar sagen, dass es sich als ein Universum sieht. Chinas Beziehungen zu anderen Ländern sind in den letzten beiden Jahrzehnten vor allem durch die Diaspora gelenkt worden, und deshalb nehmen die Chinesen die Welt durch die Brille der Erfahrungen ihrer Landsleute als Immigranten wahr.

Heute leben mehr Chinesen außerhalb von China als Franzosen in Frankreich, und aus den Reihen dieser Auslandschinesen kommen die meisten Investoren in China. Tatsächlich schufen die Chinesen, die im Ausland lebten, vor nur zwanzig Jahren fast genauso viel Wohlstand wie Chinas gesamte einheimische Bevölkerung. Zuerst hatte die chinesische Diaspora Erfolg, dann China selbst.

Chinatowns bilden den Kern der chinesischen Diaspora. Der Politikwissenschaftler Lucian Pye hat festgestellt: »Die Chinesen sehen einen so absoluten Unterschied zwischen sich und anderen, dass sie es, selbst wenn sie in einsamer Isolation in fernen Ländern leben, unbewusst natürlich und angemessen finden, die Menschen, in deren Heimat sie leben, als ›Ausländer‹ zu bezeichnen.«[23]

Während der amerikanische Schmelztiegel andere verwandelt, lehren Chinatowns ihre Einwohner, sich zu arrangieren – von den Regeln ihrer Gastgeber und den Geschäftsmöglichkeiten, die sie bieten, zu profitieren und dabei doch aus freien Stücken isoliert und anders zu bleiben. Während die Amerikaner ihre Flagge hoch aufziehen, tun die Chinesen alles, um unsichtbar zu bleiben, sie stellen ihr Licht unter den Scheffel, solange die sie umgebende Welt von Nichtchinesen dominiert ist. Chinesische Gemeinschaften haben es überall in der Welt geschafft, in ihren neuen Heimatländern Einfluss zu erringen, ohne als Bedrohung wahrgenommen zu werden, abgeschlossen und nicht durchschaubar zu sein, ohne Ressentiments zu wecken und als Brücke nach China zu dienen, ohne wie eine Fünfte Kolonne auszusehen.

In diesem Sinn wird eine Welt, in der China aufsteigt und Amerika ein normales Land geworden ist (sprich, in der Amerika seinen traditionellen Anspruch, eine Vorbildnation zu sein, aufgibt), eine Welt sein, in der Nachahmung im Kleinen weiterhin üblich ist. Aber sie wird keine Welt sein, die entweder zwischen zwei rivalisierenden Modellen oder zwischen einem einzigen erstrebenswerten Modell und dessen mehr oder weniger erfolgreichen Nachahmern aufgeteilt ist. Wie Kerry Brown überzeugend darlegt, hat Xi Jinping »mit dieser Art von Bekehrung nichts am Hut. In Peking macht man sich keine Illusionen darüber, dass die Welt plötzlich eine ›Modernisierung des Sozialismus chinesischer Prägung für die neue Zeit‹ begrüßen könnte.«[24] Entgegen den Befürchtungen der neuen Kalten Krieger sieht China seine Mission also nicht darin, die Welt mit chinesischen Klonen zu bevölkern. Dies gilt auch dann, wenn es womöglich irgendwann einmal nicht nur kleinere Länder mit hohen Krediten in eine Abhängigkeit lockt, sondern zu brutaleren Taktiken übergeht, um deren Übereinstimmung mit den außenpolitischen Ziele Chinas sicherzustellen. Auf dem Höhepunkt des Kalten Krieges war das kommunistische China selbst »ein alternativer Pol mit ideologischer Anziehungskraft«, vor allem für die Entwicklungsländer, »und stellte als solcher eine Bedrohung für den Liberalismus dar«.[25] Bis 1989 jedoch waren, so lautete der liberale Konsens damals, »das chinesische Konkurrenzdenken und der Expansionismus auf der Weltbühne praktisch verschwunden. Peking finanziert keine maoistischen Aufstände mehr, es versucht nicht mehr, seinen Einfluss in fernen afrikanischen Ländern zu pflegen, wie es das in den 1960er-Jahren tat.«[26]

Wenn man diesen letzten Satz heute noch einmal liest, enthält er eine Art Offenbarung. Ganz offensichtlich sind Chinas Konkurrenzdenken und Expansionismus keineswegs von der Weltbühne verschwunden. *Verschwunden* ist Chinas Finanzierung maoistischer Aufstände in Afrika. Zum Ausgleich baut das Land jetzt neue Brücken, Straßen, Schienenwege, Häfen und anderes, was den Welthandel erleichtert. Doch dieser neue Auftritt auf der afrikanischen Bühne kommt völlig ohne Versuche aus, die betroffenen Bevölkerungen zu konfuzianischen Werten oder ökonomischem Merkantilismus oder einer Ein-Partei-Herrschaft zu bekehren.

Die Probleme der Nachahmung

Vielleicht können Chinas unglückliche historische Erfahrungen mit der Geopolitik der Nachahmung – angefangen mit der Ankunft protestantischer Missionare im 19. Jahrhundert – erklären, warum die neue Strategie globaler Machtausübung jedes Konzept meidet, das an »diese Art von Bekehrung« erinnert. Nach der Revolution von 1911 und dem Sturz des letzten Kaisers der Qing-Dynastie musste China zum Beispiel den Erwartungen der Großmächte folgen und sich als Nationalstaat organisieren. Lucian Pye meint dazu:

> China ist nicht einfach ein weiterer Nationalstaat in der Familie der Nationen. China ist eine Kultur, die so tut, als sei sie ein Staat. Die Geschichte des modernen China könnte als die Anstrengung der Chinesen wie der anderen Staaten beschrieben werden, eine Kultur in den willkürlichen und beschränkenden Rahmen eines modernen Staates zu pressen, einer institutionellen Erfindung, die sich aus der Fragmentierung der westlichen Kultur ergeben hatte.[27]

Es gab keine andere Möglichkeit, wenn China sich dem internationalen System anschließen wollte. Es musste sich der Welt in einem unangenehm einengenden Nationalstaatsformat präsentieren, einem Prokrustesbett, das schlecht zu seinem Selbstverständnis passte.[28] Und es kämpft noch heute gegen diese fehlangepasste politische Struktur, die ihm der Westen auferlegt hat.

Chinas zweite moderne Erfahrung mit verpflichtender Nachahmung stammt aus der Zeit nach der Revolution von 1949, als das Land sein politisches System in sklavischer Nachahmung des sowjetischen demokratischen Zentralismus umgestaltete. Die Kommunistische Partei Chinas errichtete nicht nur Betonbauten im sowjetischen Stil, sondern gründete auch ein Politbüro, berief Parteikongresse ein, schuf den Posten des Generalsekretärs und gründete so lebenswichtige Ministerien wie die für die Ernennung aller Parteifunktionäre verantwortliche Abteilung für zentrale Organisation nach dem Vorbild des sowjetischen Orgbüro.[29] Durch diesen umfassenden Import sowjetischer Institutionen lernte China, dass Nachahmung in aller Regel Ressentiments auslöst und dass der Nachahmer ständig verwundbar ist. Der Konflikt zwischen China und der Sowjetunion in den 1960er-Jahren kann vielleicht als explosive Manifestation des aufgestauten chinesischen Grolls gegen den Druck verstanden werden, sklavisch in die Fußstapfen Moskaus treten zu müssen.

Und schließlich war das China der späten Mao-Zeit der aggressivste Ideologie-Exporteur überhaupt. Dieses missionarische Projekt fand kein gutes Ende. »China unterstützte den revolutionären Kampf im Ausland in einer solch idiosynkratischen Weise«, schreibt Kerry Brown, »dass man 1967 nur einen einzigen Repräsentanten im Auslandsdienst hatte – Huang Hua in Ägypten.«[30] So lernte Peking aus erster Hand die Gefahren der Isolation kennen, die mit dem prometheischen Anspruch einhergehen, das eigene Wertesystem und ideologische Modell anderswohin zu exportieren.

Von entscheidender Bedeutung für Xis Außenpolitik ist daher nicht die Rekrutierung von Nachahmern, sondern die Suche nach globalem Einfluss und weltweiter Anerkennung. Parallel zu Chinas Wohlstand und Macht ist auch der Wunsch der Führung gewachsen, dass andere sich den Wünschen des Landes beugen und es bewundern. Doch Chinas Streben nach einer weltweiten Vorrangstellung gründet nicht auf dem Anspruch einer universal miteinander teilbaren Kultur. China erwartet nicht, dass andere seinem Vorbild nacheifern, selbst wenn es will, dass sie sich seinen Wünschen fügen. Die schon legendäre Neue-Seidenstraßen-Initiative schafft Integration, Vernetzung und wechselseitige Abhängigkeit, ohne irgendwie auf Indoktrinierung über die Landesgrenzen hinweg zu setzen. Es gibt keinen Grund anzunehmen, dass das neue, postmissionarische chinesische Reich besonders wohlwollend sein wird. Doch Xis Weg, Chinas globale Statur zu demonstrieren und die chinesische Macht darzustellen, wird sich, unabhängig davon, was das für andere Länder bedeutet, nicht auf ideologische Bekehrung stützen.

Die Neue Seidenstraße gibt Xi und seinen Kollegen ein großartiges internationales Narrativ, zeigt die globale Bedeutung Chinas und hat den chinesischen Einfluss auf Afrika wieder dramatisch steigen lassen. Doch den Organisatoren dieser Initiative liegt nichts ferner, als Bauernaufstände zu fördern oder zu versuchen, anderen ein einzigartig chinesisches Wertesystem aufzudrängen, wie es unter Mao der Fall war. China will seinen Einfluss mehren und andere Länder vereinnahmen oder unterordnen, doch es will sie nicht in Miniaturklone seiner selbst verwandeln. China will das Sagen haben und vermutlich andere ausbeuten. Es will kein Leuchtfeuer oder Vorbild sein, denn anders als Amerika in der Blütezeit der liberalen Hegemonie hat China keinen Grund anzunehmen, dass eine von Kopien seiner selbst bevölkerte Welt den Interessen und Plänen Chinas förderlich wäre.

China steht für das Ende des Nachahmungszeitalters, weil seine Geschichte wie auch sein gegenwärtiger Erfolg zeigen, dass ein gezieltes »Entleihen« technischer Mittel Wohlstand, Entwicklung, soziale Kontrolle und eine Chance, den Einfluss und das Prestige eines Landes zu erneuern, mit sich bringt, während eine »alternativlose« Einführung fremder Werte voraussagbar einen nationalistischen Gegenschlag provoziert. Ohne eine politische Runderneuerung westlicher Prägung zu versuchen oder vorzutäuschen, überholen die Chinesen den Westen in vieler Hinsicht. Gleichzeitig zeigen sie keine Neigung, anderen Ländern zu sagen, wie sie leben sollen. Und doch haben sie eine überzeugende Lektion zu vermitteln: China führt der Welt die zahllosen Vorteile einer Zurückweisung westlicher Normen und Institutionen bei gleichzeitiger selektiver Übernahme westlicher Technologien und sogar Konsummuster vor.

Eine Welt ohne Heuchelei

Das soll nicht heißen, dass Chinas Vorgehen im Ausland nicht auch gewisse Ängste vor dem Einfluss Chinas sowie nationalistische Reaktionen ausgelöst hätte. Schließlich ist eine Weigerung, andere zu missionieren, wenn sie wie im Fall Chinas von einem Gefühl der eigenen kulturellen Verschiedenheit und Überlegenheit ausgeht, nicht notwendigerweise gleichbedeutend mit der Fähigkeit, Freundschaften zu schließen oder freiwillige Kooperationen zu mobilisieren. Zudem gehören das Aufschütten von Inseln in Gewässern, die mehrere Staaten für sich beanspruchen, das Aufstauen von Flüssen ohne Rücksicht auf die Folgen für die stromabwärts liegenden Länder und ein weitgespanntes Netz von Militärbasen zu den jüngsten Bekräftigungen chinesischer Vorherrschaft, die Indien, Japan, Südkorea, die Philippinen und Vietnam nervös werden lassen. Die aggressive Kreditvergabe an finanziell klamme Länder wie Sri Lanka und Pakistan, die dann alle Mühe haben, die Gelder zurückzuzahlen, wird ebenfalls weithin als ein machiavellistisches Manöver gesehen, um die Kontrolle über Häfen und andere strategisch wichtige Anlagen im Ausland zu erlangen. Doch dieser Groll auf die brutale Durchsetzungskraft der Chinesen, so real und bedeutsam er auch sein mag, wird nicht durch eine zusätzliche Verbitterung aufgrund moralistischer Schulmeisterei und Nachahmungsförderung amerikanischen Stils angeheizt. Chinas Vertreter im Ausland haben kein Interesse daran, dort das chinesische Modell innerer politischer und ökonomischer Organisation zu verkaufen. Daher haben die chinesischen Kredite keine *ideologischen* Bedingungen. Chinesische Funktionäre oder Nichtregierungsorganisationen begleiten Entwicklungsprojekte im Ausland nicht mit Vorlesungen über Menschenrechte, freie und faire Wahlen, Transparenz, Rechtssicherheit und die Sünden der Korruption. Ebenso wenig aber predigen sie die Tugenden des chinesischen Merkantilismus, versuchen zur chinesischen Kultur zu bekehren oder idealisieren auf Lebenszeit amtierende Funktionäre in Ein-Partei-Staaten.

Dies erklärt, warum Chinas Aufstieg für das Ende des Nachahmungszeitalters steht. Anders als der Westen erweitert China seinen weltweiten Einfluss ohne das Ziel, die Gesellschaften zu transformieren, über die es Macht ausüben will. China ist nicht an der Struktur anderer Regierungen interessiert oder gar daran, welche innenpolitischen Gruppierungen diese kontrollieren. Es interessiert sich nur für die Bereitschaft solcher Regierungen, sich chinesischen Interessen anzupassen und zu günstigen Bedingungen mit China Handel zu treiben.

Zugegebenermaßen sehnt sich Peking danach, bewundert und respektiert zu werden. Die Ausbreitung der Konfuzius-Institute, die dem chinesischen Bildungsministerium unterstehen und die chinesische Sprache und Kultur im Ausland fördern sollen, ist ein klares Zeichen dafür. Aber China ist nicht interessiert daran, andere dazu zu überreden oder zu zwingen, ihre eigenen Politik- und Wirtschaftssysteme mit »chinesischen Hauptmerkmalen« zu übertünchen. Über die Bedeutung der Ideologie für die chinesische Innenpolitik kann man weiterhin streiten. Doch der Aufstieg Chinas steht für das Ende des Nachahmungszeitalters, weil das Land die Zukunft des globalen Wettbewerbs mit Amerika durch eine rein militärische und strategische Brille sieht, ohne eine Ideologie oder irgendwelche Visionen von der gemeinsamen Zukunft der Menschheit zu berücksichtigen.

Das Zeitalter der Nachahmung war eine natürliche Konsequenz des Kalten Krieges. Es bewahrte die Faszination der Aufklärung für unser gemeinsames Menschsein. Die liberaldemokratische Organisationsform konnte auf der ganzen Welt verallgemeinert werden, weil alle Menschen überall die gleichen grundlegenden Ziele teilten. Wunderbarerweise gestattete die Globalisierung der Kommunikation, des Verkehrs und des Handels den Völkern, einander besser kennenzulernen, nachdem die geografische Zweiteilung des Planeten mit dem Kalten Krieg vorbei war. Doch dabei blieb offenbar die Vorstellung einer gemeinsamen Menschheit, die in der Lage ist, gemeinsame Ziele zu verfolgen, auf der Strecke. Der Rückzug der Völker in verbarrikadierte nationale und ethnische Gemeinschaften ist eine Folge des populistischen und identitätsbasierten Krieges gegen den Universalismus. Wir leben dicht beieinander, doch wir haben die Fähigkeit verloren, unsere Welt als eine miteinander geteilte zu begreifen. Ein Rückzug in protektionistischen Kommunitarismus, einander argwöhnisch gegenüberstehende Identitätsgruppen und provinziellen Separatismus ist vielleicht der indirekte Preis, den wir für das Ende eines weltweiten Krieges zwischen rivalisierenden universalen Ideologien im Jahr 1989 zahlen.

Der Aufstieg eines sich selbst isolierenden, aber global durchsetzungsfähigen China macht unmissverständlich klar, dass der Sieg des Westens im Kalten Krieg nicht nur die Niederlage des Kommunismus bedeutete, sondern auch einen schweren Rückschlag für den Liberalismus der Aufklärung selbst. Als eine Ideologie, die den politischen, intellektuellen und ökonomischen Wettbewerb feierte, wurde der Liberalismus durch den Verlust eines Konkurrenten auf Augenhöhe, der dieselben, aus der europäischen Aufklärung herleitbaren weltlichen und postethnischen Verpflichtungen betonte, entscheidend geschwächt. Ohne ein alternatives Machtzentrum, das seinen Anspruch auf die Zukunft der Menschheit infrage stellt, ist der Liberalismus selbstverliebt vom Weg abgekommen. Im unipolaren Zeitalter der Nachahmung galt die Erwartung, dass andere die liberal-demokratischen Institutionen und Normen westlicher Prägung übernehmen würden, als so naturgegeben wie der Sonnenaufgang. Doch diese Zeit ist vorbei, und der demokratische Schwung, den wir uns von dieser Phase erwarteten, hat sich als enttäuschend kurzlebig erwiesen.

Wenn wir vom Ende des Nachahmungszeitalters sprechen, bedeutet das nicht, dass die Menschen nichts mehr für Freiheit und Pluralismus übrighaben oder dass die liberale Demokratie von der Bildfläche verschwinden wird. Es bedeutet auch nicht, dass reaktionärer Autoritarismus und Nativismus die Erde übernehmen werden. Vielmehr steht dieses Ende für eine Rückkehr – nicht zu einer globalen Konfrontation zweier missionarischer Nationen, einer liberalen und einer kommunistischen, sondern zu einer pluralistischen und kompetitiven Welt ohne militärische oder ökonomische Machtzentren, die ihr Wertesystem überall verbreiten wollen. Eine solche internationale Ordnung ist alles andere als noch nie da gewesen, denn: »Das grundlegende Merkmal der Weltgeschichte ist eher kulturelle, institutionelle und ideologische Diversität, nicht Homogenität.«[31] Das bedeutet im Grunde, dass mit dem Zeitalter der Nachahmung eine unglückselige historische Anomalie endet.

Im Jahr 1890 schloss Rudyard Kipling seinen ersten Roman mit dem Titel *Das Licht erlosch* ab. Es ist eine sentimentale Liebesgeschichte, in der es um künstlerische Ambitionen und den fortschreitenden Verlust des Augenlichts geht. Der Roman erschien in zwei Fassungen. Die kürzere hatte ein glückliches Ende (wie es der Mutter des Autors gefiel), die längere ein unglückliches. Wir können dieses Buch nicht mit zwei verschiedenen Schlussversionen veröffentlichen, doch wir glauben, dass das Ende des Nachahmungszeitalters Tragödie oder Hoffnung bedeuten wird, je nachdem, wie die Liberalen mit ihren Erfahrungen aus dieser Zeit nach dem Kalten Krieg umgehen. Wir können die weltweit vorherrschende liberale Ordnung, die wir verloren haben, endlos betrauern, oder wir können unsere Rückkehr in eine Welt ständig miteinander rangelnder politischer Alternativen feiern und erkennen, dass ein geläuterter Liberalismus, wenn er sich von seinem unrealistischen und selbstzerstörerischen Streben nach weltumspannender Hegemonie erholt hat, noch immer die politische Idee ist, die dem 21. Jahrhundert am ehesten entspricht.

Es liegt an uns, zu feiern, statt zu trauern.

Dank

Die Autoren möchten sich bei vielen großzügigen Freundinnen und Freunden, Kolleginnen und Kollegen sowie verschiedenen Institutionen bedanken, die dieses Buch möglich gemacht haben. Wir sind allen dankbar, die ihre wunderbar anregenden und hilfreich mahnenden Kommentare zu einer früheren Fassung beigetragen haben. Dazu gehören Lenny Benardo, Robert Cooper, Beth Elon, Jon Elster, Diego Gambetta, Venelin Ganev, Dessislava Gavrilova, Tom Geoghegan, David Golove, Helge Høibraaten, Scott Horton, Bruce Jackson, Ken Jowitt, Martin Krygier, Maria Lipman, Milla Mineva, James O'Brien, Claus Offe, Gloria Origgi, John Palattella, Adam Przeworski, Jacques Rupnik András Sajó, Marci Shore, Daniel Smilov, Ruzha Smilova und Aleksander Smolar. Natürlich tragen sie weder einzeln noch gemeinsam irgendeine Verantwortung für verbliebene Defizite in der Analyse, die allein den Autoren zuzuschreiben sind.

Außerdem wissen wir die Unterstützung zu schätzen, die wir vom Centre for Liberal Strategies in Sofia, dem Institut für die Wissenschaften vom Menschen in Wien und der New York University School of Law erhalten haben. Ivan Krastev dankt dem Kluge Center an der Library of Congress. Das Privileg, 2018/2019 den Kissinger Chair im Center innezuhaben, war entscheidend für den Abschluss des Buches. Ebenso ist Stephen Holmes der Regierung der Île-de-France für das Privileg des Blaise-Pascal-Lehrstuhls im akademischen Jahr 2017/2018 zu Dank verpflichtet. Ein besonderer Dank geht an unseren Agenten Toby Mundy und unsere Lektorin Casiana

Ionita für ihre ständigen Ermutigungen und wohlüberlegten Ratschläge. Und wie immer hat sich Yana Papazovas unermüdliche Hilfe als unschätzbar wertvoll erwiesen.

Anmerkungen

Das Unbehagen an der Nachahmung

1 Robert Cooper, »The Meaning of 1989«, in: *The Prospect* vom 20. Dezember 1999.

2 Francis Fukuyama, *Das Ende der Geschichte. Wo stehen wir?*, München 1992, S. 83f.

3 Larry Diamond und Marc F. Plattner (Hg.), *The Global Resurgence of Democracy*, Baltimore u. a. 1996; Timothy Garton Ash, *Freie Welt. Europa, Amerika und die Chance der Krise*, München 2004.

4 Larry Diamond und Marc F. Plattner (Hg.), *Democracy in Decline?*, Baltimore 2015; Larry Diamond, Marc F. Plattner und Christopher Walker (Hg.), *Authoritarianism Goes Global: The Challenge to Democracy*, Baltimore 2016.

5 David Runciman, *How Democracy Ends*, London 2018; Steven Levitsky und Daniel Ziblatt, *Wie Demokratien sterben. Und was wir dagegen tun können*, München 2018.

6 Michael Ignatieff (Hg.), *Rethinking Open Society: New Adversaries and New Opportunities*, Budapest/New York 2018.

7 Élisabeth Vallet, *Borders, Fences and Walls*, London 2018.

8 David Leonhardt, »The American Dream, Quantified at Last«, in: *The New York Times* vom 8. Dezember 2016. Deutsch: »Der amerikanische Traum in Zahlen«, verfügbar unter: https://schweizermonat.ch/der-amerikanische-traum-in-zahlen/ (zuletzt abgerufen am 16.7.2019).

9 Yascha Mounk, *Der Zerfall der Demokratie. Wie der Populismus den Rechtsstaat bedroht*, München 2018.

10 Stephen Smith, *The Scramble for Europe: Young Africa on its way to the Old Continent*, Chicester 2019; Ivan Krastev, *Europadämmerung. Ein Essay*, Berlin 2017.

11 Michiko Kakutani, *Der Tod der Wahrheit. Gedanken zur Kultur der Lüge*, Stuttgart 2019, S. 23f. Die für dieses Buch gewählte Übersetzung greift auf eine unter https://landlebenlust.wordpress.com/2008/12/27/yeats/ (zuletzt abgerufen am 16.7.2019) verfügbare Fassung zurück.

12 Ben Rhodes, *Im Weißen Haus. Die Jahre mit Barack Obama*, München 2019, S. 17.

13 Francis Fukuyama, »The End of History?«, *The National Interest*, Sommer 1989, S. 12, 3, 5, 8, 13; ders., *Das Ende der Geschichte. Wo stehen wir?*, München 1992, S. 82.

14 Fukuyama, »The End of History?«, S. 12.

15 Immerhin beschrieb Fukuyama das Ende der leninistischen Regime in der Sprache der hegelianisch-marxistischen Dialektik. Viele Ex-Kommunisten, geschult in dem Denken, dass Geschichte eine vorbestimmte Richtung und ein glückliches Ende habe, waren, als sie merkten, was die Stunde geschlagen hatte, gedanklich und seelisch bereit, sich auf Fukuyamas Lesart der Ereignisse einzulassen.

16 *Inogo ne dano*, Moskau 1988.

17 Wenn man, wie dies bei der Beschäftigung mit dem postkommuistischen Illiberalismus heute häufig der Fall ist, politische Trends in der Region »erklärt«, indem man Parallelen zu politischen Mustern in der Vergangenheit zieht, verwechselt man Analogie mit Kausalität.

18 Yo Zushi, »Exploring Memory in the Graphic Novel«, in: *The New Statesman* vom 6. Februar 2019: »2008 führte der Verhaltensökonom Dan Ariely am MIT ein Experiment durch: Die Teilnehmer spielten ein Computerspiel, bei dem drei Türen auf dem Bildschirm erschienen, die jeweils unterschiedliche Geldsummen einbrachten, wenn man auf sie klickte. Die vernünftige Strategie wäre gewesen, die Tür, die am meisten Geld einbrachte, zu identifizieren und dann bis zum Ende des Spiels immer wieder auf diese Tür zu klicken, doch sobald die

Türen ohne Clicks anfingen zu schrumpfen – und schließlich sogar verschwanden –, begannen die Teilnehmer, da sie sich auch die weniger lukrativen Optionen offenhalten wollten, ihre Clicks zu verschwenden. Das ist zwar dumm, aber wir können nichts dagegen tun. (…) George Eliot schrieb einst, dass die Möglichkeit zur Entscheidung ›das stärkste Wachstumsprinzip‹ sei. Wie können wir wachsen, wenn wir uns nicht dazu entscheiden können?«

19 Ryszard Legutko, *Der Dämon der Demokratie. Totalitäre Strömungen in liberalen Gesellschaften*, Wien/Leipzig 2017, S. 79, 28, 94.

20 Zitiert nach Philip Oltermann, »Can Europe's New Xenophobes Reshape the Continent?«, in: *The Guardian* vom 3. Februar 2018.

21 Ryszard Legutko, *Der Dämon der Demokratie*, S. 54.

22 Gabriel de Tarde, *Les Lois de l'imitation*, Paris 1890. Dt.: *Die Gesetze der Nachahmung*, Frankfurt 2003, S. 98, 86, 100.

23 Der Nachahmungsimpuls kann nicht nur parallel zum Erfindungsreichtum vorhanden sein, wie auch de Tarde einräumt – Nachahmung kann unter normalen Umständen sogar einen wichtigen Beitrag zu Kreativität und Originalität leisten. Vgl. Kal Raustiala und Christopher Sprigman, *The Knockoff Economy: How Imitation Sparks Innovation*, Oxford 2012.

24 Wade Jacoby, *Imitation and Politics: Redesigning Modern Germany*, Ithaca, NY, 2000.

25 Thorstein Veblen, »The Opportunity of Japan«, *The Journal of Race Development* 6/1 (Juli 1915), S. 23-38.

26 Gefangen in ihrem ökonomiezentrierten Politikverständnis kann sich die EU zwar leicht über den messianischen Provinzialismus in Budapest und Warschau lustig machen, aber es ist ihr fast unmöglich, ihn zu verstehen. In den Augen von Europa-Bürokraten ist der Aufstand Polens und Ungarns gegen die EU in Anbetracht der Tatsache, dass beide zu den größten Netto-Begünstigten gehören, völlig irrational. 2016 erhielt Ungarn 4,5 Milliarden Euro EU-Zahlungen, was 4 Prozent der Wirtschaftskraft des Landes entspricht. Polen

erhielt mehr als 11 Milliarden Euro. Dass solche exzeptionellen Nutznießer der EU kein Recht haben, sich zu beklagen, ist eine Grundannahme der herrschenden EU-Ostpolitik.

27 Ken Jowitt, »Communism, Democracy, and Golf«, in: *Hoover Digest* vom 30. Januar 2001.

28 Ebenda.

29 René Girard, *Figuren des Begehrens. Das Selbst und der Andere in der fiktionalen Realität,* München 1999; ders., *Im Angesicht der Apokalypse. Clausewitz zu Ende denken*; Gespräche mit Benoît Chantre, Berlin 2014.

30 Wir danken Marci Shore für dieses Beispiel.

31 René Girard, *Das Heilige und die Gewalt,* Zürich 1987.

32 Girard, der behauptet, Dostojewskis Texte seien »überaus relevant für die Deutung einer postkommunistischen Welt«, begründet das folgendermaßen: »Dostojewski verabscheute zutiefst die sklavische Nachahmung aller westlichen Dinge, die das Russland seiner Zeit so stark prägten. Verstärkt wurden seine reaktionären Neigungen durch die Selbstgefälligkeit des Westens, der sich schon damals seines großen ›Vorsprungs‹ vor dem Rest der Menschheit rühmte, den man damals als ›Fortschritt‹ bezeichnete. Der Westen war fast so ordinär wie heute, er verwechselte schon damals seinen sehr realen materiellen Wohlstand mit einer moralischen und geistigen Überlegenheit, die er nicht besaß.« René Girard, *Resurrection from the Underground. Feodor Dostoevsky*, East Lansing 2012, S. 88f.

33 James Shotter, »Central Europe: Running out of Steam«, in: *Financial Times* vom 27. August 2018: »Nach UN-Prognosen wird die Gesamtbevölkerung Polens, Ungarns, der Tschechischen Republik und der Slowakei – der sogenannten Visegrád-Gruppe oder V4 – von etwa 64 Millionen im Jahr 2017 auf nur noch 55,5 Millionen im Jahr 2050 zurückgehen, das ist ein Verlust von etwa 13 Prozent. In dieser Zeit wird keine Region weltweit einen stärkeren Bevölkerungsrückgang erleben.«

34 Hier ein Beispiel für diese Angst, dass regionale Traditionen durch einen aufgedrängten westlichen Liberalismus verraten werden könnten: Georgi Gotev, »After Bulgaria, Slovakia too

fails to ratify the Istanbul Convention«, AFP am 23. Februar 2018: »Eine Welle des Widerstands in Mitteleuropa gegen die sogenannte ›Gender-Ideologie‹ hat Bulgarien am 15. Februar und anschließend gestern (22. Februar) auch die Slowakei dazu gebracht, sich gegen die Ratifizierung der Istanbul-Konvention zur Verhütung und Bekämpfung von Gewalt gegen Frauen und häuslicher Gewalt zu stellen.«

35 Benjamin E. Goldsmith, *Imitation in International Relations. Observational Learning, Analogies, and Foreign Policy in Russia and Ukraine*, New York 2005.

36 »Jim Mattis's Letter to Trump: Full Text«, in: *The New York Times* vom 20. Dezember 2018. Vgl. https://www.handelsblatt.com/politik/deutschland/us-verteidigungsminister-auszuege-aus-mattis-ruecktrittsschreiben-an-trump-im-wortlaut/23791192.html?ticket = ST-90551-iLvcIimLT 9KQBvVDzo4o-ap5 (zuletzt abgerufen am 16.7.2019).

37 Gáspár Miklós Tamás, »A Clarity Interfered With«, in: Timothy Burns (Hg.), *After History? Francis Fukuyama and his Critics*, Lanham, Md., 1994, S. 82f.

1 Vom Geist der Nachahmung

1 Stendhal, *Rot und Schwarz*, übersetzt von Elisabeth Edl, München 2004, S. 75.

2 John Feffer, *Shock Waves: Eastern Europe after the Revolutions*, Boston 1992.

3 Zitiert bei Feffer nach Nick Thorpe, *'89: The Unfinished Revolution*, London 2009, S. 191f.

4 John Feffer, *Aftershock: A Journey into Osteuropa's Broken Dreams*, London 2017, S. 34.

5 Guy Chazan, »Why is Alternative for Germany the new force in German politics?«, in: *Financial Times* vom 25. September 2017.

6 George Orwell, *The Collected Essays, Journalism and Letters*, Bd. 3, New York 1968, S. 244.

7 Ralf Dahrendorf, *Betrachtungen über die Revolution in Europa in einem Brief, der an einen Herrn in Warschau gerichtet ist*, Stuttgart 1990; Bruce Ackerman, *Ein neuer Anfang für Europa*, Berlin 1993.
8 Lawrence Goodwyn, *Breaking the Barrier*, New York 1991, S. 342.
9 Zitiert in: Dahrendorf, *Betrachtungen über die Revolution in Europa*, S. 26.
10 Jürgen Habermas, »Was heißt Sozialismus heute? Nachholende Revolution und linker Revisionsbedarf« in: ders., *Die nachholende Revolution*, Frankfurt am Main 1990, S. 181f.
11 Jürgen Habermas, *Die nachholende Revolution*, Frankfurt am Main 1990.
12 Hans Magnus Enzensberger, *Ach Europa!*, Frankfurt am Main 1987, S. 133.
13 Roger Cohen, »The Accommodations of Adam Michnik«, in: *The New York Times Magazine* vom 7. November 1999.
14 Václav Havel, *The Power of the Powerless: Citizens Against the State in Central-Eastern Europe*, London 1985, S. 89.
15 Zitiert in: Benjamin Herman, »The Debate That Won't Die: Havel and Kundera on Whether Protest Is Worthwhile«, in: *Radio Free Europe/Radio Liberty* vom 11. Januar 2012.
16 Stanisław Ignacy Witkiewicz, *Unersättlichkeit*, München 1966.
17 Czesław Miłosz, *Verführtes Denken*, Köln/Berlin 1953 u.ö., S. 17.
18 Albert O. Hirschman, *Development Projects Observed*, Washington 1967, S. 21f.
19 Ebenda, S. 22.
20 Zitiert in: Liav Orgad, *The Cultural Defense of Nations: A Liberal Theory of Majority Rights*, Oxford 2017, S. 19.
21 »Why You Are Not Emigrating …: A Letter from Białołęka 1982«, in: Adam Michnik, *Letters from Prison and Other Essays*, Berkeley 1987.
22 Michnik, *Letters from Prison*, S. 23.
23 Albert O. Hirschman, *Abwanderung und Widerspruch. Reaktionen auf Leistungsabfall bei Unternehmungen, Organisatio-*

nen und Staaten, Tübingen 1974, ND 2004; Michnik, *Letters from Prison*, S. 23.

24 Albert O. Hirschman, »Exit, Voice, and the Fate of the German Democratic Republic: An Essay in Conceptual History«, in: *World Politics* 45/2 (Januar 1993), S. 173-202.

25 Gemeinsame Erklärung der Regierungschefs der Länder der Visegrád-Gruppe, Prag, 4. September 2015. Engl.: http://www.visegradgroup.eu/calendar/2015/joint-statement-of-the-150904 (zuletzt abgerufen am 16.7.2019).

26 Zitiert in: Anne Applebaum, »A Warning from Europe«, in: *The Atlantic* (Oktober 2018). Dt.: https://www.republik.ch/2018/10/20/vom-aufstieg-des-autoritaeren-staates (zuletzt abgerufen am 16.7.2019).

27 Viktor Orbáns Rede bei der Eröffnung des Weltwissenschaftsforums vom 4. November 2015. Vgl. die offizielle Textfassung, deren deutsche Version nicht unserer Übersetzung zugrunde liegt: https://www.kormany.hu/en/the-prime-minister/the-prime-minister-s-speeches/viktor-orbans-rede-auf-der-eroffnung-des-world-science-forum (zuletzt abgerufen am 16.7.2019).

28 Raymond Aron, »The Dawn of Universal History«, in: *The Dawn Of Universal History: Selected Essays from a Witness to the Twentieth Century*, New York 2002, S. 482 (Erstveröffentlichung 1961).

29 Stephen Smith, *Nach Europa! Das junge Afrika auf dem Weg zum alten Kontinent*, Berlin 2018.

30 Henry Foy und Neil Buckley, »Orban and Kaczynski vow ›cultural counter-revolution‹ to reform EU«, in: *Financial Times* vom 7. September 2016.

31 Renaud Camus, *Le Grand Remplacement*. Im Self-Publishing veröffentlicht: Lulu.com 2017.

32 John Feffer, *Aftershock*, S. 34.

33 Viktor Orbán in seiner Rede zur Lage der Nation 2019. Vgl. https://visegradpost.com/de/2019/02/11/viktor-orbans-rede-zur-lage-der-nation/ (zuletzt abgerufen am 16.7.2019).

34 Vgl.: »Wenn die Einheimischen selbst viele Kinder haben, wirken Zuwanderer wie eine Stärkung. Wenn die Einheimischen wenige Kinder haben, wirken Zuwanderer wie ein Austausch«: David Frum, »If Liberals Won't Enforce Borders, Fascists Will«, in: *The Atlantic* (April 2019). Ein unausgesprochener Grund für Orbáns Entscheidung, Gender-Studies-Programme in Ungarn nicht mehr anzuerkennen, liegt wohl darin, dass junge Frauen dadurch eventuell davon abgebracht werden, Kinder zu bekommen. Owen Daugherty, »Hungary Ends Funding for Gender Studies Programs, Calling Them ›An Ideology‹«, in: *The Hill* vom 17. Oktober 2018.

35 Roger Cohen, »How Democracy Became the Enemy«, in: *The New York Times* vom 6. April 2018.

36 »Eastern Europeans are more likely to regard their culture as superior to others«, Pew Research Center (24. Oktober 2018). http://www.pewforum.org/2018/10/29/eastern-and-western-Europeans-differ-on-importance-of-religion-views-of-minorities-and-key-social-issues/pf-10-29-18_east-west_-00-03/ (zuletzt abgerufen am 16.7.2019).

37 Milan Kundera, »A Kidnapped West or Culture Bows Out«, in: *Granta* 11 (1984), S. 93-121.

38 Friedrich Nietzsche, *Zur Genealogie der Moral I*, 10, München 1977, S. 28.

39 Viktor Orbán, Festrede zum 170. Jahrestag der Revolution und des Freiheitskampfes von 1848/49, 15. März 2018. Vgl.: https://www.kormany.hu/en/the-prime-minister/the-prime-minister-s-speeches/viktor-orbans-festrede-zum-170-jahrestag-der-revolution-und-des-freiheitskampfes-von-1848-49 (zuletzt abgerufen am 16.7.2019).

40 Mark Lilla, *The Once and Future Liberal: After Identity Politics*, New York 2017.

41 David Miller, *On Nationality*, Oxford 1997, S. 165.

42 Zitiert nach: Philip Oltermann, »Can Europe's new xenophobes reshape the continent?«, in: *The Guardian* vom 3. Februar 2018. – Die Rede Orbáns im Juli 2017 in der Sommeruniversität von Băile Tuşnad in Rumänien, vgl.: https://www.

kormany.hu/en/the-prime-minister/the-prime-minister-s-speeches/viktor-orbans-rede-auf-der-28-freien-sommeruni-versit-t-in-balvanyos; siehe auch: https://www.spiegel.de/politik/ausland/viktor-orban-schickt-rechnung-an-eu-440-millionen-fuer-grenzzaun-a-1165671.html (zuletzt abgerufen am 16.7.2019).

43 Frantz Fanon, *Die Verdammten dieser Erde*, Frankfurt a. M. 1966, [17]2018, S. 263f., 266.

44 Vgl. H. Grabbe, »How does Europeanization Affect CEE Governance? Conditionality, Diffusion, and Uncertainty«, in: *Journal of European Public Policy* 8 (2001), S. 1013-1031.

45 Vgl. Carl Schmitt, *Land und Meer. Eine weltgeschichtliche Betrachtung*, Köln 1981, S. 19: Byzanz »war ein wahrer ›Aufhalter‹ … es hat trotz seiner Schwäche viele Jahrhunderte lang gegen den Islam ›gehalten‹ und dadurch verhindert, dass die Araber ganz Italien eroberten. Sonst wäre, wie das damals mit Nordafrika geschehen ist, unter Ausrottung der antik-christlichen Kultur, Italien der islamischen Welt einverleibt worden.«

46 Valerie Hopkins, »Hungary's Viktor Orbán blasts ›United States of Europe‹«, in: *Financial Times* vom 15. März 2019.

47 Henry Foy und Neil Buckley, »Orbán and Kaczyński vow ›cultural counter-revolution‹ to reform EU«, in: *Financial Times* vom 7. September 2016.

48 Jason Horowitz, »Steve Bannon Is Done Wrecking the American Establishment. Now He Wants to Destroy Europe's«, in: *The New York Times* vom 9. März 2018.

49 Griff Witte und Michael Birnbaum, »In Eastern Europe, the E.U. faces a rebellion more threatening than Brexit«, in: *Washington Post* vom 5. April 2018.

50 Václav Havel, »Ce que j'ai cru, ce que je crois«, in: *L'Obs* vom 19. Dezember 2011.

51 Michnik, *Letters from Prison*, S. 314.

52 Michnik, »Letter from the Gdańsk Prison« (1985), in: *Letters from Prison*, S. 81. (Louis Aragon befürchtet in seinem Nachwort zu Milan Kunderas *Der Scherz*, aus der Tschechoslowa-

kei könne »ein Biafra des Geistes« werden [Milan Kundera, *Der Scherz*, Frankfurt am Main 1979, S. 339]; Anm. d. Übs.).

53 In der sozialwissenschaftlichen Literatur gilt ein bekannter Aufsatz von Andrei Shleifer und Daniel Treisman, »Normal Countries. The East 25 Years After Communism«, in *Foreign Affairs* (November/Dezember 2014) als klassisches Beispiel für mangelnde Sensibilität außenstehender Beobachter für die historischen Konnotationen des Wortes »Normalität« in der Region.

54 Peter Bradshaw, »Graduation Review – a Five-star Study of Grubby Bureaucratic Compromise«, in: *The Guardian* vom 19. Mai 2016.

55 Ruzha Smilova, »Promoting ›Gender Ideology‹: Constitutional Court of Bulgaria Declares Istanbul Convention Unconstitutional«, *Oxford Human Rights Hub* vom 22. August 2018, verfügbar unter: http://ohrh.law.ox.ac.uk/promoting-gender-ideology-constitutional-court-of-bulgaria-declares-istanbul-convention-unconstitutional/ (zuletzt abgerufen am 16.7.2019).

56 Václav Bělohradský, *Společnost nevolnosti*, Prag 2007.

57 Ryszard Legutko, »Liberal Democracy vs. Liberal Democrats«, *Quadrant Online* (April 2015), verfügbar unter: https://quadrant.org.au/magazine/2015/04/saving-liberal-democracy-liberal-democrats/ (zuletzt abgerufen am 16.7.2019).

58 Thomas Bagger, »The World According to Germany: Reassessing 1989«, in: *The Washington Quarterly* vom 22. Januar 2019, S. 54.

59 Ebenda.

60 »Während viele andere Länder rund um den Erdball sich verändern mussten, konnte Deutschland bleiben, wie es war, und auf die anderen warten, die sich allmählich seinem Vorbild annäherten. Es war nur eine Frage der Zeit.« Thomas Bagger, »The World According to Germany: Reassessing 1989«, S. 54.

61 Wenn wir noch einmal auf die komplizierten Bedeutungen von »Normalität« in der Region zurückkommen, sollten wir auch darauf hinweisen, dass sich der Begriff »Normalisierung«

im Nachkriegsdeutschland auf den Vorschlag von Ernst Nolte und anderen konservativen Autoren bezog, die ererbte deutsche Schuld für den Holocaust abzuwerfen, eine Haltung, der sich nach links tendierende Demokraten wie Habermas entschieden widersetzten. Für Habermas etwa ist es eine heilige Wahrheit, dass Deutschland nie wieder ein »normales Land« im Sinne eines von der historischen Reue wegen der nationalsozialistischen Verbrechen unbelasteten Landes werden kann. Dies alles hat Nichtdeutsche nicht davon abgehalten, das heutige Deutschland in einem weniger moralisch und emotional belasteten Sinn als ein grundsätzlich »normales« Land zu betrachten.

62 »Vor Menschen und Dingen habe ich mich, glaube ich, nie gefürchtet, wohl aber vor Zeichen, vor Symbolen.« Damit begann Sebastian 1934 seinen wunderbaren Roman *Seit zweitausend Jahren*, der die erstickende Atmosphäre des Antisemitismus und des giftigen Nationalismus zwischen den beiden Weltkriegen nachempfindet. (In deutscher Sprache: *Seit zweitausend Jahren*, Paderborn 1997)

63 »On n'intègre pas les peuples comme on fait de la purée de marrons.« De Gaulle, zitiert in: »La vision européenne du général de Gaulle«, in: *L'Observatoire de l'Europe* vom 27. Januar 2010.

64 Bundespräsident Richard von Weizsäcker, Rede zum 40. Jahrestag der Beendigung des Krieges in Europa und der nationalsozialistischen Gewaltherrschaft (8. Mai 1985), verfügbar unter http://www.bundespraesident.de/SharedDocs/Reden/DE/Richard-von-Weizsaecker/Reden/1985/05/19850508_Rede.html (zuletzt abgerufen am 16.7.2019).

65 Man sollte allerdings auch sagen, dass etwa Deutschlands Einsatz in der EU für eine Förderung der kroatischen Unabhängigkeit die Grenzen oder vielleicht eine gewisse Scheinheiligkeit dieses antinationalistischen Engagements erkennen lässt.

66 Das schließt auch Russland ein, wo Liberale wie Jegor Gaidar, Anatoli Tschubais, Andrei Kosyrew und Boris Nemzow noch

schneller und radikaler an Unterstützung verloren als ihre Pendants in Mittel- und Osteuropa.

67 Elżbieta Stasik, »Nationalistische Töne: Wahlkampf in Polen«, *Deutsche Welle* vom 21. Dezember 2012, verfügbar unter https://www.dw.com/de/nationalistische-t%C 3 %B6ne-wahlkampf-in-polen/a-16458804 (zuletzt abgerufen am 16.7.2019).

68 Gabor Halmai und Kim Lane Scheppele, »Living Well is the Best Revenge: The Hungarian Approach to Judging the Past«, in: A. James McAdams (Hg.), *Transitional Justice and the Rule of Law in New Democracies*, Notre Dame 1997, S. 155.

69 Ivan Berend, *Decades of Crisis*, Berkeley 1998.

70 Arthur Koestler in: Richard Crossman (Hg.), *Ein Gott, der keiner war*, Zürich 2005 (Erstveröffentlichung 1950), S. 7.

71 »A public opinion survey about János Kádár and the Kádár regime from 1989«, *Hungarian Spectrum* vom 28. Mai 2013, verfügbar unter https://hungarianspectrum.wordpress.com/2013/05/28/a-public-opinion-survey-about-janos-kadar-and-the-kadar-regime-from-1989/ (zuletzt abgerufen am 16.7.2019).

72 Das ist auch ein Thema von Ryszard Legutko, *Der Dämon der Demokratie. Totalitäre Strömungen in liberalen Gesellschaften*, Wien/Leipzig 2017; einem Angriff auf die »Krankheit« und die »geistige Versklavung« der liberalen Demokratie – von einem Autor, dem es gelingt, völlig ohne Belege jede abgedroschene Vereinfachung und jedes Stereotyp aus der langen Geschichte des europäischen Antiliberalismus zu recyceln.

73 Paul Lendvai, *Orbáns Ungarn*, Wien 2016, S. 22.

74 Zoltán Kovács, »Imre Nagy Reburied, Viktor Orbán's Political Career Launched 25 Years Ago Today«, in: *The Budapest Beacon* vom 16. Juni 2014.

75 Aviezer Tucker, *The Legacies of Totalitarianism: A Theoretical Framework*, Cambridge 2015.

76 »Full Text of Viktor Orbán's Speech at Băile Tuşnad (Tusnádfürdő) of 26 July 2014«, in: *The New York Times* vom 29. Juli 2014, Hervorhebung des Autors. Deutsche (hier zum Teil auf-

gegriffene) Übersetzung im Blog »Pusztaranger« unter dem Titel: »Die Epoche des arbeitsbasierten Staates bricht an«: https://pusztaranger.wordpress.com/2014/08/01/viktor-orbans-rede-auf-der-25-freien-sommeruniversitat-in-baile-tusnad-rumanien-am-26-juli-2014/ (zuletzt abgerufen am 16.7.2019).

77 Ebenda.

78 Ebenda.

79 Enzensberger, *Ach Europa!*, S. 148.

80 Elisabeth Zerofsky, »Is Poland Retreating from Democracy?«, in: *New Yorker* vom 30. Juli 2018.

81 Viktor Orbáns Festrede zum 170. Jahrestag der Revolution und des Freiheitskampfes von 1848/49 (16. März 2018). Nach: http://www.kormany.hu/en/the-prime-minister/the-prime-minister-s-speeches/viktor-orbans-festrede-zum-170-jahrestag-der-revolution-und-des-freiheitskampfes-von-1848-49 (zuletzt abgerufen am 16.7.2019).

82 »Full Text of Viktor Orbán's Speech at Băile Tuşnad (Tusnádfürdő) of 26 July 2014«, in: *The New York Times* vom 29. Juli 2014. Deutsche Übersetzung im Blog »Pusztaranger« unter dem Titel: »Die Epoche des arbeitsbasierten Staates bricht an«: https://pusztaranger.wordpress.com/2014/08/01/viktor-orbans-rede-auf-der-25-freien-sommeruniversitat-in-baile-tusnad-rumanien-am-26-juli-2014/ (zuletzt abgerufen am 16.7.2019).

83 Marc Santora und Helene Bienvenu, »Secure in Hungary, Orban Readies for Battle with Brussels«, in: *The New York Times* vom 11. Mai 2018.

84 »In the Nick of Time«, in: *The Economist* vom 29. Mai 2008.

85 Corentin Lotard, »Le temps de la colonisation de la Hongrie est terminé!«, in: *Le Courrier de l'Europe Centrale* vom 3. März 2014.

86 Stephen Holmes, »A European Doppelstaat?«, in: *East European Politics and Society* 17/1 (2003), S. 107-118.

87 Amin Maalouf, *Mörderische Identitäten*, Frankfurt am Main 2000, S. 69.

88 Sławomir Sierakowski, »How Eastern European Populism is Different«, in: *The Strategist* vom 2. Februar 2018.

89 Mária Schmidt, zitiert in: Philip Oltermann, »Can Europe's new xenophobes reshape the continent?«, in: *The Guardian* vom 3. Februar 2018.

90 »Polish president likens EU membership to past occupations«, *AFP* vom 14. März 2018.

91 Anne Applebaum, »A Warning from Europe«, in: *The Atlantic* (Oktober 2018). Dt.: https://www.republik.ch/2018/10/20/vom-aufstieg-des-autoritaeren-staates (zuletzt abgerufen am 16.7.2019).

92 Adam Leszczyński, »Poland's leading daily feels full force of Jarosław Kaczyński's anger«, in: *The Guardian* vom 23. Februar 2016.

93 Zitiert in: Philip Oltermann, »Can Europe's new xenophobes reshape the continent?«, in: *The Guardian* vom 3. Februar 2018.

94 Rede des Ministerpräsidenten Viktor Orbán beim Jahrestreffen der Vereinigung der Städte mit Komitatsrecht am 8. Februar 2018. Verfügbar unter: http://www.miniszterelnok.hu/prime-minister-viktor-orbans-speech-at-the-annual-general-meeting-of-the-association-of-cities-with-county-rights/ (zuletzt abgerufen am 16.7.2019).

95 Vgl. Zoie O'Brien, »EU starting to resemble old Soviet Union with its DICTATED rules and values«, in: *Express* vom 31. Dezember 2016.

96 Ken Jowitt, »Setting History's Course«, in: *Policy Review* vom 1. Oktober 2009.

97 François Jullien, *Es gibt keine kulturelle Identität. Wir verteidigen die Ressourcen einer Kultur,* Berlin 2017.

98 Kim Lane Scheppele, »The Rule of Law and the Frankenstate: Why Governance Checklists Do Not Work«, in: *Governance* 26/4 (Oktober 2013), S. 559–562.

2 Nachahmung als Vergeltung

1 François de la Rochefoucauld, Maximen und Reflexionen: »Les seules bonnes copies sont celles qui nous font voir le ridicule des méchants originaux.«

2 »Der Westen muss uns nicht lieben«, Wladislaw Surkow in einem Interview mit dem *Spiegel* (20. Juni 2005). https://www.spiegel.de/spiegel/print/d-40788930.html (zuletzt abgerufen am 16.7.2019).

3 Stephen Kotkin, *Armageddon Averted. The Soviet Collapse, 1970-2000*, Oxford 2008, S. 5.

4 Thomas Bagger, »The World According to Germany: Reassessing 1989«, in: *The Washington Quarterly* vom 22. Januar 2019, S. 60.

5 Alexey Pushkov, »Russian Roulette«, in: *The National Interest* vom 3. März 2008.

6 Wladislaw Surkow, »Putins lasting state«, in: *Russia Insider* vom 13. Februar 2019. https://russia-insider.com/en/vladislav-surkovs-hugely-important-new-article-about-what-putinism-full-translation/ri26259 (zuletzt abgerufen am 16.7.2019).

7 »Putin's Prepared Remarks at 43 rd Munich Conference on Security Policy«, in: *Washington Post* vom 12. Februar 2007. Dt.: http://www.ag-friedensforschung.de/themen/Sicherheitskonferenz/2007-putin-dt.html (zuletzt abgerufen am 16.7.2019).

8 Reinhart Koselleck, »Erfahrungswandel und Methodenwechsel. Eine historisch-anthropologische Skizze«, in: Christian Meier/Jörn Rüsen (Hg.), *Historische Methode*, München 1988, S. 13-61, hier S. 52.

9 Bundespräsident Richard von Weizsäcker, Rede bei der Gedenkveranstaltung zum 40. Jahrestag des Endes des Zweiten Weltkrieges in Europa am 8. Mai 1985.

10 Steven Lee Myers, *Putin – der neue Zar. Seine Politik – sein Russland*, Zürich 2016, Kapitel 4.

11 Pia Malaney, »Mortality Crisis Redux: The Economics of Despair«, Institute for New Economic Thinking (27. März 2017),

verfügbar unter https://www.ineteconomics.org/perspectives/blog/mortality-crisis-redux-the-economics-of-despair (zuletzt abgerufen am 16.7.2019).

12 Vladimir Yakunin, *The Treacherous Path: An Insider's Account of Modern Russia*, London 2018, S. 18.

13 Putins Rede zur Lage der Nation am 25. April 2005; David Masci, »In Russia, nostalgia for Soviet Union and positive feelings about Stalin«, Veröffentlichung des Pew Research Center vom 29. Juni 2017.

14 Alexei Navalny und Adam Michnik, *Opposing Forces: Plotting the new Russia*, London 2016, S. 101.

15 Ein Verschwörer des gescheiterten Staatsstreichs, der sowjetische Innenminister Boris Pugo, erschoss sich am 22. August 1991.

16 Curzio Malaparte, *The Kremlin Ball*, New York 2018, S. 45. (Das italienische Original, *Il ballo al Kremlino*, entstand 1946 und fiel 1948 an Gallimard, wo es in Vergessenheit geriet; Anm. d. Übersetzerin).

17 Ilya Yablokov, *Fortress Russia: Conspiracy Theories in the Post-Soviet World*, Cambridge 2018.

18 Miriam Elder, »Vladimir Putin accuses Hillary Clinton of encouraging Russian protests«, in: *The Guardian* vom 8. Dezember 2011.

19 Stephen Holmes, *Benjamin Constant and the Making of Modern Liberalism*, New Haven 1984, S. 207.

20 Susan Glasser und Peter Baker, *Kremlin Rising: Vladimir Putin's Russia and the End of Revolution*, Washington, DC, 2007, S. 7.

21 »Heute beschreiben die Russen in Umfragen den Westen als kaltherzig, ohne geistige Werte, überaus förmlich und aggressiv. Die Russen glauben nicht mehr, dass der Westen ein Vorbild für sie sein könnte – ihr Land hat seinen eigenen ›Sonderweg‹.« Evgeny Tonkonogy, »The Evolution of Homo Sovieticus to Putin's Man«, in: *Moscow Times* vom 13. Oktober 2017, verfügbar unter: https://www.themoscowtimes.

com/2017/10/13/the-evolution-of-homo-sovieticus-to-putins-man-a59189 (zuletzt abgerufen am 16.7.2019).

22 Nach Aussage der in Russland geborenen Nationalismusforscherin Liah Greenfeld hat sich jede Gesellschaft, die fremde Ideen und Institutionen importiert, »unweigerlich auf die Quelle des Imports – *per definitionem* ein Objekt der Nachahmung – konzentriert und auf sie reagiert. Weil das Vorbild dem Nachahmer in dessen eigener Wahrnehmung überlegen war (schon die Tatsache, dass es ein Vorbild war, brachte das mit sich) und weil der Kontakt meist noch die eigene Unterlegenheit betonte, nahm die Reaktion gewöhnlich die Form des *Ressentiments* an.« Liah Greenfeld, *Nationalism. Five Roads to Modernity*, Cambridge, Mass., 1992, S. 15.

23 Wolfgang Schivelbusch, *Die Kultur der Niederlage,* Berlin 2001, S. 47f.

24 Martin van Creveld, *Die Zukunft des Krieges*, München 1998, S. 328.

25 Zbigniew Brzeziński erklärte später einem Journalisten: »Le jour où les Soviétiques ont officiellement franchi la frontière, j'ai écrit au président Carter, en substance: ›Nous avons maintenant l'occasion de donner à l'URSS sa guerre du Vietnam.‹« (»An dem Tag, an dem die Russen offiziell die Grenze überschritten hatten, schrieb ich Präsident Carter dem Sinn nach: ›Jetzt haben wir die Gelegenheit, der UdSSR ihren Vietnamkrieg zu bereiten.‹«). Zitiert aus: *Le Nouvel Observateur* vom 15. Januar 1998.

26 Wie Putin 2014 erklärte, finanzierten die Amerikaner »seinerzeit … extremistische islamische Bewegungen für den Kampf gegen die Sowjetunion, und in Afghanistan haben diese ihre Abhärtung bekommen. Daraus entstanden sowohl die ›Taliban‹ als auch die ›Al-Kaida‹. Der Westen hat diese, wenn schon nicht unterstützt, so doch mindestens seine Augen davor verschlossen, und ich würde sagen, er hat den Einfall internationaler Terroristen nach Russland und in die Länder Zentralasiens tatkräftig informationsmäßig, politisch, finanziell unterstützt; das haben wir nicht vergessen.« Putins Rede

vor dem Internationalen Diskussionsklub Waldai in Sotschi am 24. Oktober 2014, dt. unter http://www.chartophylakeion.de/blog/2014/10/25/putin-beim-waldai-2014/ (zuletzt abgerufen am 16.7.2019).

27 Masha Gessen, »Putin's Syrian Revenge«, in: *The New Yorker* vom 8. Oktober 2015.

28 Simon Waxman, »Why did Putin oppose Clinton? Decades of American hypocrisy«, in: *Washington Post* vom 20. April 2017.

29 Zitiert in: Perry Anderson, »Imitation Democracy«, in: *London Review of Books* 37/16 vom 27. August 2015.

30 Lincoln A. Mitchell, *The Color Revolutions*, Philadelphia 2012.

31 Alexander Prochanow, *Политолог* (Der Politologe), Jekaterinburg 2005.

32 Andrew Wilson, »Virtual Politics: ›Political Technology‹ and the Corruption of Post-Soviet Democracy«, Johnson's Russia List, E-mail Newsletter vom 21. Dezember 2005. Zusammenfassung unter: https://www.wilsoncenter.org/publication/virtual-politics-and-the-corruption-post-soviet-democracy (zuletzt abgerufen am 16.7.2019).

33 Andrew Wilson, *Virtual Politics: Faking Democracy in the Post-Soviet World*, New Haven 2005, S. xiii.

34 James Madison, *Federalist Nr. 10*, in: Alexander Hamilton, James Madison und John Jay, *Die »Federalist papers«*, Darmstadt 1993, S. 98. Der Satz lässt vermuten, dass die politischen Taschenspielereien im Stil eines Paul Manafort schon lange vor dem Fernsehzeitalter praktiziert wurden.

35 Hannah Arendt, *Elemente und Ursprünge totaler Herrschaft*, München 1986 (erstmals 1951), S. 347.

36 Ivan Krastev, *Време и място/Vreme i miasto. A conversation with Gleb Pavlovsky*, Sofia 2018 (auf Bulgarisch).

37 Evgeny Tonkonogy, »The Evolution of Homo Sovieticus to Putin's Man«, in: *Moscow Times* vom 13. Oktober 2017: »Die überwältigende Mehrheit ist völlig uninteressiert am politischen Leben. Wenn man sie fragt, ob sie stärker beteiligt wer-

den wollen, sagen 85 Prozent der Menschen Nein. Politik, so ihr Eindruck, hat nichts mit ihnen zu tun.«

38 Persönliche Mitteilung.

39 Man könnte fragen, wie man »Alternativlosigkeit« als eine Quelle der Legitimität in Russland und »Alternativlosigkeit« als eine Quelle der Illegitimität in Mitteleuropa voneinander unterscheidet. Die Antwort lautet, dass in Russland Putin zwar die Regierungspolitik ändern kann, aber niemand Putin austauschen kann; während in Mitteleuropa die Regierenden zwar ausgetauscht werden können, die Politik aber dieselbe bleibt. Letzteres bringt eine Wut auf das Establishment hervor, weil in den 1990er-Jahren in der Region die Erwartung kultiviert wurde, dass Wählerstimmen etwas zählen. Russische Wähler haben nie daran geglaubt.

40 Kirill Rogov, »Public opinion in Putin's Russia«, NUPI Working Paper 878, Norwegian Institute of International Affairs (2017). Eine Zusammenfassung ist einsehbar unter https://www.nupi.no/en/Our-research/Regions/Russia-and-Eurasia (zuletzt abgerufen am 16.7.2019).

41 Russells Brief an Lady Ottoline Morrell in Stockholm vom 25. Juni 1920. Stefan Hedlund, *Russian Path Dependence*, London 2005. Vgl. Robert Kagan, *The Jungle Grows Back*, New York 2018, S. 107: »Russlands Verhalten stand in den letzten Jahren sicher im Einklang mit dem langen Strom der russischen Geschichte.«

42 Siehe auch Karl Schlögel, *Terror und Traum. Moskau 1937*, München 2008.

43 In Levada-Umfragen zwischen 2005 und 2015 waren rund 34 Prozent der Befragten der Ansicht, dass »Entwicklung einer Demokratie« der Ausdruck sei, der »die Situation im Land am genauesten beschreibt«.

44 Julia Ioffe, »The Potemkin Duma«, in: *Foreign Policy* vom 22. Oktober 2009.

45 Sergei Kovalev, »Why Putin Wins«, in: *The New York Review of Books* vom 22. November 2007.

46 Alexander Lukin, »Russia's New Authoritarianism«, in: *Post-Soviet Affairs* 25/1 (2009), S. 80.

47 Michael Schwirtz, »Russians Shrug at Prospects of another Putin Term, Poll Shows«, in: *The New York Times* vom 7. Oktober 2011.

48 Der Kreml spielt mit Einiges Russland ein ziemlich kompliziertes Spiel: Es sollte sichergestellt sein, dass die Partei gegenüber ihren nominellen Wettbewerbern die Oberhand behält, aber doch so, dass sie nie wie eine starke Macht oder eine echte »Volkspartei« wirkt – denn das könnte sie zu einem Herausforderer oder Rivalen des Kreml machen.

49 Jacques Séguéla, *Le vertige des urnes*, Paris 2000.

50 Vgl. Andrew Roth, »Russian election officials bar protest leader Navalny from 2018 presidential race«, in: *Washington Post* vom 25. Dezember 2017.

51 Zitiert in: Perry Anderson, »Imitation Democracy«, in: *London Review of Books* 37/16 vom 27. August 2015.

52 Alexei Slapowskij, *Поход на Кремль* [Marsch auf den Kreml], Moskau 2010.

53 Julia Ioffe, »The Loneliness of Vladimir Putin«, in: *New Republic* vom 2. Februar 2014, verfügbar unter http://www.newrepublic.com/article/116421/vladimir-putins-russia-has-crushed-dissent-stillfalling-apart (zuletzt abgerufen am 16.7.2019).

54 Mischa Gabowitsch, *Putin kaputt?! Russlands neue Protestkultur*, Berlin 2013, überarbeitete englische Ausgabe: *Protest in Putin's Russia*, Cambridge/Malden, MA, 2017.

55 Putins erste Antrittsrede am 7. Mai 2000.

56 Miriam Elder, »Russian protests: thousands march in support of Occupy Abay camp«, in: *The Guardian* vom 13. Mai 2012.

57 Michael McFaul, *From Cold War to Hot Peace: An American Ambassador in Putin's Russia*, New York 2018, S. 335, 280.

58 Ivan Ilyin, *Our Mission;* Timothy Snyder vertritt in »God Is a Russian« in der *New York Review of Books* vom 5. April 2018 die Ansicht, Iljin sei »Putins Philosoph«. Es ist richtig, dass Putin in seiner »Jahresansprache vor der Föderations-

versammlung« am 10. Mai 2006 den »bekannten russischen Denker Iwan Iljin« erwähnte und ihn zur Untermauerung der Ansicht zitierte, dass »wir in der Lage sein müssen, auf Versuche von welcher Seite auch immer, außenpolitischen Druck auf Russland auszuüben, zu reagieren, auch wenn es darum geht, die eigene Position auf unsere Kosten zu stärken«. Dagegen wendet sich Marlene Laruelle, »Is Russia Really ›Fascist‹? A Comment on Timothy Snyder«, PONARS Eurasia Policy Memo Nr. 539 (September 2018), verfügbar unter http://www.ponarseurasia.org/node/9910 (zuletzt abgerufen am 16.7.2019).

59 Das war Putins berühmte tränenreiche »Rede nach dem Wahlsieg« auf dem Manege-Platz am 4. März 2012, https://www.youtube.com/watch?v = c6qLcDAoqxQ (zuletzt abgerufen am 16.7.2019).

60 Anton Troianovski, »Putin claims Russia is developing nuclear arms capable of avoiding missile defenses«, in: *Washington Post* vom 1. März 2018.

61 Putins erstes Interview als Präsident, Frühjahr 2000, https://www.youtube.com/watch?v = EjU8Fg3NFmo (zuletzt abgerufen am 16.7.2019).

62 David Brooks, »The Revolt of the Weak«, in: *The New York Times* vom 1. September 2014.

63 Moisés Naím, *The End of Power: From Boardrooms to Battlefields and Churches to States, Why Being in Charge Isn't What It Used to Be*, New York 2013.

64 Ansprache des Präsidenten der Russischen Föderation vom 18. März 2014, http://en.kremlin.ru/events/president/news/20603 (zuletzt abgerufen am 16.7.2019).

65 Shaun Walker, *The Long Hangover: Putin's New Russia and the Ghosts of the Past*, Oxford 2018, S. 4, Hervorhebung durch die Autoren.

66 Lilia Shevtsova, »Imitation Russia«, in: *The National Interest* 2/2 vom 1. November 2006.

67 Julia Ioffe, »What Putin Really Wants«, in: *The Atlantic* (Januar/Februar 2018).

68 Roderick Conway Morris, »For 12 jurors in a conflicted Russia, there are no easy answers«, in: *The New York Times* vom 14. September 2007.

69 Ruslan Isayev, »Mikhalkov's film ›12‹ screened in Moscow and Chechnya«, in: *Prague Watchdog* vom 6. November 2007.

70 Luke Harding, »Putin's tears: Why so sad, Vlad?«, in: *The Guardian* vom 5. März 2012.

71 Aus der Niederschrift eines Interviews mit dem amerikanischen NBC News Channel (2. Juni 2000), verfügbar unter: http://en.kremlin.ru/events/president/transcripts/24204 (zuletzt abgerufen am 16.7.2019).

72 Samuel P. Huntington, »The Clash of Civilizations?«, in: *Foreign Affairs* 72/3 (Sommer 1993), S. 22.

73 Henry Foy, »Russia's trust in Vladimir Putin falls to at least 13-year low«, in: *Financial Times* vom 21. Januar 2019.

74 Siehe dagegen Alex Hernand und Marc Bennetts, »Great Firewall fears as Russia plans to cut itself off from internet: Moscow says temporary disconnection is a test of its cyberdefence capabilities«, in: *The Guardian* vom 12. Februar 2019.

75 Nicholas Eberstadt, »The Dying Bear. Russia's Demographic Disaster«, in: *Foreign Affairs* (November/Dezember 2011).

76 United Nations, Department of Economic and Social Affairs, Population Division (2017). World Mortality 2017 – Data Booklet (ST/ESA/SER.A/412), http://www.un.org/en/development/desa/population/publications/pdf/mortality/World-Mortality-2017-Data-Booklet.pdf (zuletzt abgerufen am 16.7.2019).

77 Michael Smith, »Pentagon planned love bomb«, in: *The Daily Telegraph* vom 15. Januar 2005.

78 »Transcript of Press Conference with the Russian and Foreign Media« (1. Februar 2007). Verfügbar unter: http://en.kremlin.ru/events/president/transcripts/24026 (zuletzt abgerufen am 16.7.2019).

79 »Presidential Address to the Federal Assembly« (12. Dezember 2013). Verfügbar unter: http://en.kremlin.ru/events/president/news/19825 (zuletzt abgerufen am 16.7.2019).

80 Masha Lipman, »The Battle Over Russia's Anti-Gay Law«, in: *The New Yorker* vom 10. August 2013.

81 Laut Robert Kagan greift Putin die liberale Weltordnung an, um »Russland seinen historischen Einfluss auf der Weltbühne zurückzugeben«. Kagan, *The Jungle Grows Back,* New York 2018, S. 111.

82 James Kirchick, *The End of Europe. Dictators, Demagogues, and the Coming Dark Age*, New Haven 2017.

83 Adolf Burger, *Des Teufels Werkstatt. Im Fälscherkommando des KZ Sachsenhausen*, Berlin 1985.

84 Dan Lamothe, »Once again, militants use Guantanamo-inspired orange suit in an execution«, in: *Washington Post* vom 28. August 2014.

85 Ähnlich legen Terroristen Bomben oft nicht wegen eines eventuellen taktischen Vorteils, sondern um die Rollen von Opfer und Täter umzukehren.

86 Bojana Barlovac, »Putin Says Kosovo Precedent Justifies Crimea Secession«, in: *Balkan Insight* vom 18. März 2014.

87 Will Englund, »Russians say they'll name their Magnitsky-retaliation law after baby who died in a hot car in Va«, in: *Washington Post* vom 11. Dezember 2012.

88 Scott Shane, »Russia isn't the only one meddling in elections. We do it, too«, in: *The New York Times* vom 17. Februar 2018.

89 Michael Kramer, »Rescuing Boris«, in: *Time* vom 24. Juni 2001.

90 Genau wie sein »Koch« Jewgeni Prigoschin ein freier Mensch ist, der tun kann, was ihm beliebt – »im Rahmen der russischen Gesetze«. Neil MacFarquhar, »Yevgeny Prigozhin, Russian Oligarch Indicted by U.S., is Known as ›Putin's Cook‹«, in: *The New York Times* vom 15. Februar 2018.

91 »Background to ›Assessing Russian Activities and Intentions in Recent US Elections‹: The Analytic Process and Cyber Incident Attribution« (6. Januar 2017), verfügbar unter: https://www.dni.gov/files/documents/ICA_2017_01.pdf (zuletzt abgerufen am 16.7.2019).

92 Scott Shane und Mark Mazzetti, »The Plot to Subvert an Election: Unraveling the Russia Story So Far«, in: *The New York Times* vom 20. September 2018.

93 Peter Baker, »Point by Point, State Department Rebuts Putin on Ukraine«, in: *The New York Times* vom 5. März 2014. (Prominent diskutiert Dostojewski den Reiz der Formel »2 + 2 = 5« in seinen »Aufzeichnungen aus dem Abseits« (1864), Anm. d. Übersetzerin).

94 Ian Traynor und Patrick Wintour, »Ukraine crisis: Vladimir Putin has lost the plot, says German chancellor«, in: *The Guardian* vom 3. März 2014.

95 »U.S. Publishes List of Putin's ›False Claims‹ on Ukraine«, in: *Haaretz* vom 6. Mai 2014.

96 Vgl. John J. Mearsheimer, *Lüge! Vom Wert der Unwahrheit*, Frankfurt am Main 2011, S. 38, 27.

97 Edward Jay Epstein, *Deception. The Invisible War between KGB and the CIA*, New York 1989, S. 17.

98 Viktor Pelewin, *Операция* »Burning Bush«, in: Ананасная вода для прекрасной дамы [Ananaswasser für eine schöne Dame], Moskau 2011, S. 7-144.

99 Charles Kaiser, »Can it Happen Here? Review: Urgent studies in rise of authoritarian America«, in: *The Guardian* vom 8. April 2018.

100 Zitiert in: Sheila Fitzpatrick, »People and Martians«, in: *London Review of Books* 41/2 vom 24. Januar 2019.

101 Yascha Mounk, *Der Zerfall der Demokratie. Wie der Populismus den Rechtsstaat bedroht*, München 2018.

102 Larry Diamond, »Liberation Technology«, in: *Journal of Democracy* vom 20. Juli 2010.

103 Gabriel Zucman, *The Hidden Wealth of Nations: The Scourge of Tax Havens*, Chicago 2016.

104 Franklin Foer, »How Kleptocracy came to America«, in: *The Atlantic* (März 2019).

105 Ilya Yablokov, *Fortress Russia: Conspiracy Theories in the Post-Soviet World*, Cambridge 2018.

106 Vgl.: http://www.europarl.europa.eu/news/de/agenda/briefing/2018-01-15/4/russische-propaganda-in-der-eu (zuletzt abgerufen am 16.7.2019).

3 Nachahmung als Enteignung

1 Sidney Lumet machte daraus 1974 einen von der Kritik hochgelobten Film; Kenneth Branaghs Remake erschien 2017.

2 Graham Allison, »The Myth of the Liberal Order«, in: *Foreign Affairs* (Juli/August 2018).

3 David Leonhardt, »Trump Tries to Destroy the West«, in: *The New York Times* vom 10. Juni 2018; Robert Kagan, »Trump Marks the End of America as World's ›Indispensable Nation‹«, in: *Financial Times* vom 19. November 2016.

4 Robert Kagan, *The World America Made*, New York 2012; derselbe, »Trump Marks the End of America as World's ›Indispensable Nation‹«, in: *Financial Times* vom 19. November 2016.

5 Robert Costa, Josh Dawsey, Philip Rucker und Seung Min Kim, »›In the White House Waiting‹: Inside Trump's Defiance on the Longest Shutdown Ever«, in: *The New York Times* vom 12. Januar 2018.

6 Gideon Rachman, »Donald Trump Embodies the Spirit of Our Age«, in: *Financial Times* vom 22. Oktober 2018.

7 Alexander Hamilton, *Phocion Letters*, zweiter Brief (1784).

8 Julian E. Barnes und Helene Cooper, »Trump Discussed Pulling U.S. From NATO, Aides Say Amid New Concerns Over Russia«, in: *New York Times* vom 14. Januar 2019.

9 Trump ist wie Orbán und Putin als »Kleptokrat« beschrieben worden. Paul Waldman, »Trump is Still Acting Like a Tinpot Kleptocrat«, in: *Washington Post* vom 29. Mai 2018; Bálint Magyar, *Post-Communist Mafia State: The Case of Hungary*, Budapest 2016; Karen Dawisha, *Putin's Kleptocracy: Who Owns Russia?*, New York 2015. Doch die vergleichbaren Bereicherungssysteme, so interessant sie für Forscher auch sein

mögen, sagen nichts über vergleichbare Quellen der Unterstützung in der Bevölkerung aus.

10 Wladimir Putin, »A Plea for Caution from Russia«, in: *The New York Times* vom 11. September 2013.

11 Trump, CNN-Interview (13. September 2013).

12 Interview mit Jeffrey Lord, »A Trump Card«, in: *The American Spectator* vom 20. Juni 2014.

13 Diese Beobachtung verweist darauf, dass Trump mit seiner Tirade im NATO-Hauptquartier absichtlich beleidigen wollte und davon ausging, dass die amerikanischen Verbündeten sich dagegen nicht würden wehren können.

14 »Transcript: Donald Trump on NATO, Turkey's Coup Attempt and the World«, in: *The New York Times* vom 21. Juli 2016.

15 Siehe Conor Cruise O'Brien, »Purely American: Innocent Nation, Wicked World«, in: *Harper's* vom April 1980; Anatol Lieven, *America Right or Wrong: An Anatomy of American Nationalism*, Oxford 2004.

16 Vgl. Russel Nye, *This Almost Chosen People*, Toronto 1966, S. 164: »Keine Nation in der modernen Geschichte ist so durchgängig von dem Glauben an eine besondere Mission in der Welt geprägt gewesen wie die Vereinigten Staaten.«

17 Woodrow Wilson, *The New Democracy*, Bd. 4 von *The Public Papers of Woodrow Wilson*, hg. v. Ray Stannard Baker und William E. Dodd, New York 1926, S. 232f.

18 Robert Kagan, »Trump Marks the End of America as World's ›Indispensable Nation‹«, in: *Financial Times* vom 19. November 2016.

19 »Transcript of Mitt Romney's Speech on Donald Trump«, in: *The New York Times* vom 3. März 2016.

20 Janan Ganesh, »America Can No Longer Carry the World on its Shoulders«, in: *Financial Times* vom 19. September 2018.

21 Philip Bump, »Donald Trump Isn't Fazed by Vladimir Putin's Journalist-Murdering«, in: *Washington Post* vom 18. Dezember 2015.

22 Im Februar 2017 erweiterte Trump als Präsident dieses locker dahingesagte zynische Eingeständnis der Sünden Amerikas

noch einmal: Bill O'Reilly: »Putin ist ein Mörder.« / Donald Trump: »Es gibt viele Mörder. Wir haben viele Mörder ... Glauben Sie, unser Land ist so unschuldig?« Zitiert in: Christopher Mele, »Trump, Asked Again About Putin, Suggests U.S. Isn't ›So Innocent‹«, in: *The New York Times* vom 4. Februar 2017. Zu Trumps Fähigkeit, Nachahmer zu inspirieren, siehe: »Trump advisor Tom Barrack Says ›Atrocities in America Are Equal or Worse‹ than the Khashoggi Killing«, in: *The Week* vom 13. Februar 2019.

23 William J. Clinton, »Remarks to the Turkish Grand National Assembly in Ankara« vom 15. November 1999.

24 »Text: Obama's Speech in Cairo«, in: *The New York Times* vom 4. Juni 2009.

25 Diane Roberts, »With Donald Trump in the White House, the Myth of American Exceptionalism is Dying«, in: *Prospect* vom 13. September 2017.

26 Siehe unter anderem: Pew Research Center (30. Juni 2017), verfügbar unter: http://www.pewresearch.org/fact-tank/2017/06/30/most-Americans-say-the-u-s-is-among-the-greatest-countries-in-the-world/ (zuletzt abgerufen am 16.7.2019).

27 Alexander Burns, »Donald Trump, Pushing Someone Rich, Offers Himself«, in: *The New York Times* vom 16. Juni 2015, Hervorhebung durch die Autoren.

28 Ken Jowitt (persönliche Mitteilung).

29 Janan Ganesh, »America Can No Longer Carry the World on its Shoulders«, in: *Financial Times* vom 19. September 2018.

30 Stephen Wertheim, »Trump and American Exceptionalism«, in: *Foreign Affairs* vom 3. Januar 2017. Wertheims Voraussage, dass »Trump, wenn er weiterhin den Exzeptionalismus zurückweist, die Glaubwürdigkeit seiner Regierung im Inneren beschädigen wird, weil er eine Legitimationslücke öffnet, die zu füllen alle politischen Gruppierungen des Landes sich drängeln werden«, harrt noch ihrer Erfüllung.

31 Siehe die gesammelten Gespräche in: Charlie Laderman und Brendan Simms, *Wir hätten gewarnt sein können. Donald Trumps Sicht auf die Welt*, Bonn 2017.

32 »Transcript: Donald Trump's Foreign Policy Speech«, in: *The New York Times* vom 27. April 2016.

33 »Donald Trump: How I'd Run the Land (Better)«, in: *Esquire* vom August 2004.

34 »Remarks by President Trump to the 73rd Session of the United Nations General Assembly«, in: *Foreign Policy* vom 25. September 2018. Dt.: »Präsident Trump bei der 73. Sitzung der Vollversammlung der Vereinten Nationen«, verfügbar unter: https://de.usembassy.gov/de/2018-trump-unga/ (zuletzt abgerufen am 16.7.2019).

35 Vgl. Laderman und Simms, *Wir hätten gewarnt sein können.*

36 Analog dazu begann man in Mitteleuropa ernsthaft, den Nachahmungsimperativ abzulehnen, sobald nach 2008 klar wurde, dass der Westen gerade seine beherrschende Position in der Welt verlor: Viktor Orbán in einer Rede an der Sommeruniversität im rumänischen Băile Tuşnad im Juli 2014: »Die von mir als Ausgangspunkt meines heutigen Vortrags gedachte Behauptung lautet, dass heute in der Welt eine Veränderung ähnlicher Größenordnung vor sich geht. Als Manifestierung dieser Veränderung, ..., können wir die globale Finanzkrise von 2008 oder eher die westliche Finanzkrise identifizieren.« Und er fährt fort: »Laut einem hoch angesehenen Analysten verfällt die Kraft der USA als Soft Power, weil die liberalen Werte heute Korruption, Sex und Gewalt verkörpern und damit Amerika und die gesamte amerikanische Modernisierung diskreditieren.« Zitiert nach: https://pusztaranger.wordpress.com/2014/08/01/viktor-orbans-rede-auf-der-25-freien-sommeruniversitat-in-baile-tusnad-rumanien-am-26-juli-2014/ (zuletzt abgerufen am 16.7.2019).

37 Robert Kagan, »Not Fade Away: The Myth of American Decline«, in: *The New Republic* vom 11. Januar 2012.

38 Antrittsrede vom 20. Januar 2017.

39 Ken Jowitt, »Setting History's Course«, in: *Policy Review* vom 1. Oktober 2009.

40 Dazu gehörten die militärische Machtdemonstration Amerikas gegenüber allen Ländern, die erwägen könnten, Terroris-

ten wie denen vom 11. September Unterschlupf zu gewähren; die Vergeltung für Saddams Versuch von 1993, Bushs Vater zu töten; die Installation einer Regierung in Bagdad, die nach Amerikas Pfeife tanzen würde; die Beseitigung einer Bedrohung für Israel; ein Platz für Amerika am Tisch der OPEC; die Überprüfung der Militärtheorie, der zufolge Schnelligkeit wichtiger ist als Masse; und die Demonstration, dass die Exekutive straflos die Überwachung der Präsidentschaft durch den Kongress abschütteln kann.

41 Eine Untersuchung zum Aufschwung des amerikanischen Liberalismus durch die Konkurrenz zum Sowjetkommunismus bietet Mary L. Dudziak, *Cold War Civil Rights: Race and the Image of American Democracy*, Princeton 2011.

42 Jacob Mikanowski, »Behemoth, Bully, Thief: How the English Language is Taking Over the Planet«, in: *The Guardian* vom 27. Juli 2018; Peter Conrad, *How The World Was Won: The Americanization of Everywhere*, London 2014.

43 Philippe van Parijs, *Sprachengerechtigkeit – für Europa und die Welt*, Berlin 2013.

44 Paul Pillar, *Why America Misunderstands the World*, New York 2016, S. 12.

45 Amin Maalouf, *Mörderische Identitäten*, Frankfurt am Main 2000, S. 124.

46 Edward Behr, *Anyone Here Been Raped and Speaks English?*, London 1992.

47 Yascha Mounk und Roberto Stefan Foa, »The End of the Democratic Century. Autocracy's Global Ascendance«, in: *Foreign Affairs* (Mai/Juni 2018).

48 Ebenda.

49 Chris Hastings, »President Putin thinks House of Cards is a Documentary«, in: *Daily Mail* vom 27. Mai 2017.

50 Bob Woodward, *Furcht. Trump im Weißen Haus*, Reinbek 2018, S. 216.

51 Die westlichen Bemühungen um die Förderung der Demokratie nach dem Kommunismus waren nicht besonders groß, doch da, wo es sie gab, bestätigten sie die These, dass ein klarer

Sieg die Sieger ihre Neugier verlieren lässt. Das Einzige, was viele ausländische Besucher an den ehemals kommunistischen Ländern interessierte, war die Frage, ob diese schrittweise auf den vorbereiteten Wegen der demokratischen und liberalen Reform vorankamen oder nicht. Es ist nur leicht übertrieben, wenn man sagt, dass viele Regierungsbeamte und NGO-Repräsentanten postkommunistische Länder schließlich so besuchten, wie Touristen Primatengehege im Zoo besuchen. Fasziniert zeigten sie sich nur von dem, was fehlte: keine opponierbaren Daumen etwa oder kein Rechtsstaat.

52 Mark Thompson, »The Pentagon's Foreign-Language Frustrations«, in: *Time* vom 24. August 2011.

53 Persönliche Mitteilung.

54 Michael Kranish und Marc Fisher, *Die Wahrheit über Trump. Die Biografie des 45. Präsidenten*, Kulmbach 2019.

55 Donald Trump, *Nicht kleckern, klotzen. Der Wegweiser zum Erfolg aus der Feder eines Milliardärs*, Kulmbach 2008, S. 51f.

56 Tony Schwartz, »Ich habe zusammen mit Donald Trump *The Art of the Deal* geschrieben«, in: *Wie gefährlich ist Donald Trump? 27 Stellungnahmen aus Psychiatrie und Psychologie*, Gießen 2018, S. 93-98, hier S. 94.

57 Paul B. Brown, »How To Deal With Copy Cat Competitors: A Six Point Plan«, in: *Forbes* vom 12. März 2014.

58 Interview mit Jeffrey Lord, »A Trump Card«, in: *The American Spectator* vom 20. Juni 2014, S. 40.

59 »The 1990 Playboy Interview With Donald Trump«, in: *Playboy* vom 1. März 1990.

60 »Full text: Donald Trump announces a presidential bid«, in: *Washington Post* vom 16. Juni 2015.

61 Morgan Gstalter, »Trump to Impose Total Ban on Luxury German Cars«, in: *The Hill* vom 31. Mai 2018. Siehe auch Griff Witte und Rick Noack, »Trump's Tariff Threats suddenly Look Very Real in the Heartland of Germany's Car Industry«, in: *Washington Post* vom 22. Juni 2018.

62 Interview auf »The O'Reilly Factor«, Fox News, 31. März 2011.

63 Eric Rauchway, »Donald Trump's new favorite slogan was invented for Nazi sympathizers«, in: *Washington Post* vom 14. Juni 2016.

64 Charlie Laderman und Brendan Simms, *Wir hätten gewarnt sein können. Donald Trumps Sicht auf die Welt*, Bonn 2017, S. 114.

65 »Full text: Donald Trump announces a presidential bid«, in: *Washington Post* vom 15. Juni 2016.

66 Edward Luce, *Time to Start Thinking: America in the Age of Descent*, New York/London 2012: »Viele Amerikaner glauben, sie seien durch unfairen Wettbewerb vonseiten Japans, Südkoreas, Taiwans und jetzt Chinas und Indiens ihres Geburtsrechts beraubt worden.«

67 Antrittsrede, 20. Januar 2017.

68 Francis Fukuyama, *Identität. Wie der Verlust der Würde unsere Demokratie gefährdet*, Hamburg 2019, S. 185f.

69 Lauren Gambino und Jamiles Lartey, »Trump says US will not be a ›migrant camp‹«, in: *The Guardian* vom 19. Juni 2018.

70 Griff Witte, »As Merkel holds on precariously, Trump tweets Germans ›are turning against their leadership‹ on migration«, in: *Washington Post* vom 18. Juni 2018.

71 Thomas Chatterton Williams, »The French Origins of ›You will Not Replace Us‹«, in: *New Yorker* vom 4. Dezember 2017.

72 James McAuley, »New Zealand Suspect Inspired by French Writer Who Fears ›Replacement‹ By Immigrants«, in: *Washington Post* vom 15. März 2019.

73 Rede Viktor Orbáns bei der Eröffnung des World Science Forum am 7. November 2015, vgl.: https://akadalymentes.kormany.hu/en/the-prime-minister/the-prime-minister-s-speeches/viktor-orbans-rede-auf-der-eroffnung-des-world-science-forum (abgerufen am 3.6.2019); Shaun Walker, »Hungarian leader says Europe is now ›under invasion‹ by migrants«, in: *The Guardian* vom 15. März 2018.

74 »Remarks by President Trump on the Illegal Immigration Crisis and Border Security«, (1. November 2018).

75 Holly Case, »Hungary's real Indians«, in: *Eurozine* vom 3. April 2018.

76 Ronald Reagan, Abschiedsrede des Präsidenten an die Nation 11. Januar 1989. Dt.: http://www.amerikahaus-archiv.de/gsdl/collect/amerikadienst/index/assoc/HASH0116/be8118a1.dir/doc.pdf (zuletzt abgerufen am 16.7.2019). Zu Reagans Aussage, Einwanderer hätten »Amerika groß gemacht«, siehe https://www.politifact.com/truth-o-meter/statements/2018/jul/03/becoming-american-initiative/did-ronald-reagan-say-immigrants-made-america-grea/ (zuletzt abgerufen am 16.7.2019).

77 Amin Maalouf, *Mörderische Identitäten*, Frankfurt am Main 2000.

78 Samuel P. Huntington, *Der Kampf der Kulturen*, München/Wien 1996, S. 503ff.

79 Ashley Parker und Amy B. Wang, »Trump criticizes Democrats, ›Russian witch hunt‹, and coastal elites at Ohio rally«, in: *Washington Post* vom 4. August 2018; Linda Qiu, »No, Democrats Don't Want ›Open Borders‹«, in: *The New York Times* vom 27. Juni 2018; Aaron Blake, »Trump keeps throwing around the word ›treason‹ – which may not be a great idea«, in: *Washington Post* vom 15. Mai 2018.

80 Samuel P. Huntington, *Who Are We? Die Krise der amerikanischen Identität*, Hamburg 2004.

81 Wähler von Populisten haben offenbar mehr Angst vor ethnischer Diversität als vor von illegalen Einwanderern begangenen Verbrechen. Der Eindruck bestätigt sich, wenn wir uns daran erinnern, was Obama eigentlich meinte, als er den amerikanischen Exzeptionalismus feierte. »Exzeptionell« wurde Amerika nach 1965, als die ethnische Kontingentierung von Einwanderern aufgehoben wurde, durch seine optimistische und einladende Haltung gegenüber ethnischer und kultureller Vielfalt. Hier stoßen wir auf die Dimension des amerikanischen Exzeptionalismus, die Trump und seine Anhänger vermutlich besonders abstoßend finden. Obama erklärte in seiner Rede zur Rassenfrage im Jahr 2008: »Ich werde nie ver-

gessen, dass in keinem anderen Land auf Erden meine Geschichte auch nur möglich gewesen wäre.« (»Barack Obama's Speech on Race«, in: *The New York Times* vom 18. März 2008). Vielen Anhängern Trumps ist diese Erinnerung nicht gerade willkommen. Sie lehnen Obamas moralischen und praktischen Anspruch ab, Amerika könne eine multiethnische Gesellschaft sein und immer noch Amerika bleiben. Da Amerika unumkehrbar eine multiethnische Gesellschaft ist, ist diese Ablehnung entweder ein sinnloser Hilferuf oder eine Einladung zur Gewalt. (Vgl. Greg Jaffe, »Obama's New Patriotism«, in: *Washington Post* vom 3. Juni 2015): »Kein amerikanischer Präsident hat häufiger und in unterschiedlicheren Zusammenhängen über den amerikanischen Exzeptionalismus gesprochen als Obama.«

82 Das stimmt, obwohl auch in den USA die Geburtenraten im Lande geborener weißer Staatsbürger sinken.

83 Larry Elliott, »As the Berlin Wall fell, checks on capitalism crumbled«, in: *The Guardian* vom 2. November 2014.

84 Ed Pilkington, »Obama angers midwest voters with guns and religion remark«, in: *The Guardian* vom 14. April 2008; Chris Cillizza, »Why Mitt Romney's ›47 percent‹ comment was so bad«, in: *Washington Post* vom 4. März 2013; Aaron Blake, »Voters strongly reject Hillary Clinton's ›basket of deplorables‹ approach«, in: *Washington Post* vom 26. September 2016.

85 Christopher Lasch, *Die blinde Elite. Macht ohne Verantwortung*, Hamburg 1995, S. 57.

86 David Smith, »›Democrats won the House but Trump won the election‹ – and 2020 is next«, in: *The Guardian* vom 10. November 2018.

87 Griff Witte, »Soros-founded university says it has been kicked out of Hungary as an autocrat tightens his grip«, in: *Washington Post* vom 3. Dezember 2018.

88 Um unser Gefühl dafür, wie Nachahmer die Nachgeahmten bedrohen, aufzufrischen, kann es helfen, kurz einmal das Thema zu wechseln und einen Blick auf das Kriegsverbrechen der »Perfidie« zu werfen, zu dem es auch gehört, sich zum Zweck

der Täuschung in die Uniform des Feindes zu kleiden. Im Zeitalter der Massenheere erlauben Uniformen den Soldaten, feindliche Truppen von eigenen zu unterscheiden. Wenn man sich allerdings naiv auf ein so einfaches Zeichen einer ansonsten nicht feststellbaren Gruppenzugehörigkeit verlässt, schafft das eine unwiderstehliche Gelegenheit für Nachahmer. Tatsächlich ist die heimtückische Ermordung von militärischem Personal durch Aufständische, die nachgemachte oder gestohlene Uniformen tragen, noch immer die wichtigste Form von Nachahmung im Krieg, etwa in Afghanistan wie auch im Irak.

89 Marcel Detienne, *L'Identité nationale, une énigme*, Paris 1962.

90 Wie Ken Jowitt uns dargelegt hat, war auch die Tatsache, dass Juden in der kaiserlichen Armee im Ersten Weltkrieg entsprechend ihrem Anteil an der Bevölkerung im Heer vertreten waren, für die Nationalsozialisten kein Beleg für die Treue zum Vaterland, sondern vielmehr ein Beleg dafür, wie diese scheinheilig getarnten Ausländer eine defätistische bolschewistische Mentalität im Heer schufen.

91 Kwame Anthony Appiah, *Identitäten. Die Fiktionen der Zugehörigkeit*, Berlin 2019.

92 Yair Rosenberg, »›Jews Will Not Replace Us‹: Why White Supremacists Go After Jews«, in: *Washington Post* vom 14. August 2017; Emma Green, »Why the Charlottesville Marchers Were Obsessed With Jews«, in: *The Atlantic* vom 15. August 2017. Ähnlich war Ryszard Legutko, als er über seine Desillusionierung in Bezug auf die liberale Demokratie im postkommunistischen Polen nachdachte, schockiert von dem Tempo, mit dem die Exkommunisten sich als gute liberale Demokraten neu erfanden. Für Legutko war dies ein Beleg für die Oberflächlichkeit der liberal-demokratischen Identität und eine Verhöhnung seines jahrzehntelangen Widerstands gegen die kommunistische Tyrannei. Ryszard Legutko, *Der Dämon der Demokratie*, Wien/Leipzig 2017, S. 8f.

93 Liam Stack, »White Lives Matter Has Been Declared a Hate Group«, in: *The New York Times* vom 30. August 2016.

94 Philip Roth, *Verschwörung gegen Amerika*, München/Wien 2005, S. 20, Übersetzung hier leicht angepasst.

95 George Kennan, *The Long Telegram* (22. Februar 1946).

96 Hannah Arendt, *Elemente totaler Herrschaft*, Frankfurt am Main 1958, S. 161.

97 Masha Gessen, »The Putin Paradigm«, in: *New York Review of Books* vom 13. Dezember 2016.

98 Peter Nicholas, »Donald Trump Walks Back His Past Praise of Hillary Clinton«, in: *Wall Street Journal* vom 29. Juli 2015: »Wenn man als Geschäftsmann und sehr zahlungskräftiger Spender sehr wichtigen Leuten etwas gibt, tun sie, was auch immer man von ihnen will.«

99 Bob Woodward, *Furcht*, S. 236.

100 Die Vorstellung, dass Lügen in Kriegszeiten absolut zulässig ist, ist alles andere als Trumps eigene Idee. Sie wird in Artikel 37,2 des 1. Zusatzprotokolls zu den Genfer Konventionen bestätigt, wo es heißt: »Kriegslisten sind nicht verboten. Kriegslisten sind Handlungen, die einen Gegner irreführen oder ihn zu unvorsichtigem Handeln veranlassen sollen, die aber keine Regel des in bewaffneten Konflikten anwendbaren Völkerrechts verletzen und nicht heimtückisch sind, weil sie den Gegner nicht verleiten sollen, auf den sich aus diesem Recht ergebenden Schutz zu vertrauen. Folgende Handlungen sind Beispiele für Kriegslisten: Tarnung, Scheinstellungen, Scheinoperationen und irreführende Informationen.«

101 Tony Schwartz, »Ich habe zusammen mit Donald Trump ›The Art of the Deal‹ geschrieben«, in: *Wie gefährlich ist Donald Trump? 27 Stellungnahmen aus Psychiatrie und Psychologie*, Gießen 2018, S. 93-98.

102 James Barron, »Overlooked Influences on Donald Trump: A Famous Minister and His Church«, in: *The New York Times* vom 5. September 2016.

103 David Enrich, Matthew Goldstein und Jesse Drucker, »Trump Exaggerated His Wealth in Bid for Loan, Michael Cohen Tells Congress«, in: *The New York Times* vom 27. Februar 2019.

104 Nancy Pelosi, zitiert in: Jennifer Rubin, »Trump's Fruitless Struggle to Stop Transparency«, in: *Washington Post* vom 7. Februar 2019.

105 Man sollte noch darauf hinweisen, dass Trumps Herrschaftsstrategie nicht von Gramscis Konzept der »kulturellen Hegemonie« gedeckt ist. Trump versucht nicht, eine universal gültige herrschende Ideologie oder Weltanschauung einzuführen, um die Macht und die Privilegien der herrschenden Klasse zu rechtfertigen oder zu beweisen, dass jener Status quo natürlich und unausweichlich sei. Die Wahrheit ist ihm vollkommen egal und die Zerstörung allein schon der Idee einer offiziellen Version der Realität ist von grundlegender Bedeutung für sein Streben nach juristischer und politischer Straffreiheit.

106 Bernard Williams, *Wahrheit und Wahrhaftigkeit*, Frankfurt am Main 2003.

107 Vgl. Daniel A. Effron, »Why Trump Supporters Don't Mind His Lies«, in: *The New York Times* vom 28. April 2018.

108 Hannah Arendt, *Elemente totaler Herrschaft*, Frankfurt am Main 1958, S. 161.

109 George Orwell, »Notes on Nationalism«, in: *Collected Essays*, Bd. 3, S. 361-380.

110 Gregory Korte, »Trump Blasts ›Treasonous‹ Democrats For Not Applauding at His State of the Union Address«, in: *USA Today* vom 5. Februar 2018.

111 Joe Concha, »Trump Rips Fact-Checkers: ›Some of the Most Dishonest People in Media‹«, in: *The Hill* vom 12. Februar 2019.

112 Rebecca Savransky, »Poll: Almost Half of Republicans Believe Trump Won Popular Vote«, in: *The Hill* vom 10. August 2017; Jacqueline Thomsen, »Poll: Fewer Than Half of Republicans Say Russia Interfered in 2016 Election«, in: *The Hill* vom 18. Juli 2018.

113 »Full transcript: Donald Trump's Jobs Plan Speech«, in: *Politico* vom 28. Juni 2016.

114 John Judis, »What Trump Gets Right on Trade«, in: *New Republic* vom 25. September 2018.

115 Aaron David Miller und Richard Sokolsky, »The One Thing Trump Gets Right About Middle East Policy«, *CNN* (7. Januar 2019). Siehe auch Jon Finer und Robert Malley, »Trump Is Right to Seek an End to America's Wars«, in: *The New York Times* vom 8. Januar 2019.

116 Bob Woodward, *Furcht,* S. 176.

117 Adam Liptak, »Chief Justice Defends Judicial Independence After Trump Attacks ›Obama Judge‹«, in: *The New York Times* vom 21. November 2018.

118 Mallory Shelbourne, »Trump: I'm Not Obstructing Justice, I'm ›Fighting Back‹«, in: *The Hill* vom 7. Mai 2018. Aaron Blake (»Trump's Notable ›Obstruction‹ Concession«, in: *Washington Post* vom 27. September 2018) zitiert den Präsidenten so: »›Es gab keine geheimen Absprachen, es gab keine Behinderung‹, sagte er. ›Ich meine, solange Sie es nicht »Behinderung« nennen, dass ich mich wehre. Ich wehre mich. Ich wehre mich wirklich. Ich meine, wenn Sie das Behinderung nennen, okay. Aber es gibt keine Behinderung, es gibt keine geheimen Absprachen.‹«

119 Maria Sacchetti, »Trump is Deporting Fewer Immigrants Than Obama, Including Criminals«, in: *Washington Post* vom 10. August 2017.

120 Karen DeYoung, »For Trump, the Relationship With Saudi Arabia Is All About Money«, in: *Washington Post* vom 19. November 2018.

121 Dionne Searcey und Emmanuel Akinwotu, »Nigerian Army Uses Trump's Words to Justify Shooting of Rock-Throwers«, in: *The New York Times* vom 3. November 2018.

122 Vgl. Griff Witte, Carol Morello, Shibani Mahtani und Anthony Faiola, »Around the Globe, Trump's Style Is Inspiring Imitators and Unleashing Dark Impulses«, in: *Washington Post* vom 22. Januar 2019: »Für Jair Bolsonaro, den neuen Präsidenten Brasiliens, ist der US-Präsident jemand, der Barrieren einreißt – ein Beweis, dass hetzerische Kommentare über Frauen oder Minderheiten und eine lange Geschichte im Handel mit Verschwörungstheorien dem Aufstieg zur Macht nicht im Wege stehen müssen.«

Das Ende einer Ära

1 Nikolay Karamzin, *Memoir on Ancient and Modern Russia*, New York 1974, S. 122.

2 Tom Parfitt, »Kvas is it? Coca-Cola Bids to Bottle the ›Coke of Communism‹«, in: *The Guardian* vom 5. Februar 2007.

3 Marina Koren, »Why the Far Side of the Moon Matters So Much. China's Successful Landing is Part of the Moon's Long Geopolitical History«, in: *The Atlantic* vom 3. Januar 2019.

4 Chris Buckley, »The Rise and Fall of the Goddess of Democracy«, in: *The New York Times* vom 1. Juni 2014; Craig Calhoun, *Neither Gods Nor Emperors: Students and the Struggle for Democracy in China*, Berkeley 1995, S. 108.

5 »Deng's June 9 Speech: ›We Faced a Rebellious Clique‹ and ›Dregs of Society‹«, in: *The New York Times* vom 30. Juni 1989.

6 Seltsamerweise bekundete Donald Trump kurz nach den Ereignissen seine Bewunderung für das harte Durchgreifen: »Als die Studenten auf den Tiananmen-Platz strömten, hätte die chinesische Regierung es fast vermasselt. Doch dann waren sie grausam, sie waren schrecklich, aber sie haben den Aufstand mit Stärke niedergeschlagen. Das zeigt die Macht der Stärke. Unser Land wird gerade als schwach wahrgenommen … als ein Land, auf das der Rest der Welt spuckt.« In: »The 1990 Playboy Interview With Donald Trump«, in: *Playboy* vom 1. März 1990.

7 Bagger beschreibt den westdeutschen Konsens nach 1989 wie folgt: »China würde seinen wundersamen wirtschaftlichen Aufstieg nur fortsetzen können, wenn es individuelle Freiheiten einführte. Nur eine freie und offene Gesellschaft könnte die Kreativität freisetzen, die den Kern ökonomischer Innovation und ökonomischen Erfolgs im Informationszeitalter bildete.« Thomas Bagger, »The World According to Germany: Reassessing 1989«, in: *The Washington Quarterly* vom 22. Januar 2019, S. 55.

8 Francis Fukuyama, »The End of History?«, in: *The National Interest* (Sommer 1989), S. 12.

9 Paul Mozur, »Inside China's Dystopian Dreams: A.I., Shame and Lots of Cameras«, in: *The New York Times* vom 8. Juni 2018: »China dreht gerade die gängige Vision von der Technik als dem großen Demokratisierer um, die Vorstellung, dass Technik den Menschen mehr Freiheit bringt und sie mit der Welt verbindet. In China hat sie Kontrolle gebracht.«

10 Chris Buckley und Steven Lee Myers, »On Anniversary of China's Reforms, Xi Doubles Down on Party Power«, in: *The New York Times* vom 18. Dezember 2018.

11 Ebenda.

12 Ebenda.

13 Jonah Newman, »Almost One-Third of All Foreign Students in U.S. Are From China«, in: *Chronicle of Higher Education* vom 7. Februar 2014.

14 Elizabeth C. Economy, *The Third Revolution: Xi Jinping and the New Chinese State*, Oxford 2018, S. 42.

15 Xi Jinping auf einer Konferenz zum 40. Jahrestag der Reform- und Öffnungspolitik Chinas in der Großen Halle des Volkes in Peking. Zitiert in: Yanan Wang, »China will ›Never Seek Hegemony‹, Xi Says in Reform Speech«, in: *Washington Post* vom 18. Dezember 2018.

16 Kerry Brown, *Die Welt des Xi Jinping*, Frankfurt a. M. 2018, S. 56f.

17 Chris Buckley, »Xi Jinping Thought Explained: A New Ideology for a New Era«, in: *The New York Times* vom 26. Februar 2018.

18 Georges Devereux und Edwin M. Loeb, »Antagonistic Acculturation«, in: *American Sociological Review* 8 (1943), S. 133-147.

19 Christopher Walker u. a., *Sharp Power: Rising Authoritarian Influence*, International Forum for Democratic Studies, National Endowment for Democracy, Dezember 2017, verfügbar unter https://www.ned.org/wp-content/uploads/2017/12/

Sharp-Power-Rising-Authoritarian-Influence-Full-Report.pdf (zuletzt abgerufen am 16.7.2019).

20 Economy, *The Third Revolution*, S. 37; ebenda, S. 232: »Ganz gegen das Wesen der Globalisierung ist Xi dazu übergegangen, den Trend zu immer größeren Informationsflüssen zwischen China und der Außenwelt umzukehren. Mit neuen Vorschriften versucht er die Möglichkeiten von Professoren, westliche Lehrbücher der Sozialwissenschaften zu verwenden oder westliche Ideen in Bezug auf Staatsführung und Wirtschaft mit ihren Studierenden zu diskutieren, einzuschränken. Die Partei begrenzt das Angebot ausländischer Fernsehsender und anderer verfügbarer Medieninhalte immer stärker, um die passive Indoktrinierung des chinesischen Volkes mit westlichen Werten zu unterbinden. Auch neue Internet-Restriktionen sowie technische Fortschritte beschränken den freien Informationsfluss in der Cyber-Welt.«

21 Mark Lander, »Trump Has Put the U.S. and China on the Cusp of a New Cold War«, in: *The New York Times* vom 19. September 2018.

22 Yuezhi Zhao, »Communication, Crisis, and Global Power Shifts«, in: *International Journal of Communication* 8 (2014), S. 275-300: »Am 13. Oktober 2013 schockierte Chinas Nachrichtenagentur Xinhua die Medienkreise weltweit mit einem unmissverständlichen Ruf nach einer ›entamerikanisierten Welt‹ … in Reaktion auf eine belastende finanzpolitische Auseinandersetzung innerhalb der US-Führungselite. Es drohte ein US-Schuldenausfall, bei dem 1,3 Billionen Dollar von China gewährte US-Kredite auf dem Spiel standen.«

23 Lucian W. Pye, *The Spirit of Chinese Politics,* Cambridge, Mass., 1992, S. 56.

24 Kerry Brown, *Die Welt des Xi Jinping,* Frankfurt a. M. 2018, S. 90.

25 Francis Fukuyama, »The End of History?«, S. 11.

26 Ebenda, S. 17.

27 Lucian W. Pye, *The Spirit of Chinese Politics*, S. 235.

28 Lucian W. Pye, »Chinese Democracy and Constitutional Development«, in: Fumio Itoh (Hg.), *China in the Twenty-first Century: Politics, Economy, and Society*, Tokio 1997, S. 209: »Die Chinesen verbindet ihr Empfinden für Kultur, Rasse und Zivilisation, aber keine Identifizierung mit der Nation als einem Staat.«

29 Vgl. Richard McGregor, *Der Rote Apparat. Chinas Kommunisten*, Berlin 2013, S. 112ff.

30 Kerry Brown, *Die Welt des Xi Jinping*, Frankfurt a. M. 2018, S. 45.

31 Ken Jowitt, »Setting History's Course«, in: *Policy Review* vom 1. Oktober 2009.

Register